AF556538

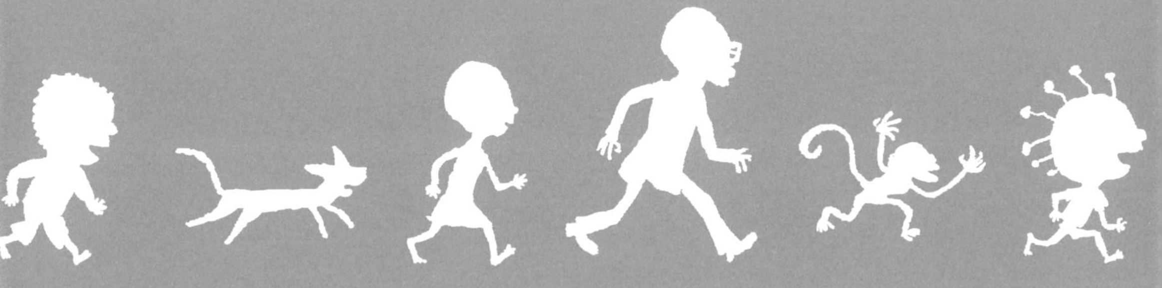

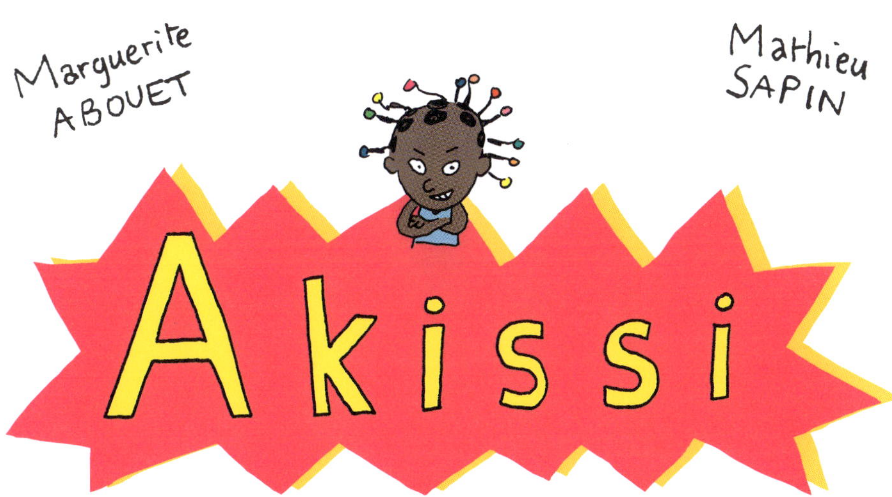

RETTE SICH, WER KANN!

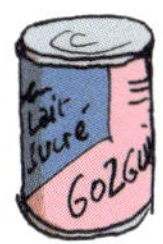

Angelehnt an die Bilderwelt
von Clément Oubrerie

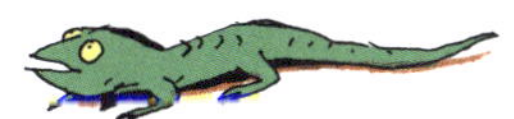

Farben: Clémence

REPRODUKT

Für Tante Aké Solange.

M. A.

Für Grandpa, in Erinnerung an den Lockdown.

M. S.

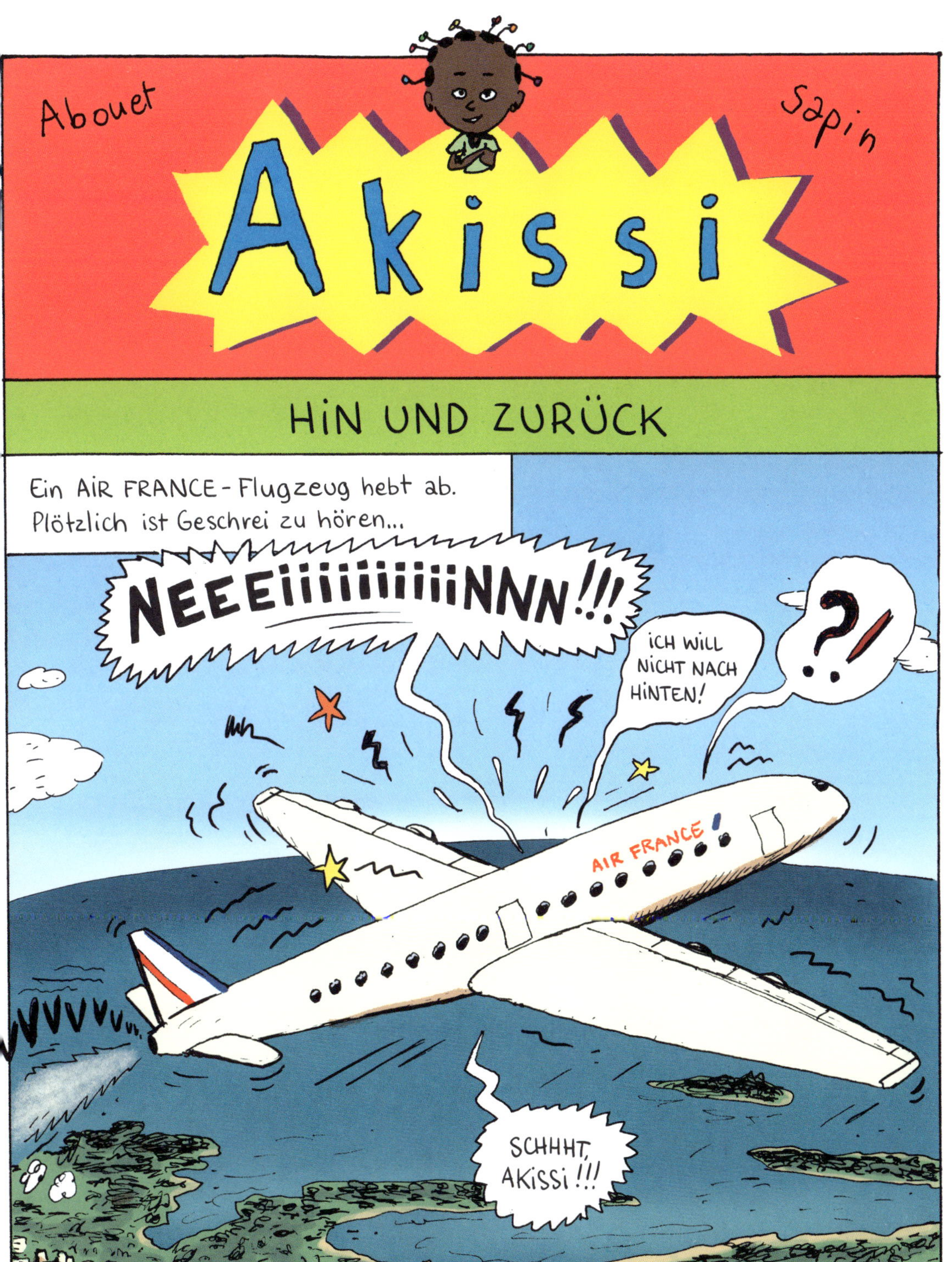
Abouet
Sapin
Akissi
HIN UND ZURÜCK
Ein AIR FRANCE-Flugzeug hebt ab.
Plötzlich ist Geschrei zu hören...
NEEEiiiiiiiiiiNNN!!!
ICH WILL NICHT NACH HINTEN!
?!
AIR FRANCE
SCHHHT, AKISSI!!!

Das Geschrei bricht ab, stattdessen ertönen nach einer Weile komische Geräusche ...

BAMM BAMM BAMM

HILFE! ICH STECKE FEST!

?

AIR FRANCE

HOLT MICH HIER RAUS!

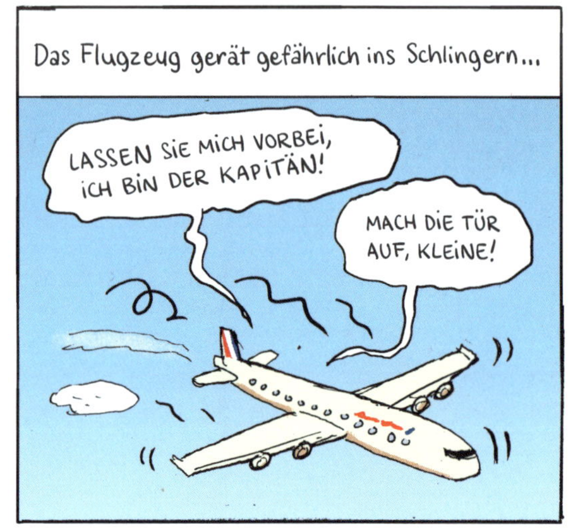

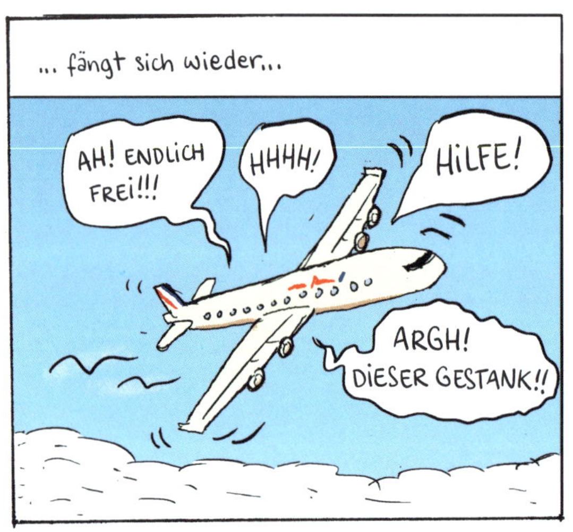

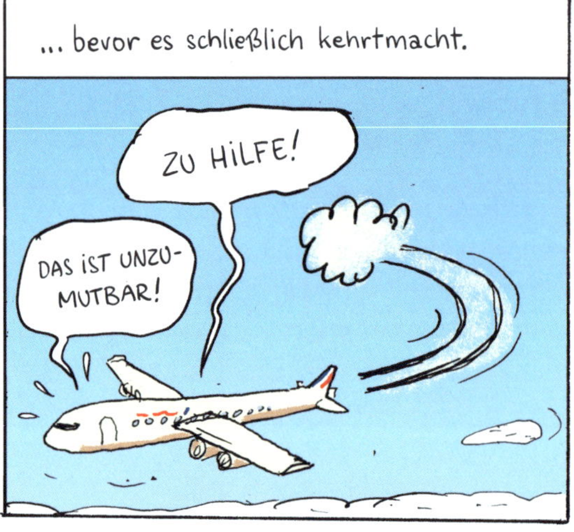

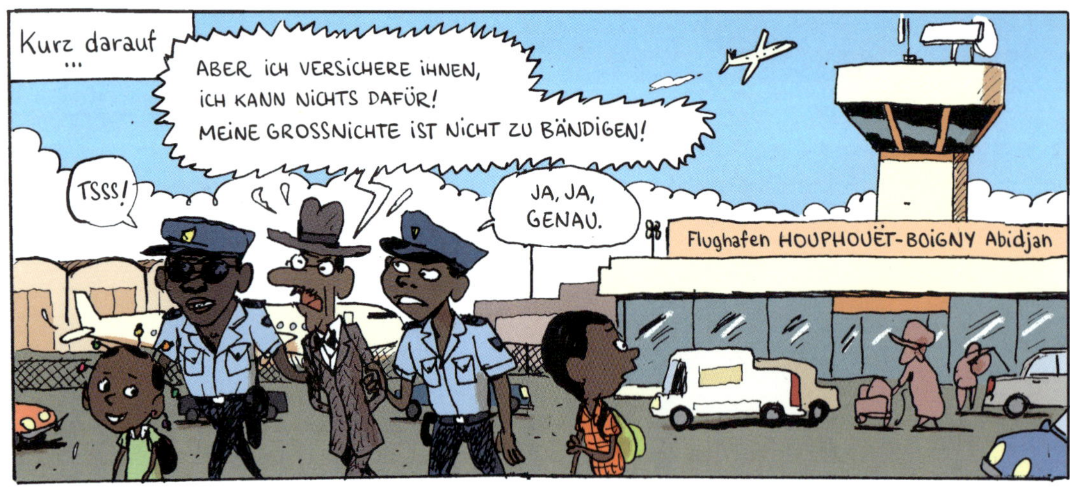

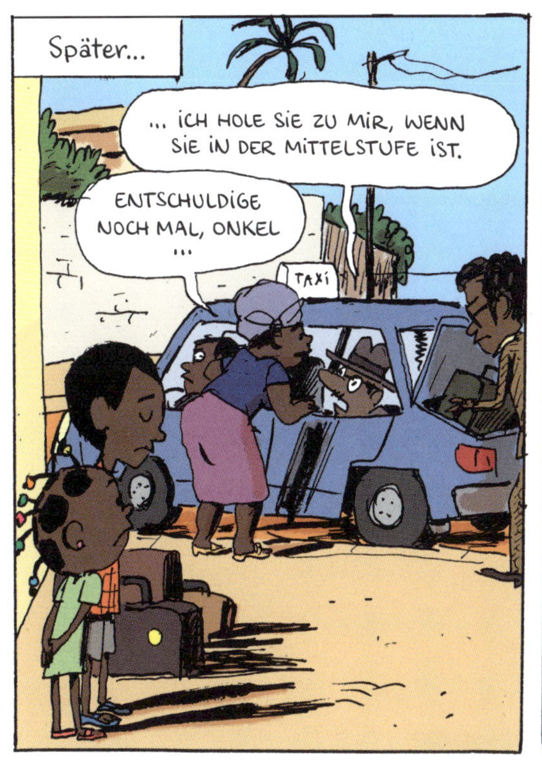
Später...
... ICH HOLE SIE ZU MIR, WENN SIE IN DER MITTELSTUFE IST.
ENTSCHULDIGE NOCH MAL, ONKEL ...
TAXI

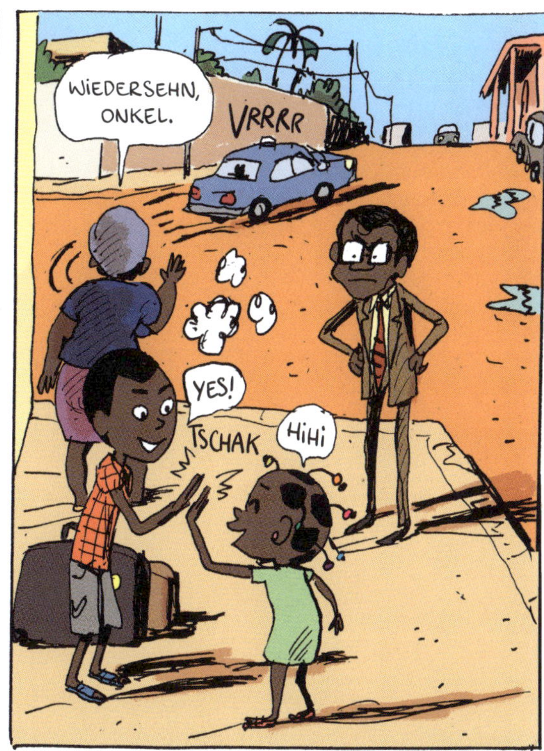
WIEDERSEHN, ONKEL.
VRRRR
YES!
TSCHAK
HiHi

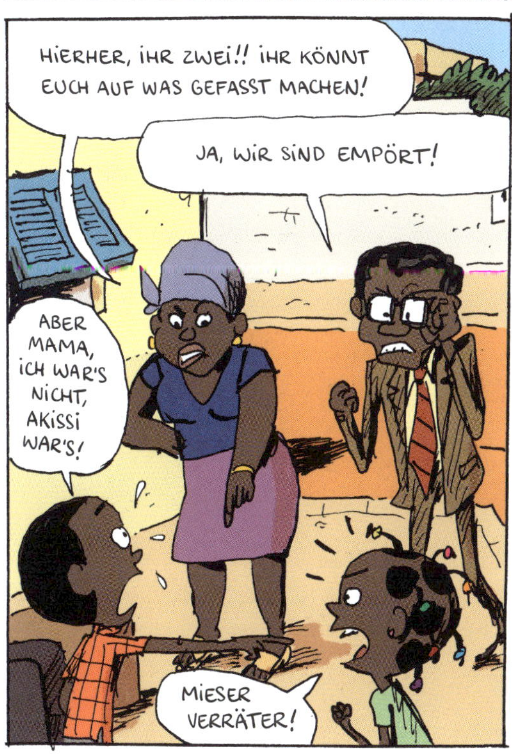
HIERHER, IHR ZWEI!! IHR KÖNNT EUCH AUF WAS GEFASST MACHEN!
JA, WIR SIND EMPÖRT!
ABER MAMA, ICH WAR'S NICHT, AKISSI WAR'S!
MIESER VERRÄTER!

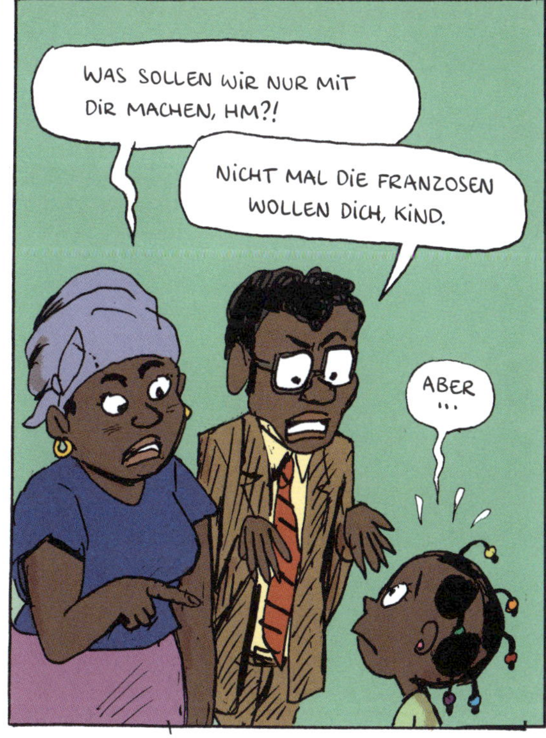
WAS SOLLEN WIR NUR MIT DIR MACHEN, HM?!
NICHT MAL DIE FRANZOSEN WOLLEN DICH, KIND.
ABER ...

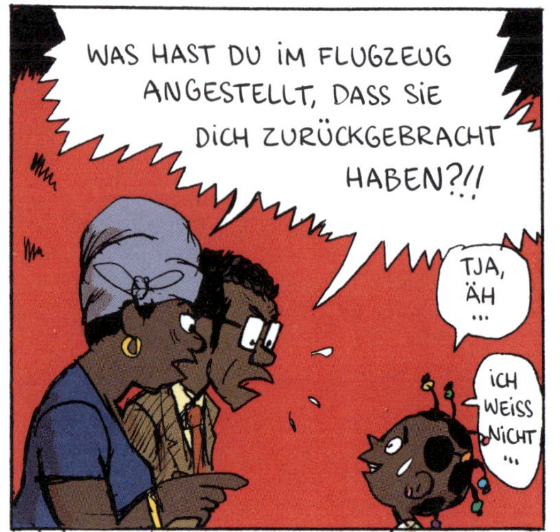
WAS HAST DU IM FLUGZEUG ANGESTELLT, DASS SIE DICH ZURÜCKGEBRACHT HABEN?!!
TJA, ÄH ...
ICH WEISS NICHT ...

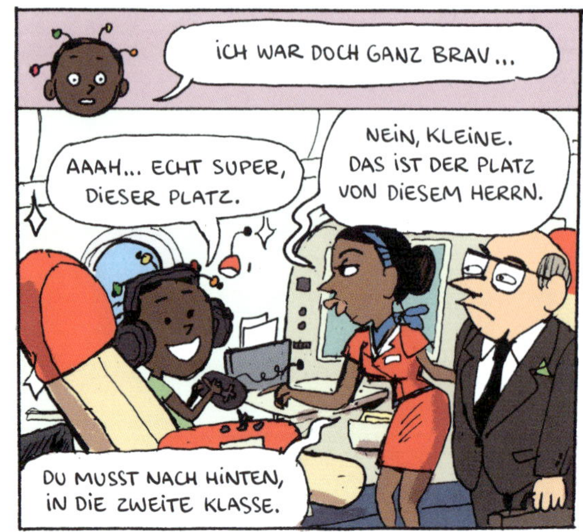
ICH WAR DOCH GANZ BRAV ...
AAAH... ECHT SUPER, DIESER PLATZ.
NEIN, KLEINE. DAS IST DER PLATZ VON DIESEM HERRN.
DU MUSST NACH HINTEN, IN DIE ZWEITE KLASSE.

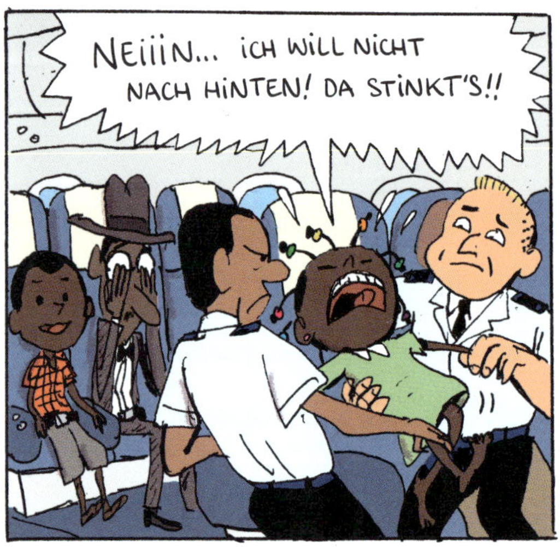
NEIIIN... ICH WILL NICHT NACH HINTEN! DA STINKT'S!!

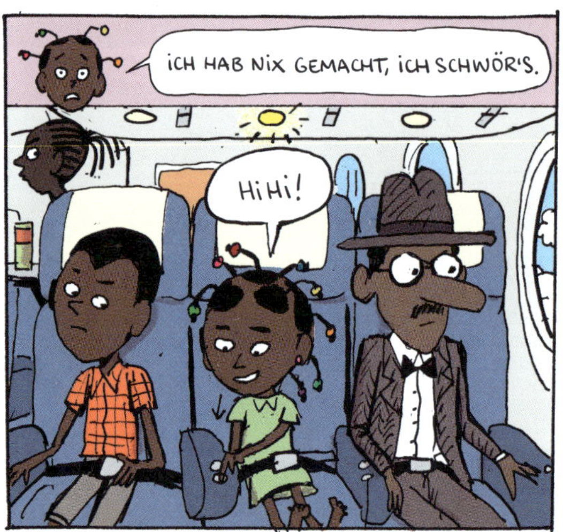
ICH HAB NIX GEMACHT, ICH SCHWÖR'S.
HIHI!

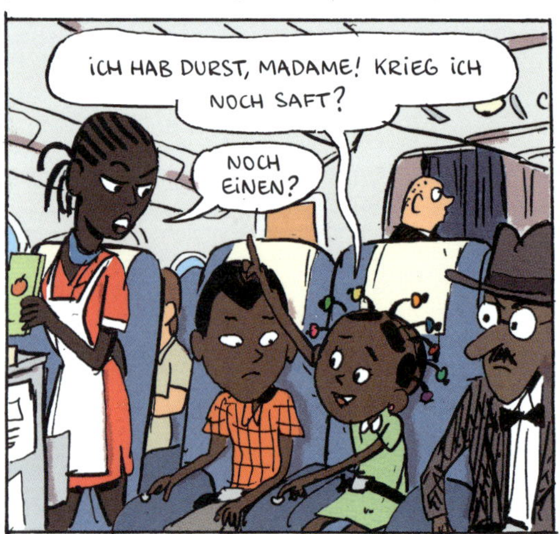
ICH HAB DURST, MADAME! KRIEG ICH NOCH SAFT?
NOCH EINEN?

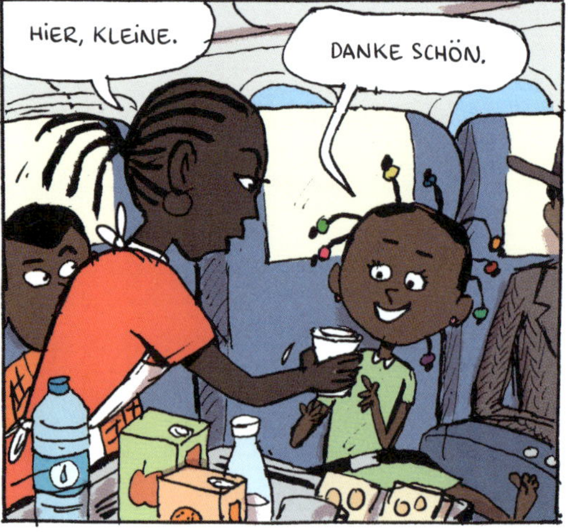
HIER, KLEINE.
DANKE SCHÖN.

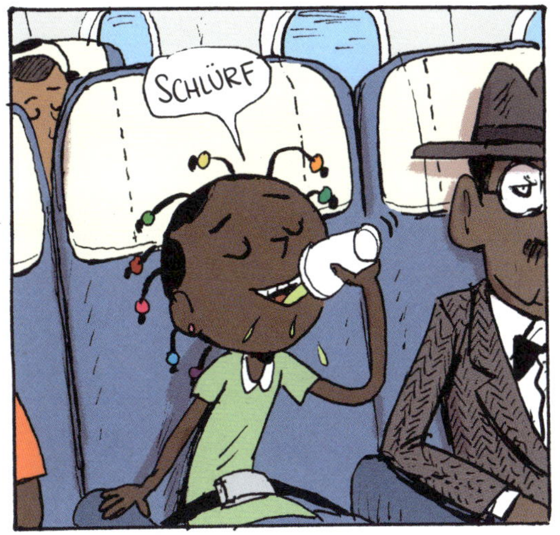
SCHLÜRF

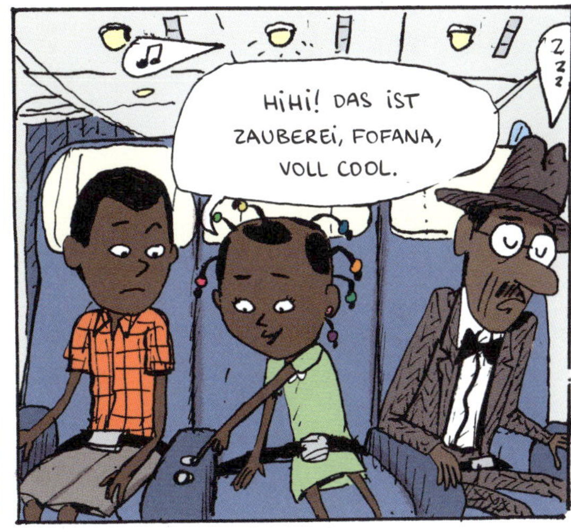
Z
Z
Z
HIHI! DAS IST ZAUBEREI, FOFANA, VOLL COOL.

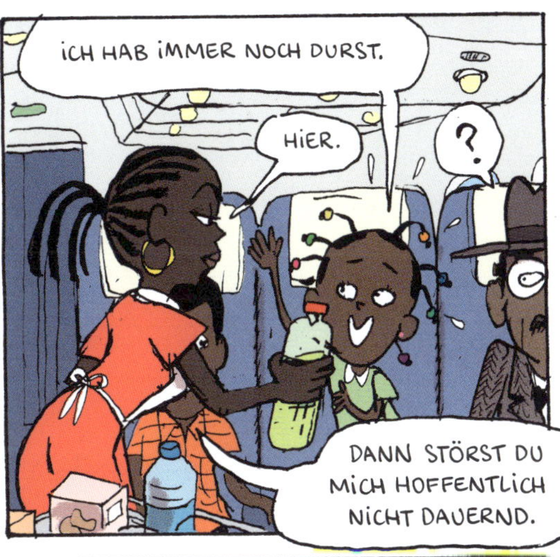
ICH HAB IMMER NOCH DURST.
HIER.
?
DANN STÖRST DU MICH HOFFENTLICH NICHT DAUERND.

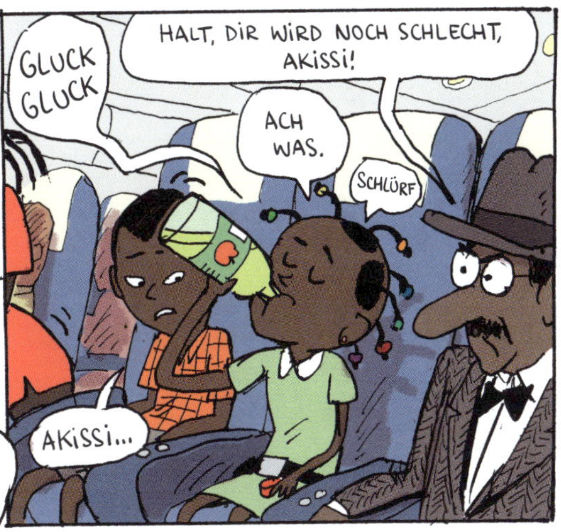
GLUCK GLUCK
HALT, DIR WIRD NOCH SCHLECHT, AKISSI!
ACH WAS.
SCHLÜRF
AKISSI...

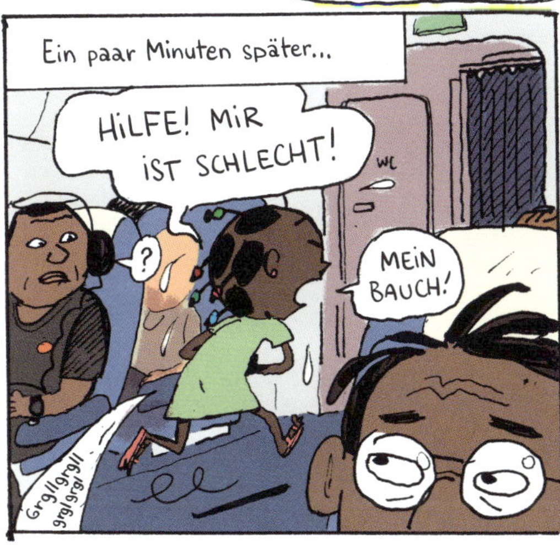
Ein paar Minuten später...
HILFE! MIR IST SCHLECHT!
WC
?
MEIN BAUCH!
Grgllgrgll grglgrgl

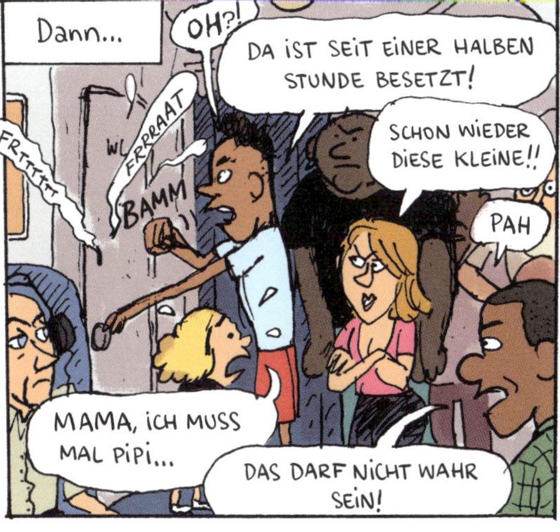
Dann...
OH?!
DA IST SEIT EINER HALBEN STUNDE BESETZT!
FRTTTTTT
FRRRAAT
WC
BAMM
SCHON WIEDER DIESE KLEINE!!
PAH
MAMA, ICH MUSS MAL PIPI...
DAS DARF NICHT WAHR SEIN!

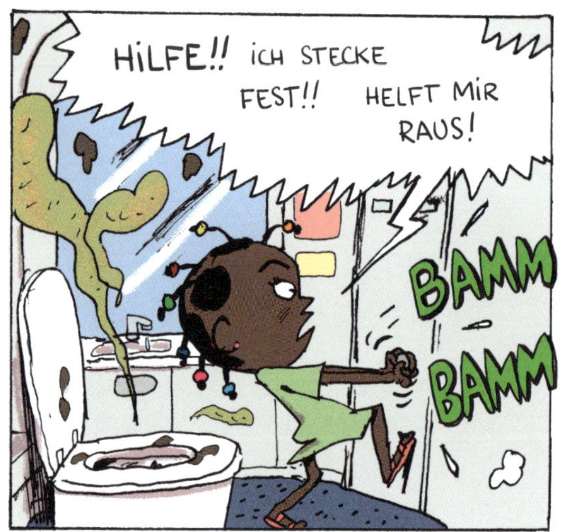
HILFE!! ICH STECKE FEST!! HELFT MIR RAUS!
BAMM
BAMM

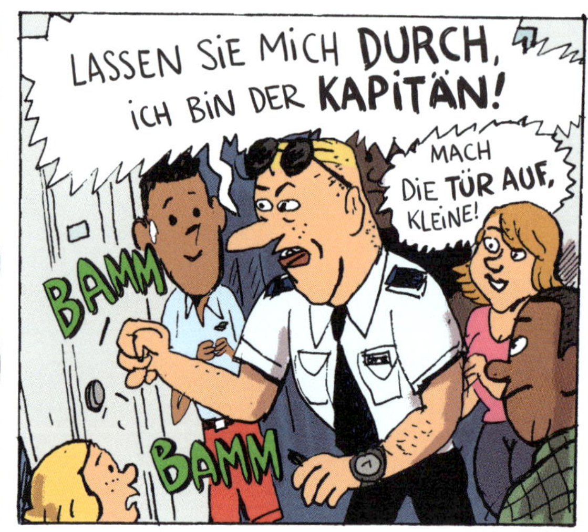
LASSEN SIE MICH DURCH, ICH BIN DER KAPITÄN!
MACH DIE TÜR AUF, KLEINE!
BAMM
BAMM

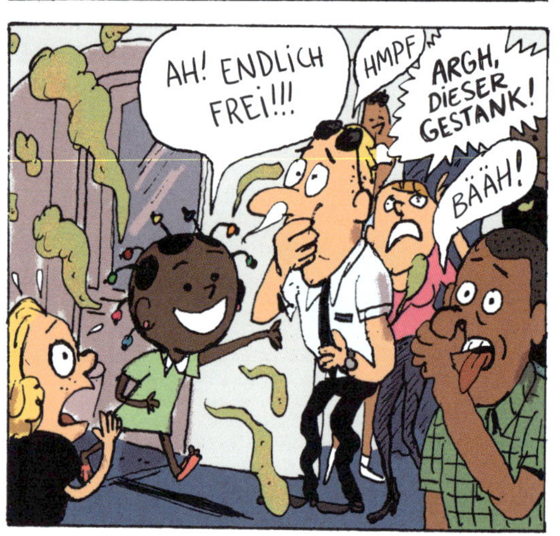
AH! ENDLICH FREI!!!
HMPF
ARGH, DIESER GESTANK!
BÄÄH!

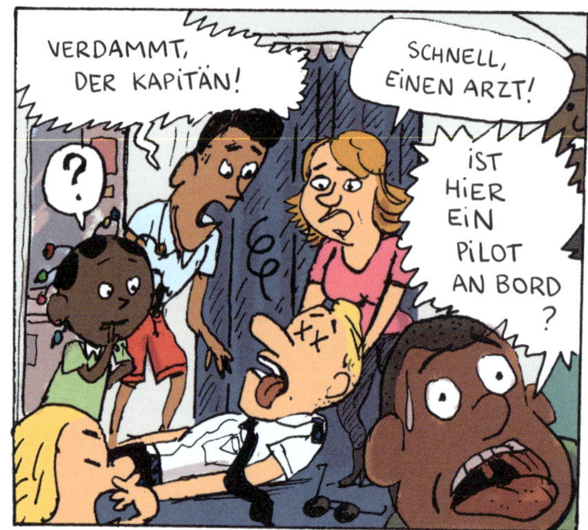
VERDAMMT, DER KAPITÄN!
SCHNELL, EINEN ARZT!
?
IST HIER EIN PILOT AN BORD ?

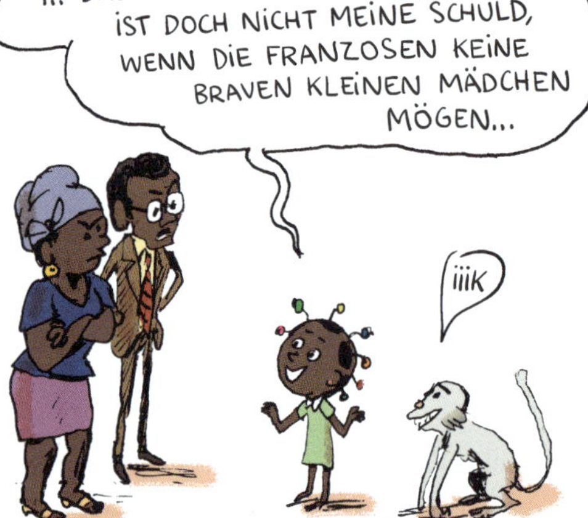
... DAS IST DIE GANZE GESCHICHTE. IST DOCH NICHT MEINE SCHULD, WENN DIE FRANZOSEN KEINE BRAVEN KLEINEN MÄDCHEN MÖGEN...
iiiK

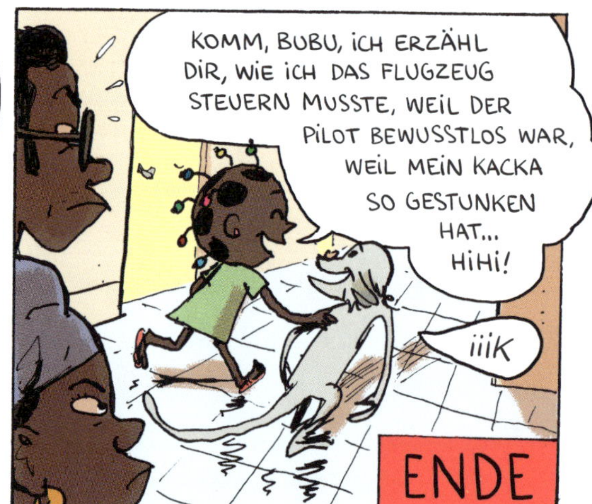
KOMM, BUBU, ICH ERZÄHL DIR, WIE ICH DAS FLUGZEUG STEUERN MUSSTE, WEIL DER PILOT BEWUSSTLOS WAR, WEIL MEIN KACKA SO GESTUNKEN HAT... HIHI!
iiiK
ENDE

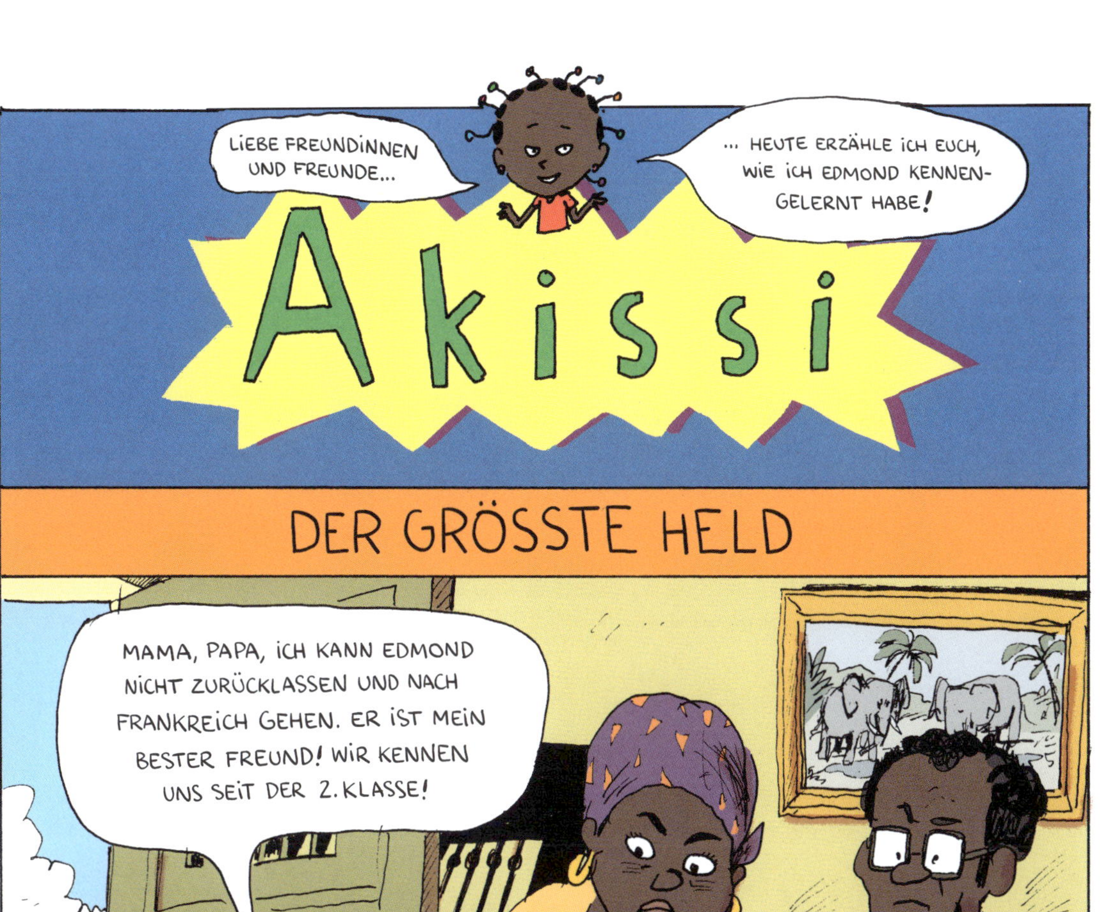
LIEBE FREUNDINNEN UND FREUNDE...
... HEUTE ERZÄHLE ICH EUCH, WIE ICH EDMOND KENNEN-GELERNT HABE!
Akissi
DER GRÖSSTE HELD
MAMA, PAPA, ICH KANN EDMOND NICHT ZURÜCKLASSEN UND NACH FRANKREICH GEHEN. ER IST MEIN BESTER FREUND! WIR KENNEN UNS SEIT DER 2. KLASSE!

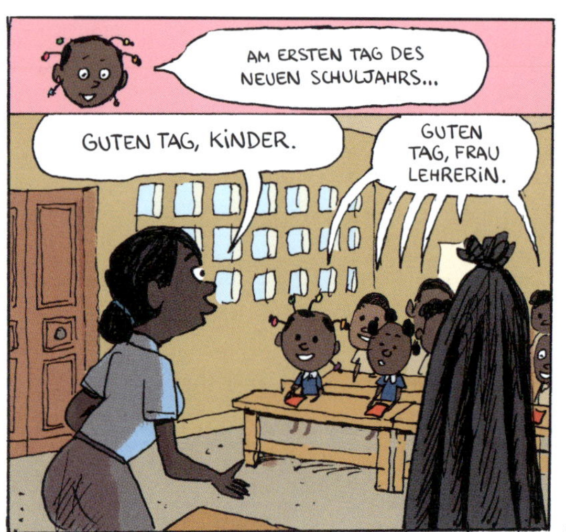
AM ERSTEN TAG DES NEUEN SCHULJAHRS...
GUTEN TAG, KINDER.
GUTEN TAG, FRAU LEHRERIN.

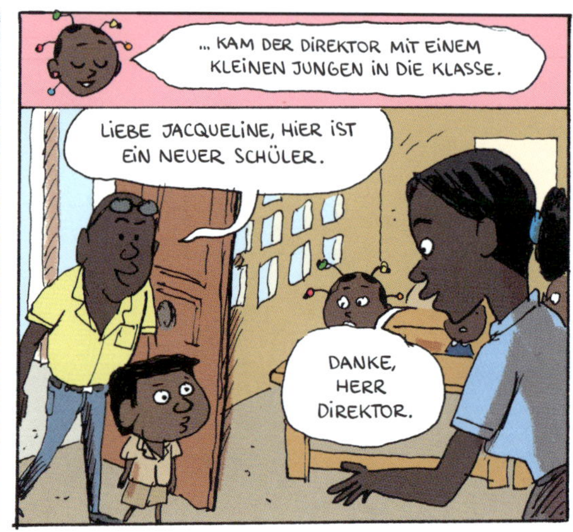
... KAM DER DIREKTOR MIT EINEM KLEINEN JUNGEN IN DIE KLASSE.
LIEBE JACQUELINE, HIER IST EIN NEUER SCHÜLER.
DANKE, HERR DIREKTOR.

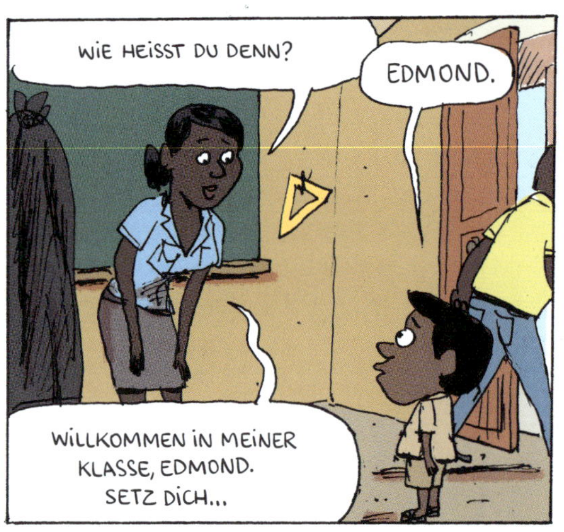
WIE HEISST DU DENN?
EDMOND.
WILLKOMMEN IN MEINER KLASSE, EDMOND. SETZ DICH...

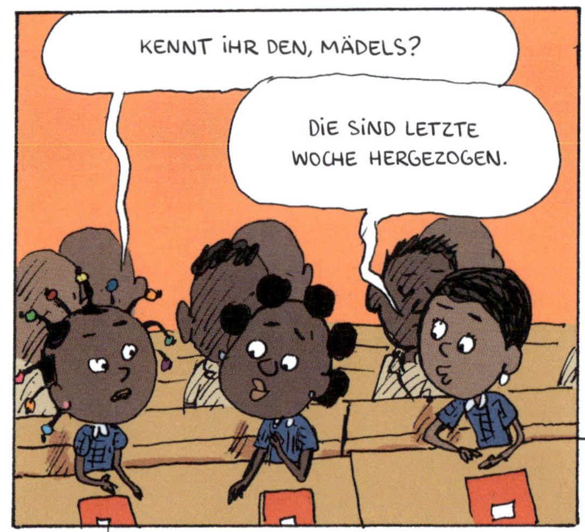
KENNT IHR DEN, MÄDELS?
DIE SIND LETZTE WOCHE HERGEZOGEN.

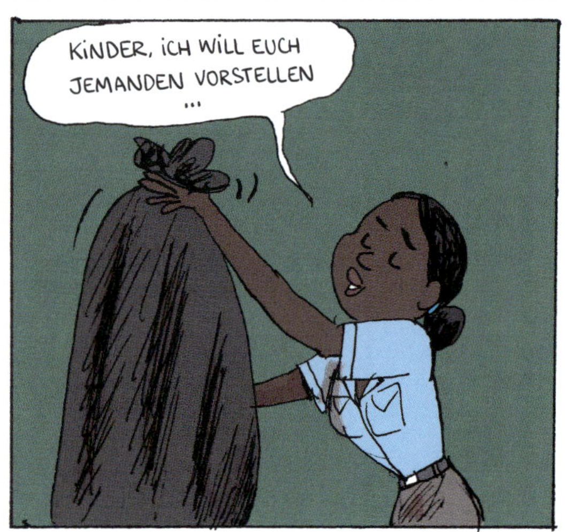
KINDER, ICH WILL EUCH JEMANDEN VORSTELLEN ...

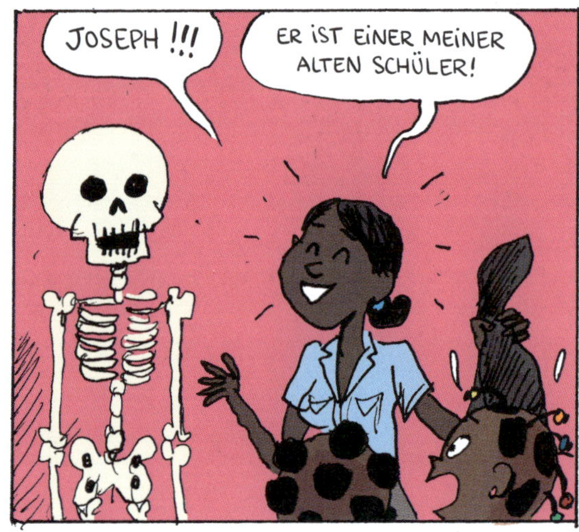
JOSEPH !!!
ER IST EINER MEINER ALTEN SCHÜLER!

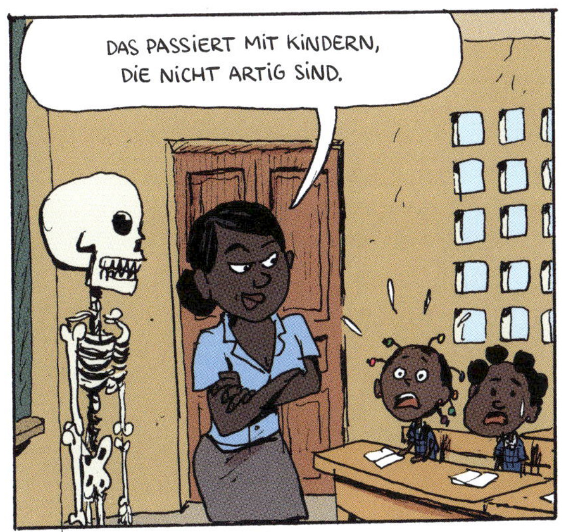
DAS PASSIERT MIT KINDERN, DIE NICHT ARTIG SIND.

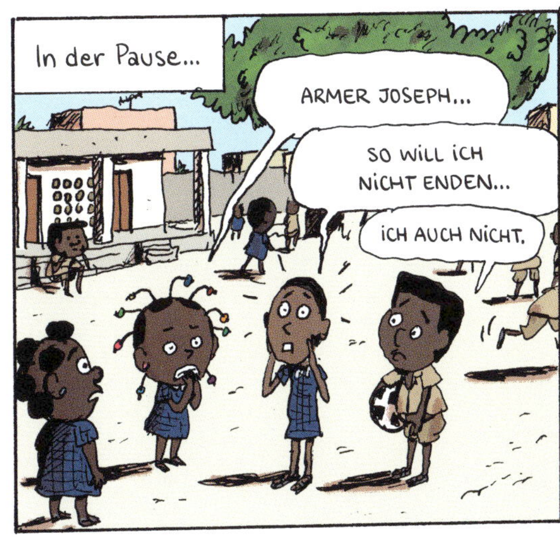
In der Pause...
ARMER JOSEPH...
SO WILL ICH NICHT ENDEN...
ICH AUCH NICHT.

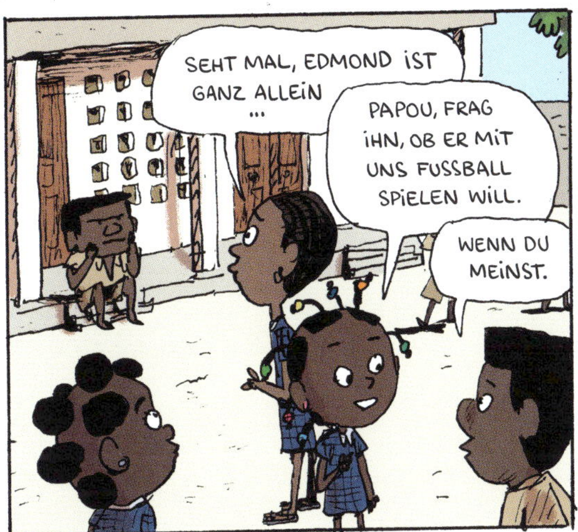
SEHT MAL, EDMOND IST GANZ ALLEIN ...
PAPOU, FRAG IHN, OB ER MIT UNS FUSSBALL SPIELEN WILL.
WENN DU MEINST.

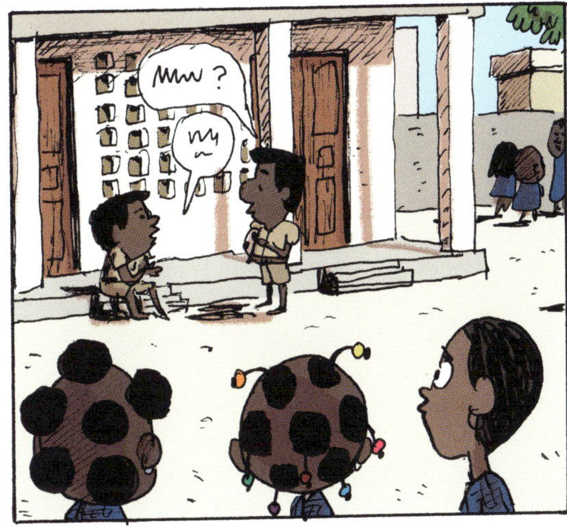

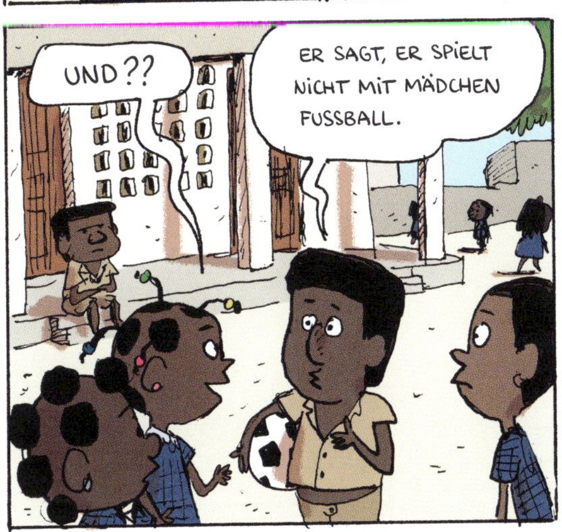
UND??
ER SAGT, ER SPIELT NICHT MIT MÄDCHEN FUSSBALL.

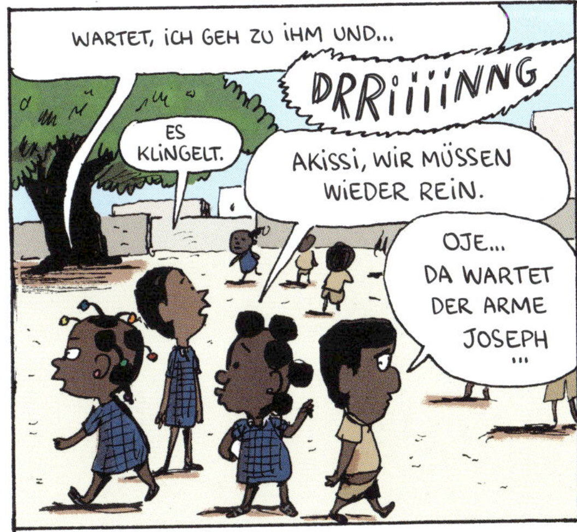
WARTET, ICH GEH ZU IHM UND...
DRRiiiiNNG
ES KLINGELT.
AKISSI, WIR MÜSSEN WIEDER REIN.
OJE... DA WARTET DER ARME JOSEPH ...

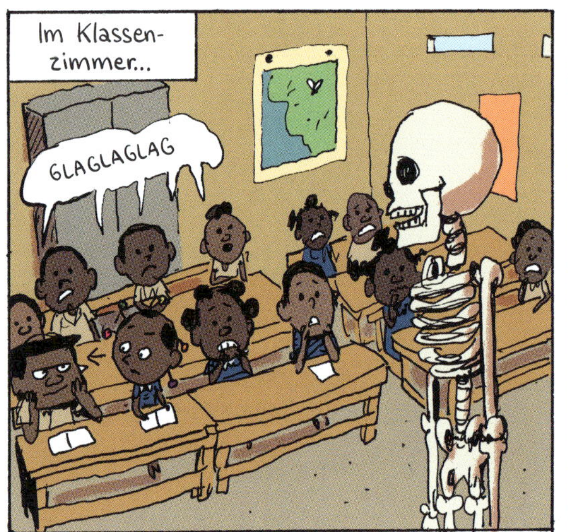
Im Klassen-
zimmer...
GLAGLAGLAG

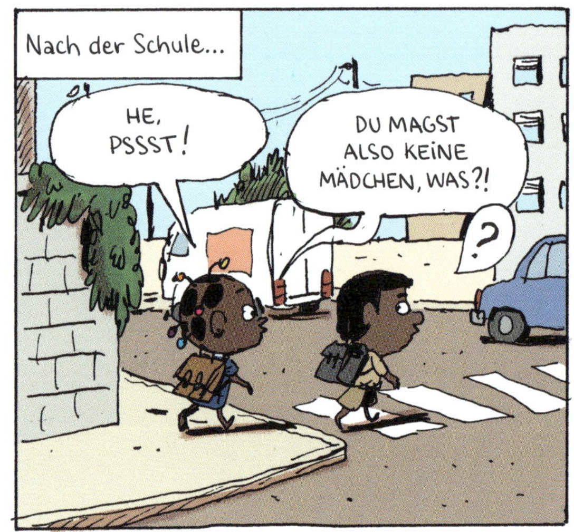
Nach der Schule...
HE, PSSST!
DU MAGST ALSO KEINE MÄDCHEN, WAS?!
?

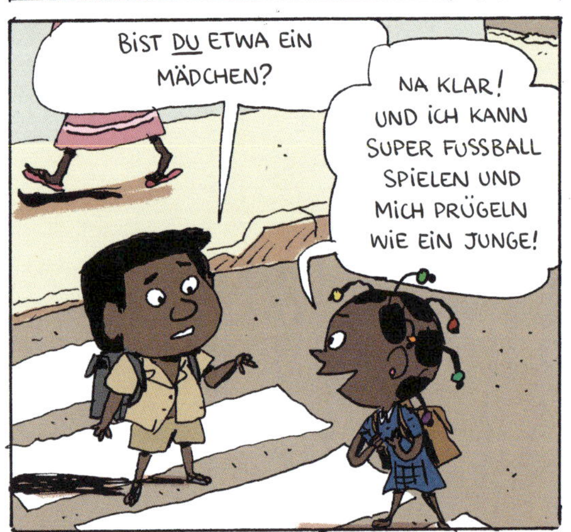
BIST DU ETWA EIN MÄDCHEN?
NA KLAR! UND ICH KANN SUPER FUSSBALL SPIELEN UND MICH PRÜGELN WIE EIN JUNGE!

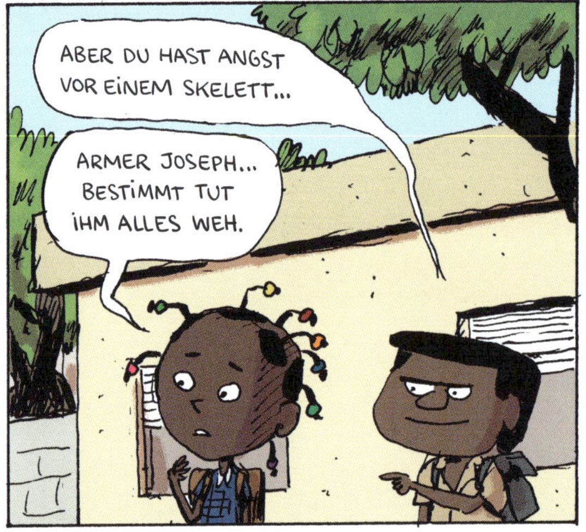
ABER DU HAST ANGST VOR EINEM SKELETT...
ARMER JOSEPH... BESTIMMT TUT IHM ALLES WEH.

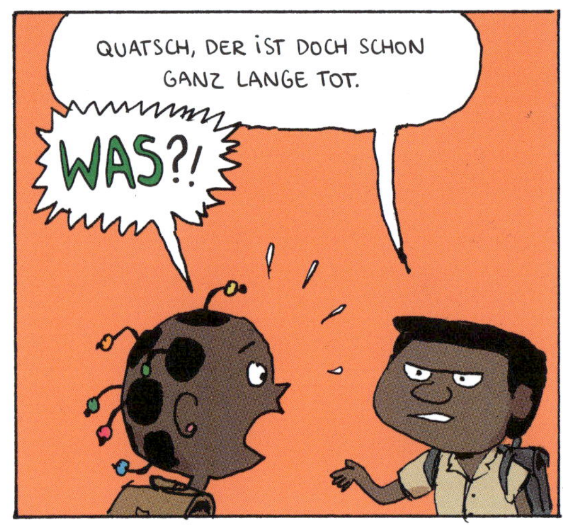
QUATSCH, DER IST DOCH SCHON GANZ LANGE TOT.
WAS?!

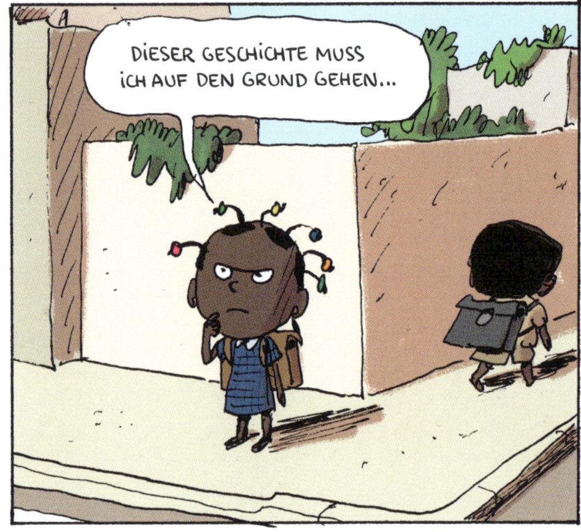
DIESER GESCHICHTE MUSS ICH AUF DEN GRUND GEHEN...

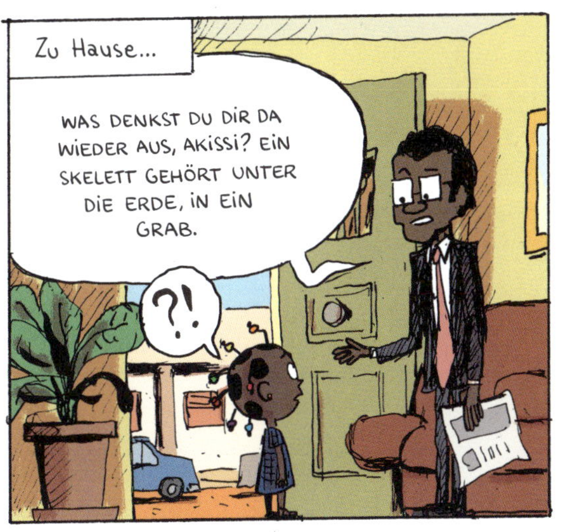
Zu Hause...
WAS DENKST DU DIR DA WIEDER AUS, AKISSI? EIN SKELETT GEHÖRT UNTER DIE ERDE, IN EIN GRAB.
?!

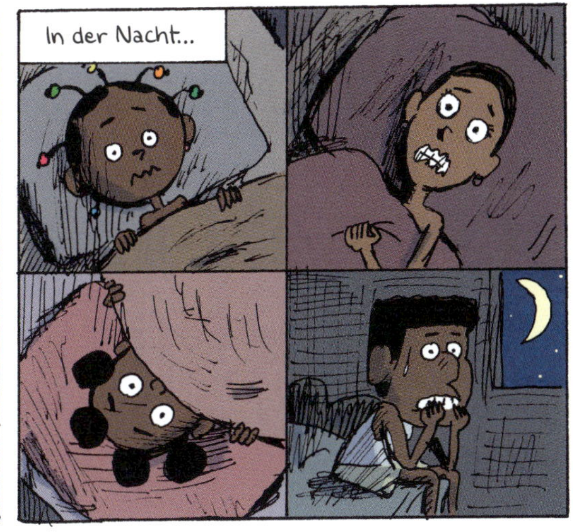
In der Nacht...

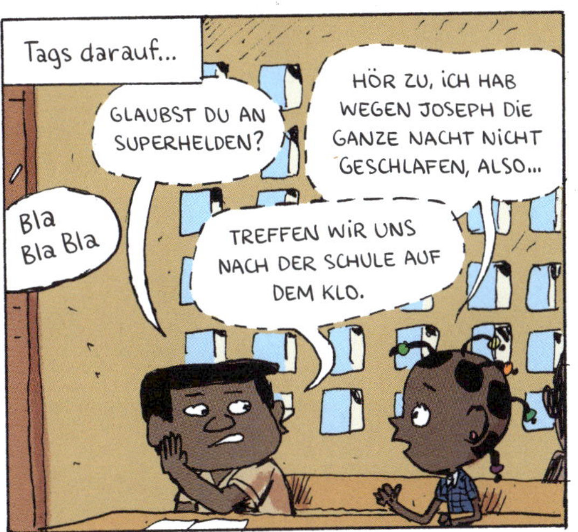
Tags darauf...
Bla Bla Bla
GLAUBST DU AN SUPERHELDEN?
HÖR ZU, ICH HAB WEGEN JOSEPH DIE GANZE NACHT NICHT GESCHLAFEN, ALSO...
TREFFEN WIR UNS NACH DER SCHULE AUF DEM KLO.

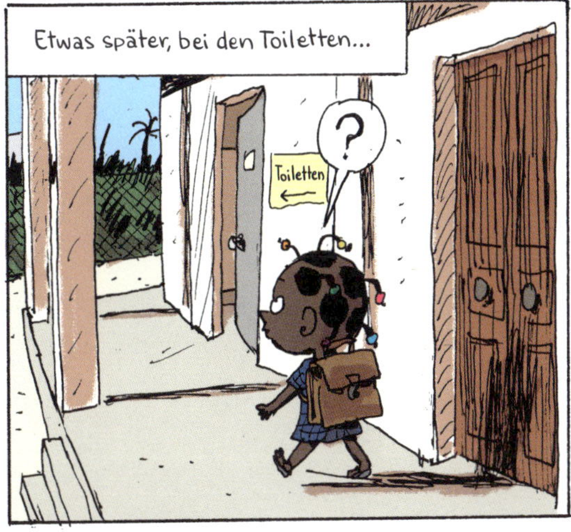
Etwas später, bei den Toiletten...
Toiletten
?

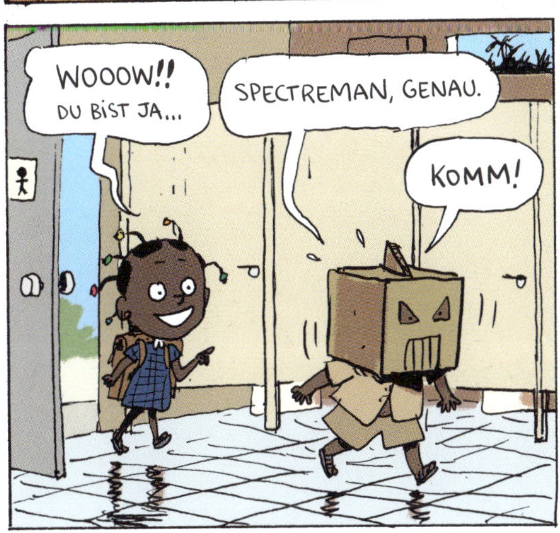
WOOOW!! DU BIST JA...
SPECTREMAN, GENAU.
KOMM!

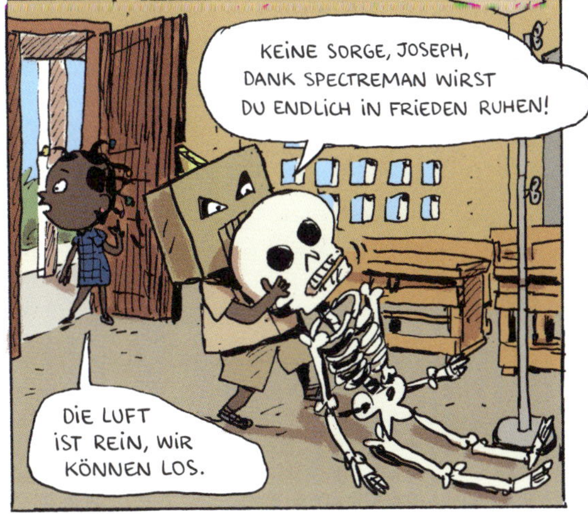
KEINE SORGE, JOSEPH, DANK SPECTREMAN WIRST DU ENDLICH IN FRIEDEN RUHEN!
DIE LUFT IST REIN, WIR KÖNNEN LOS.

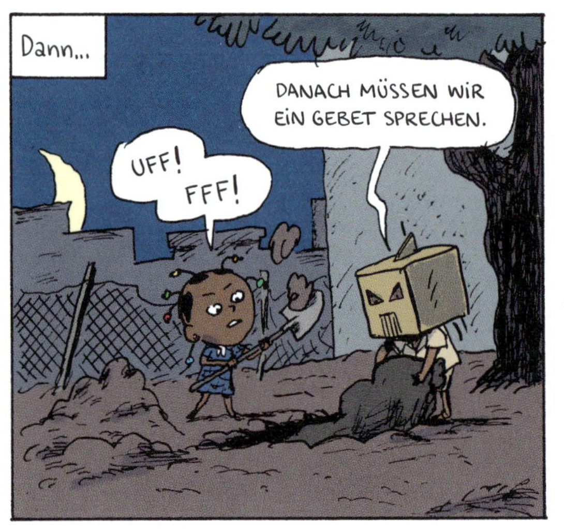
Dann...
DANACH MÜSSEN WIR EIN GEBET SPRECHEN.
UFF! FFF!

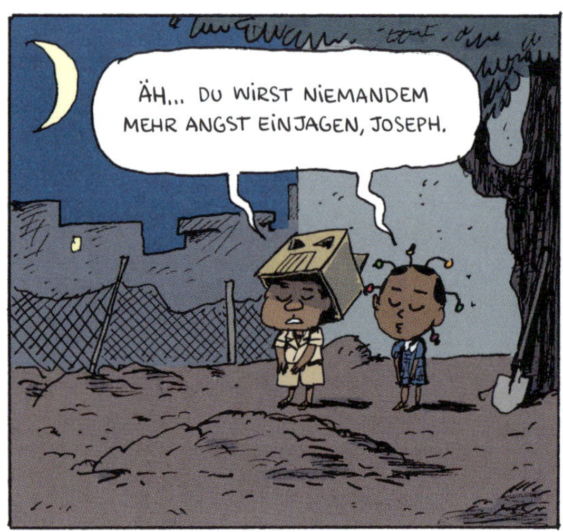
ÄH... DU WIRST NIEMANDEM MEHR ANGST EINJAGEN, JOSEPH.

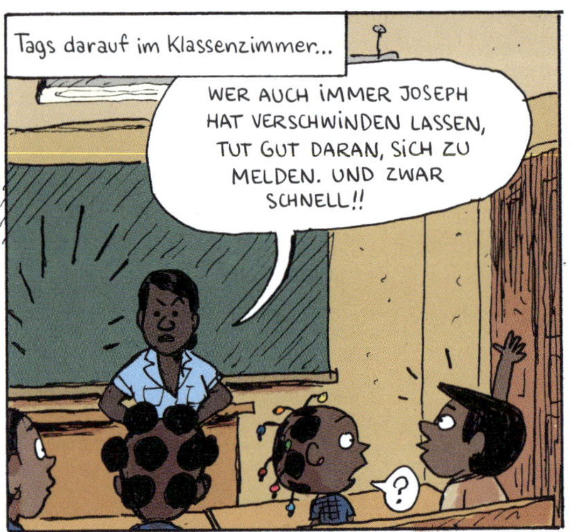
Tags darauf im Klassenzimmer...
WER AUCH IMMER JOSEPH HAT VERSCHWINDEN LASSEN, TUT GUT DARAN, SICH ZU MELDEN. UND ZWAR SCHNELL!!
?

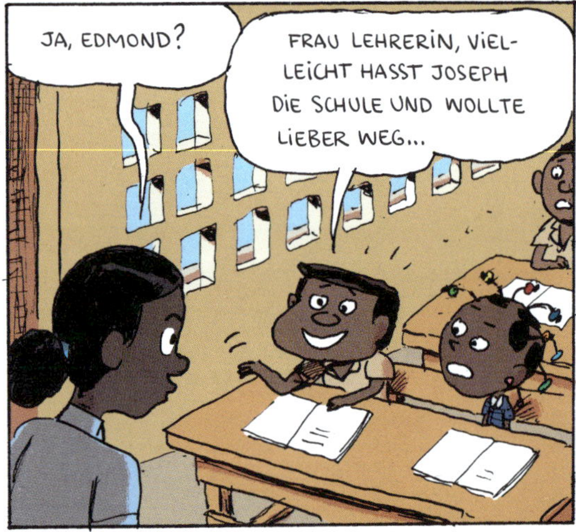
JA, EDMOND?
FRAU LEHRERIN, VIEL-LEICHT HASST JOSEPH DIE SCHULE UND WOLLTE LIEBER WEG...

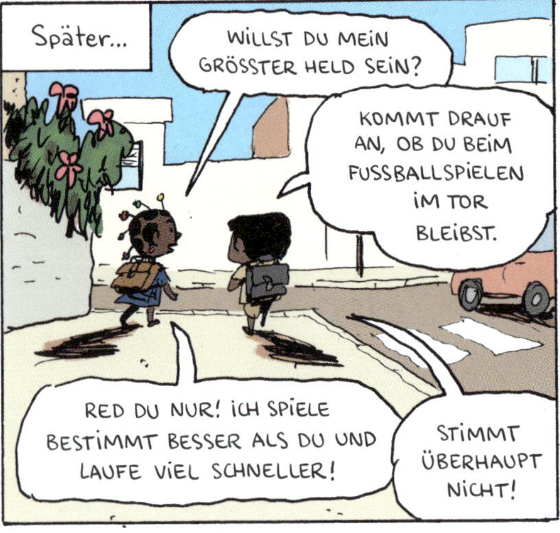
Später...
WILLST DU MEIN GRÖSSTER HELD SEIN?
KOMMT DRAUF AN, OB DU BEIM FUSSBALLSPIELEN IM TOR BLEIBST.
RED DU NUR! ICH SPIELE BESTIMMT BESSER ALS DU UND LAUFE VIEL SCHNELLER!
STIMMT ÜBERHAUPT NICHT!

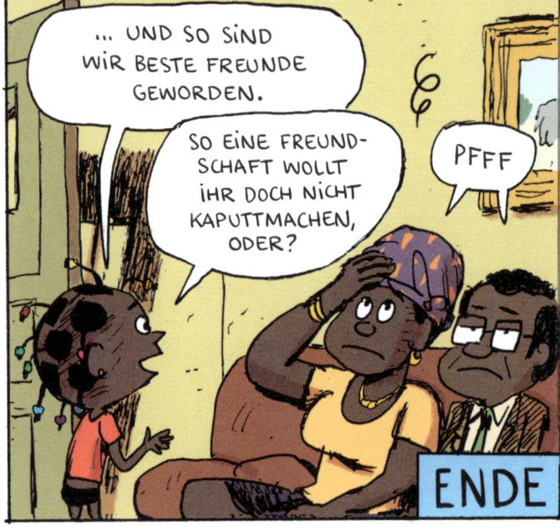
... UND SO SIND WIR BESTE FREUNDE GEWORDEN.
SO EINE FREUND-SCHAFT WOLLT IHR DOCH NICHT KAPUTTMACHEN, ODER?
PFFF
ENDE

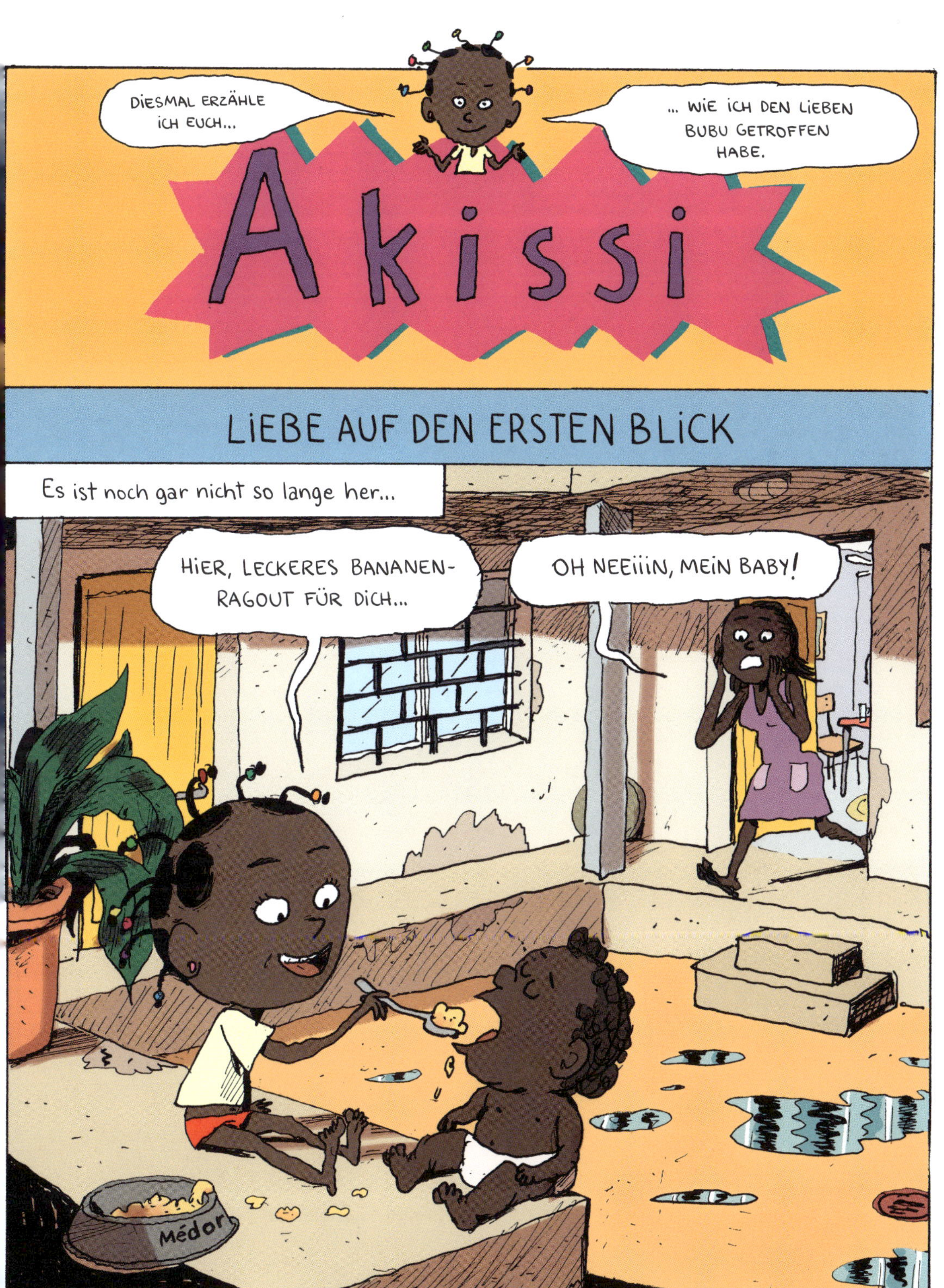
DIESMAL ERZÄHLE ICH EUCH...
... WIE ICH DEN LIEBEN BUBU GETROFFEN HABE.
Akissi
LIEBE AUF DEN ERSTEN BLICK
Es ist noch gar nicht so lange her...
HIER, LECKERES BANANEN-RAGOUT FÜR DICH...
OH NEEiiiN, MEIN BABY!
Médor

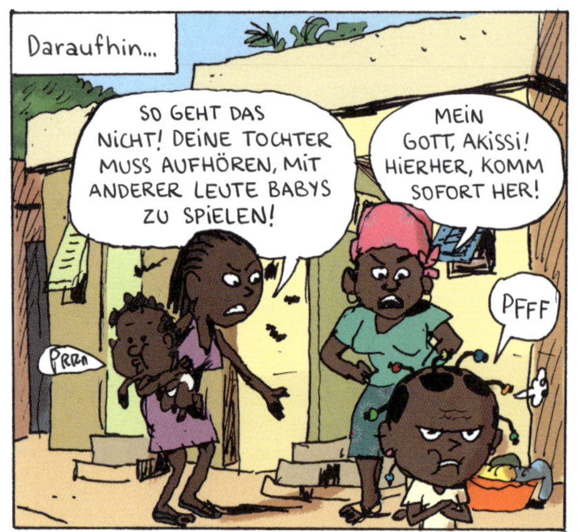
Daraufhin...
SO GEHT DAS NICHT! DEINE TOCHTER MUSS AUFHÖREN, MIT ANDERER LEUTE BABYS ZU SPIELEN!
MEIN GOTT, AKISSI! HIERHER, KOMM SOFORT HER!
PRRA
PFFF

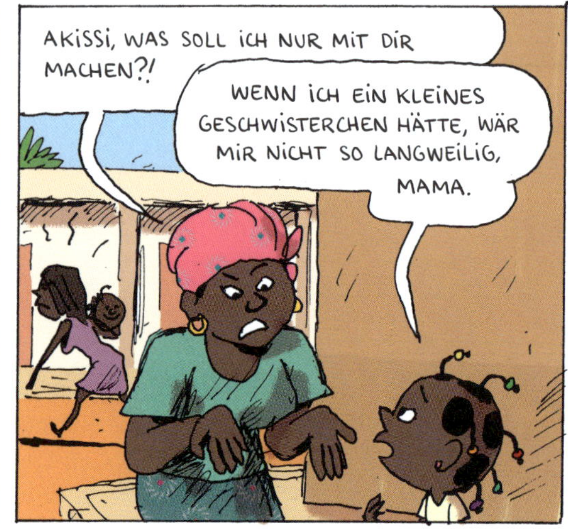
AKISSI, WAS SOLL ICH NUR MIT DIR MACHEN?!
WENN ICH EIN KLEINES GESCHWISTERCHEN HÄTTE, WÄR MIR NICHT SO LANGWEILIG, MAMA.

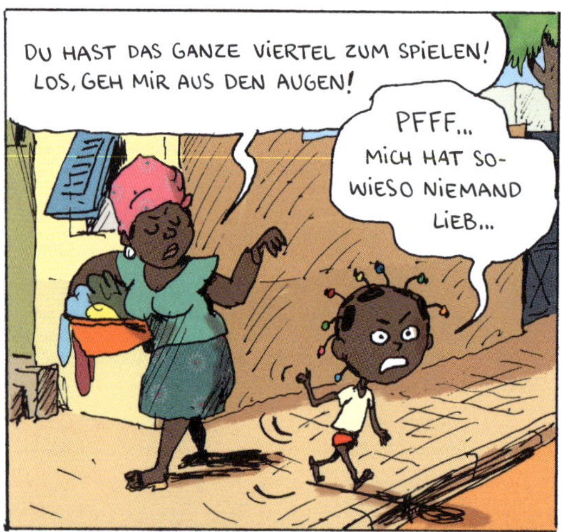
DU HAST DAS GANZE VIERTEL ZUM SPIELEN! LOS, GEH MIR AUS DEN AUGEN!
PFFF... MICH HAT SOWIESO NIEMAND LIEB...

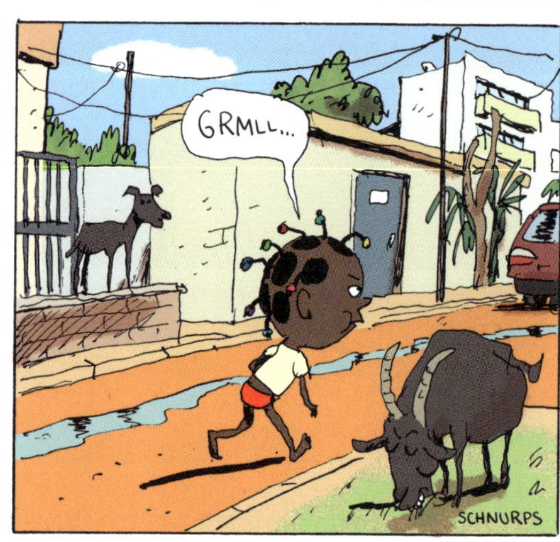
GRMLL...
SCHNURPS

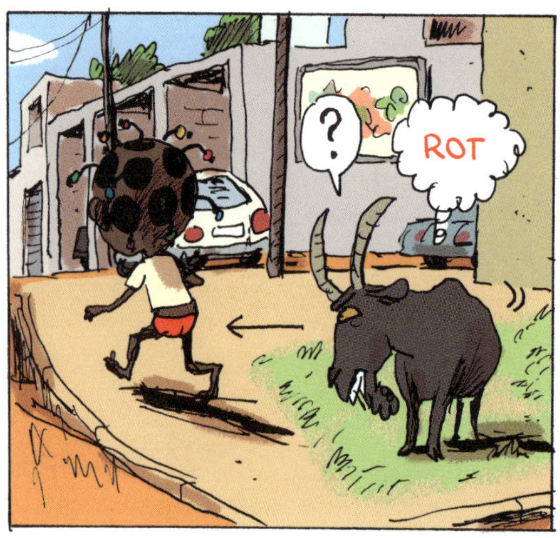
?
ROT

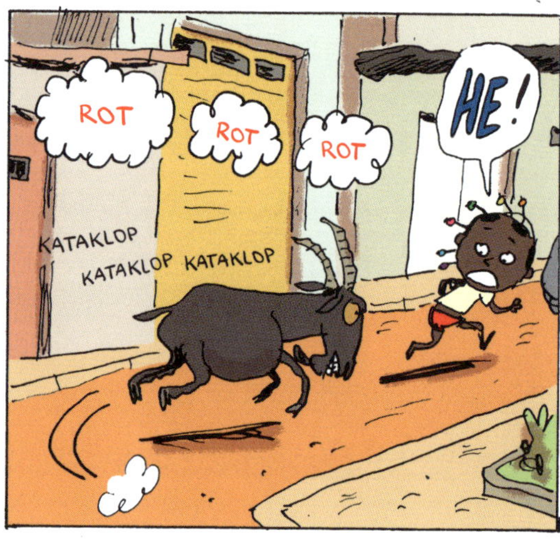
ROT
ROT
ROT
HE!
KATAKLOP
KATAKLOP KATAKLOP

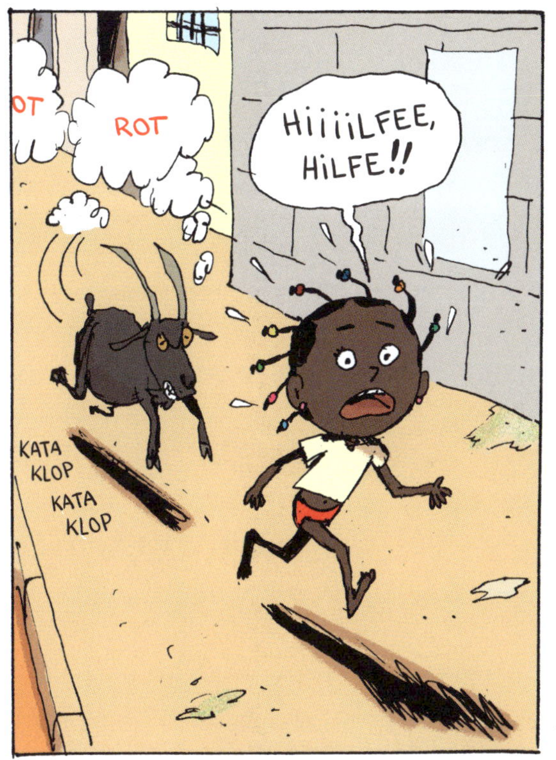
OT
ROT
HiiiiLFEE,
HiLFE!!
KATA
KLOP
KATA
KLOP

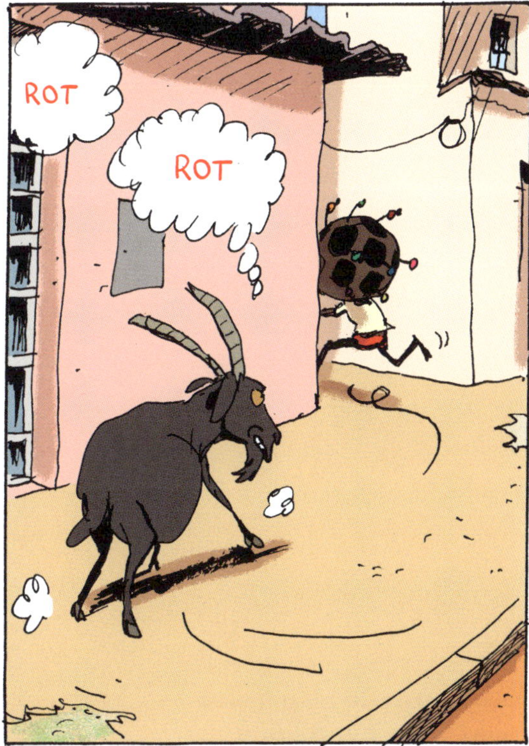
ROT
ROT

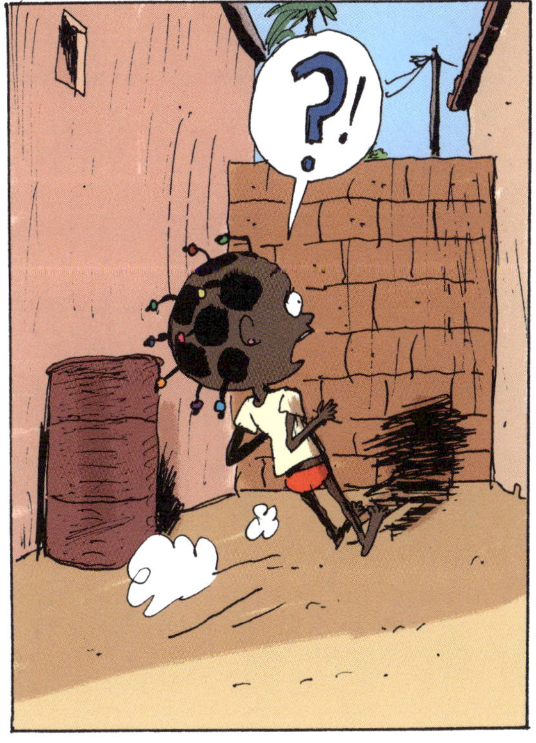
?!

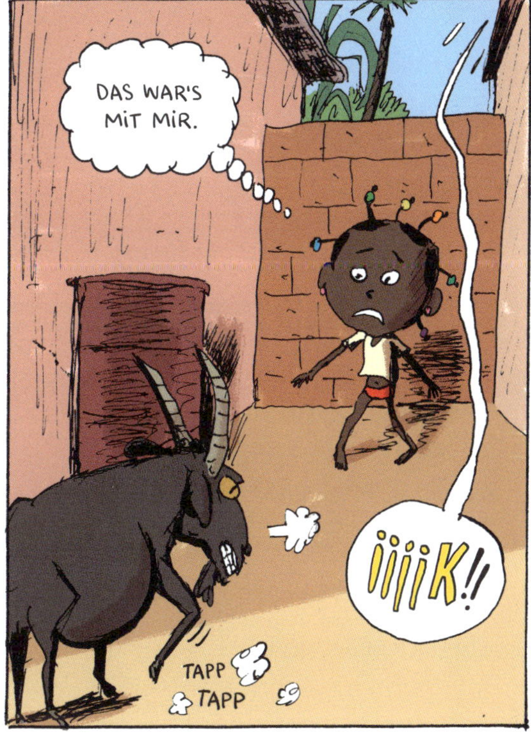
DAS WAR'S
MIT MIR.
iiiiK!!
TAPP
TAPP

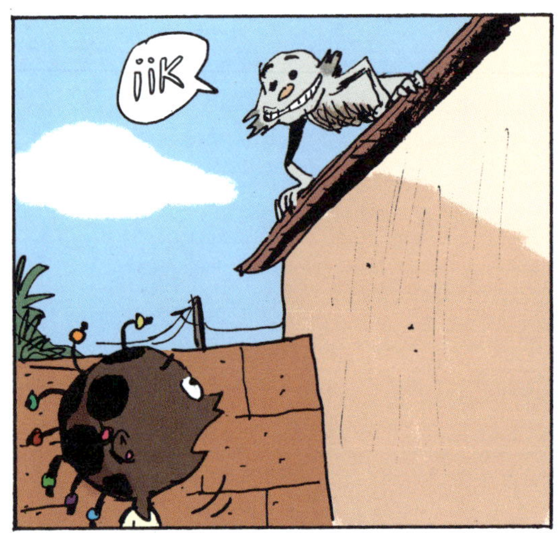
¡IIK

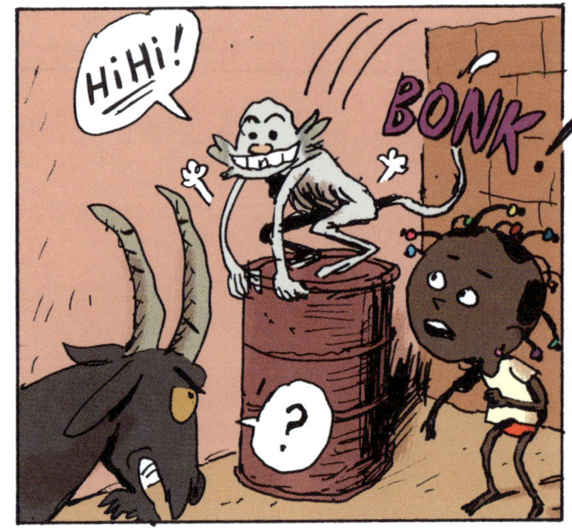
HiHi!
BONK!
?

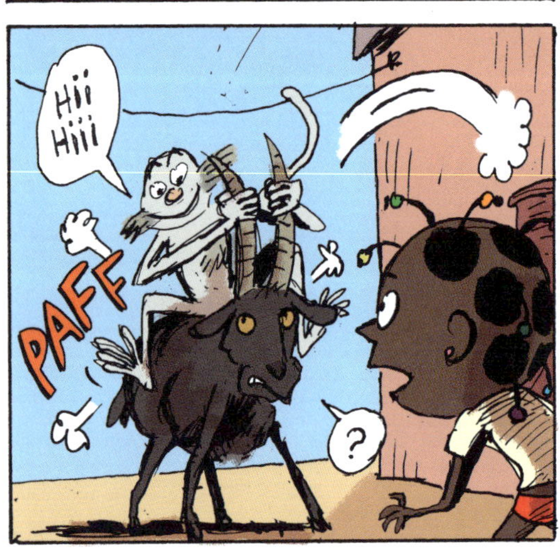
Hii
Hiii
PAFF
?

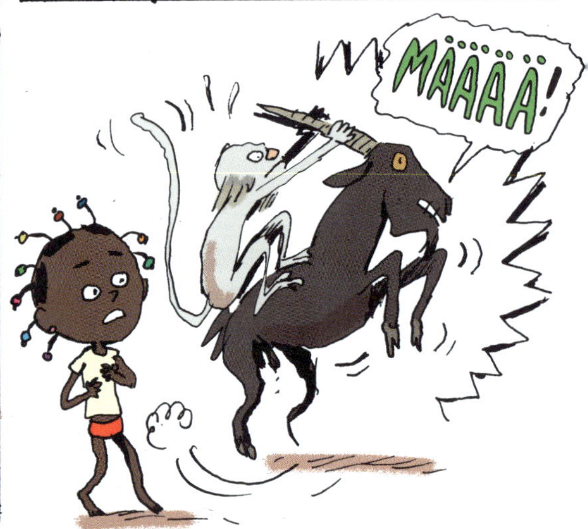
MÄÄÄÄÄ!

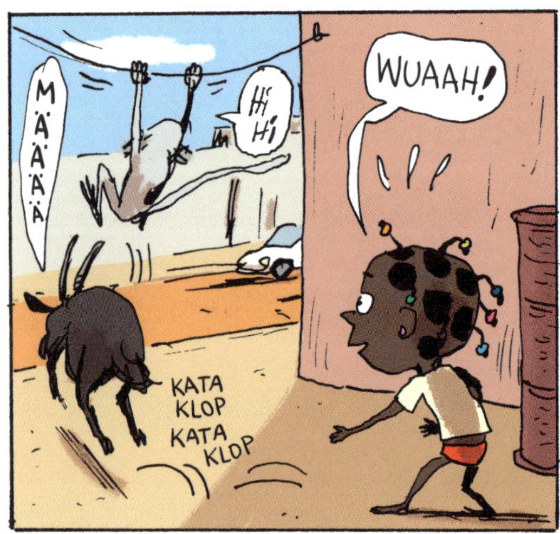
MÄÄÄÄ
Hi
Hi
WUAAH!
KATA
KLOP
KATA
KLOP

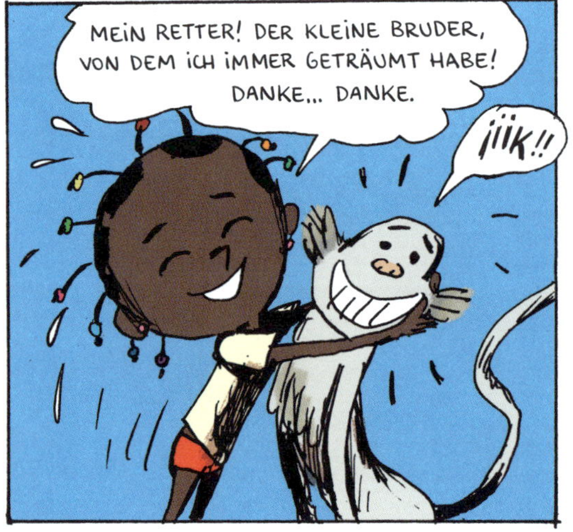
MEIN RETTER! DER KLEINE BRUDER,
VON DEM ICH IMMER GETRÄUMT HABE!
DANKE... DANKE.
¡IIK!!

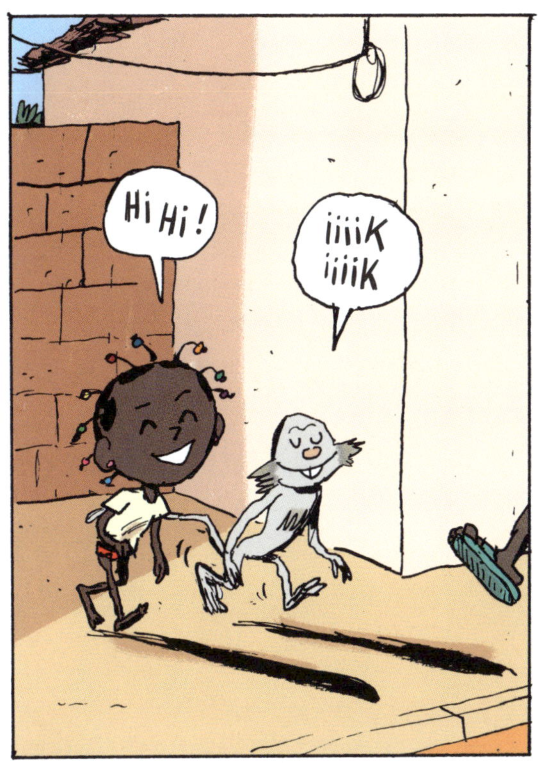
Hi Hi!
iiiiK iiiiK

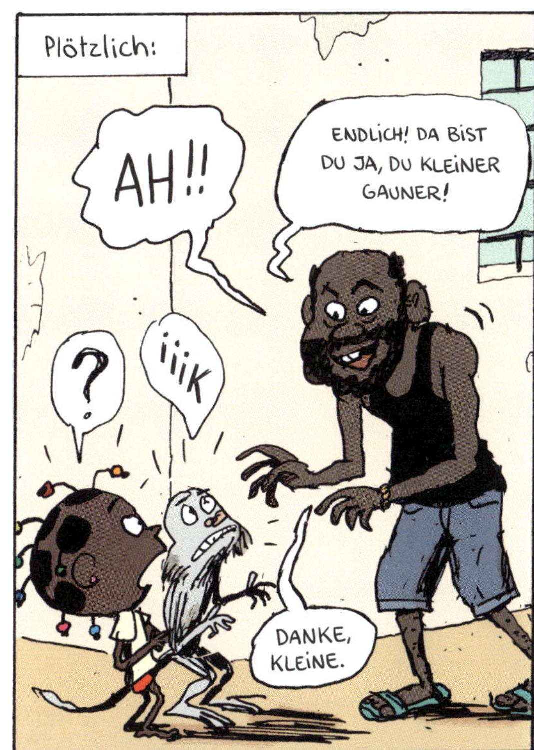
Plötzlich:
AH!!
ENDLICH! DA BIST DU JA, DU KLEINER GAUNER!
?
iiiK
DANKE, KLEINE.

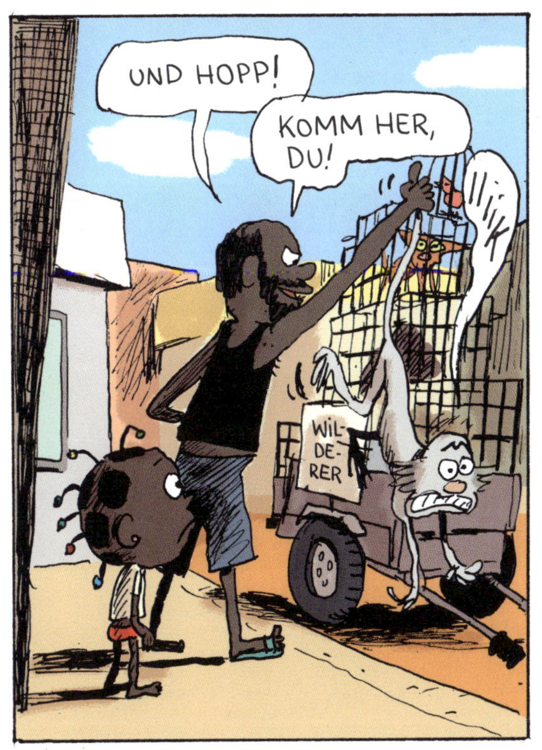
UND HOPP!
KOMM HER, DU!
IIiiK
WIL-DE-RER

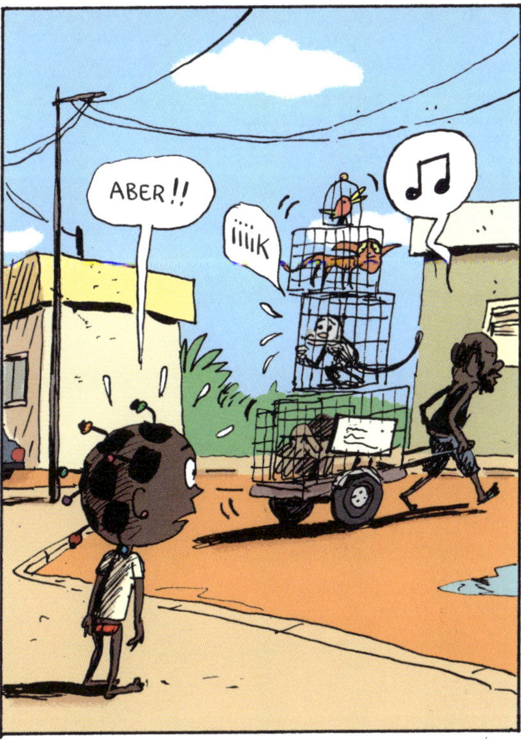
ABER!!
iiiiK
♫

Akissi erzählt ihren Freundinnen und Freunden die Geschichte vom kleinen Affen.

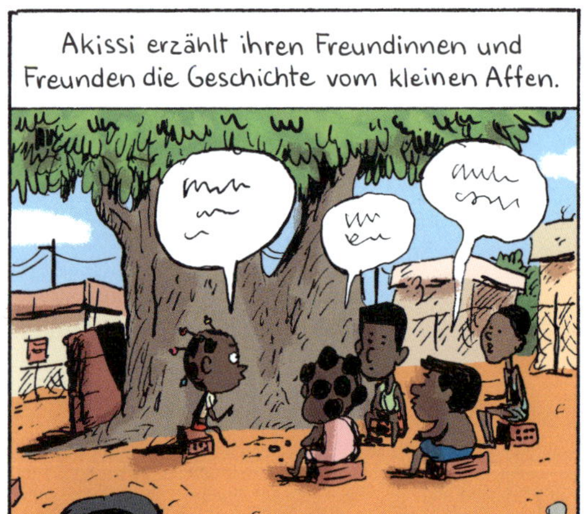

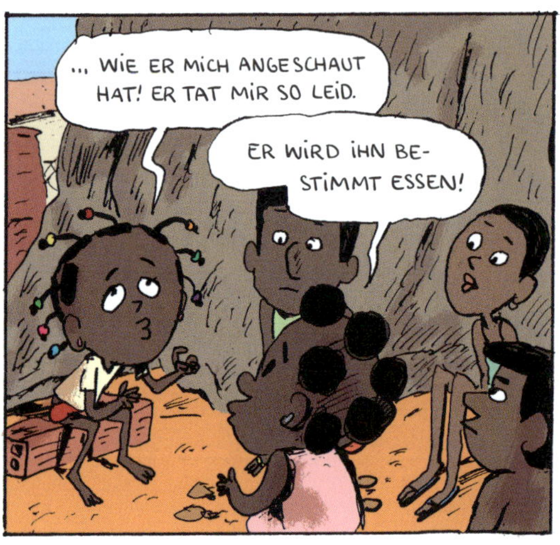

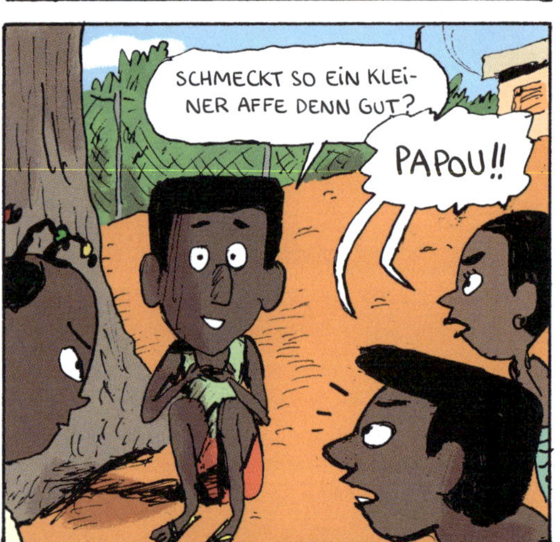

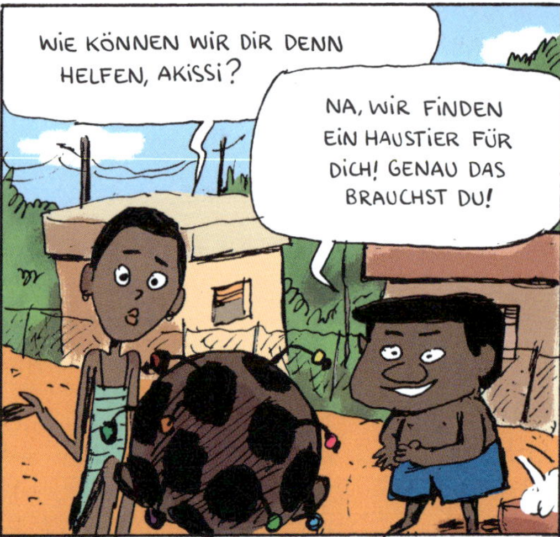

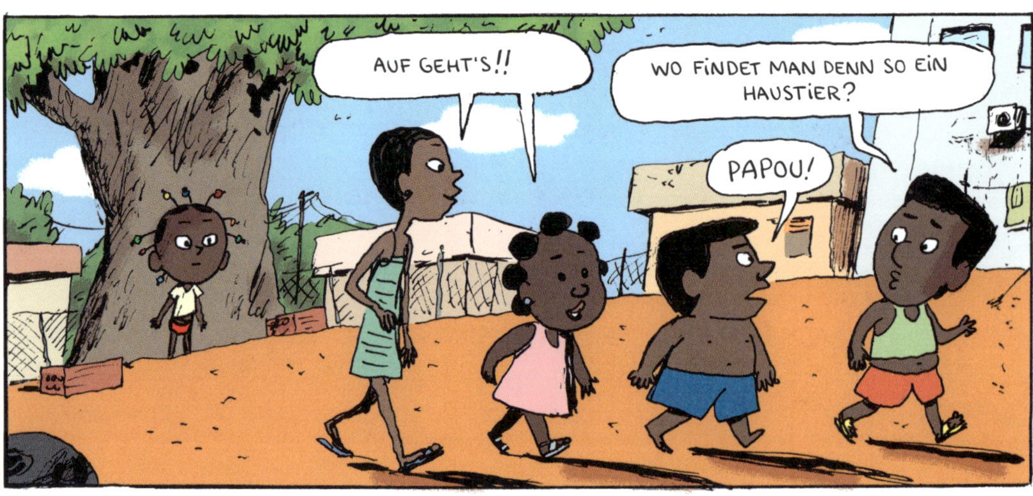

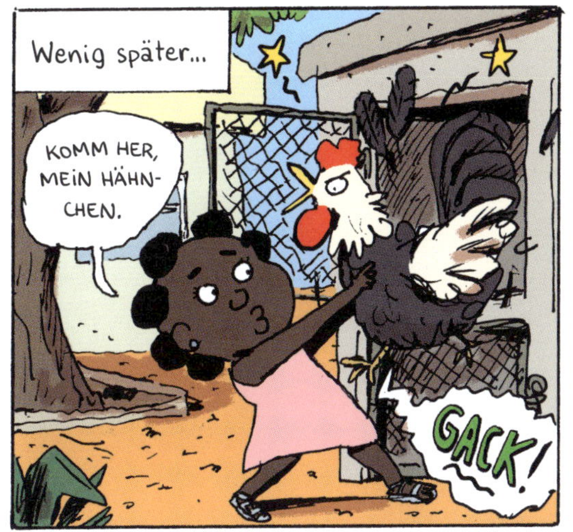
Wenig später...
KOMM HER, MEIN HÄHN-CHEN.
GACK!

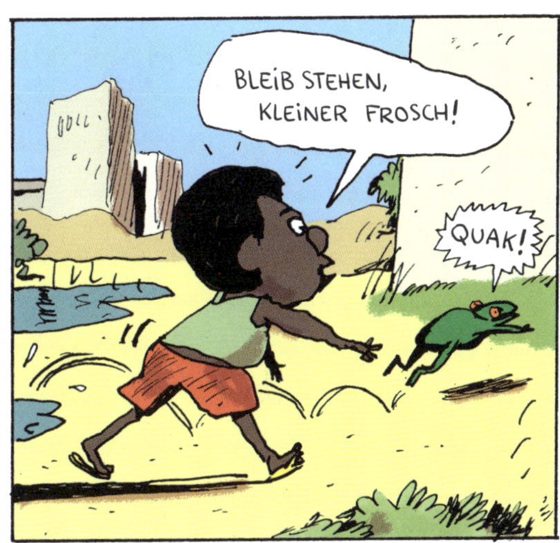
BLEIB STEHEN, KLEINER FROSCH!
QUAK!

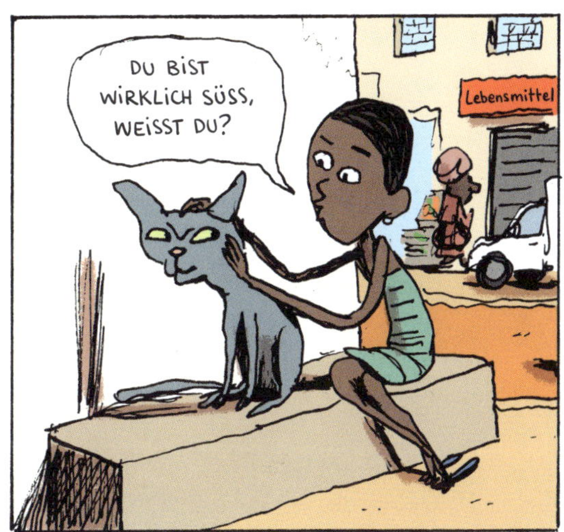
DU BIST WIRKLICH SÜSS, WEISST DU?
Lebensmittel

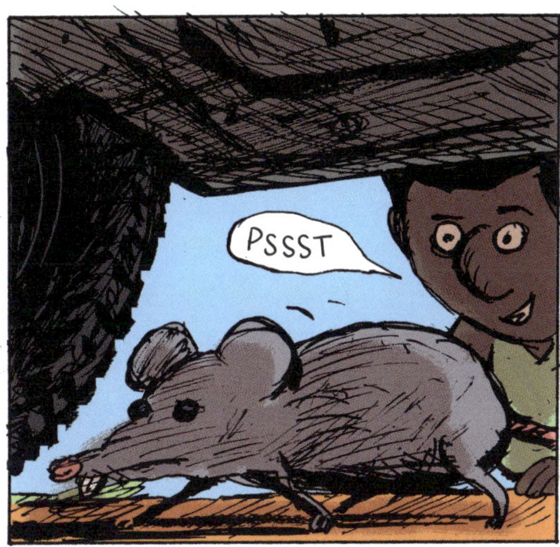
PSSST

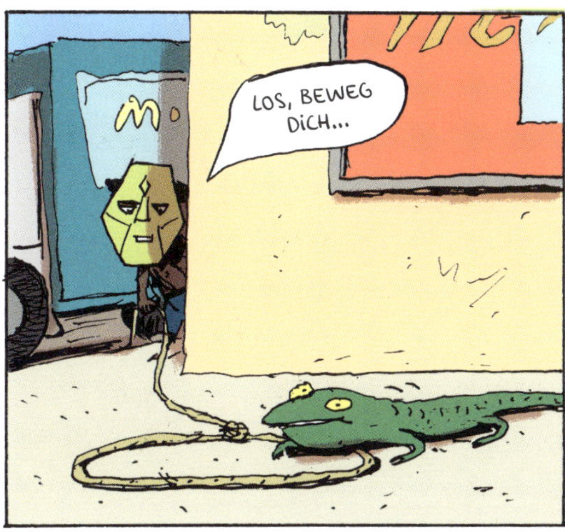
LOS, BEWEG DICH...

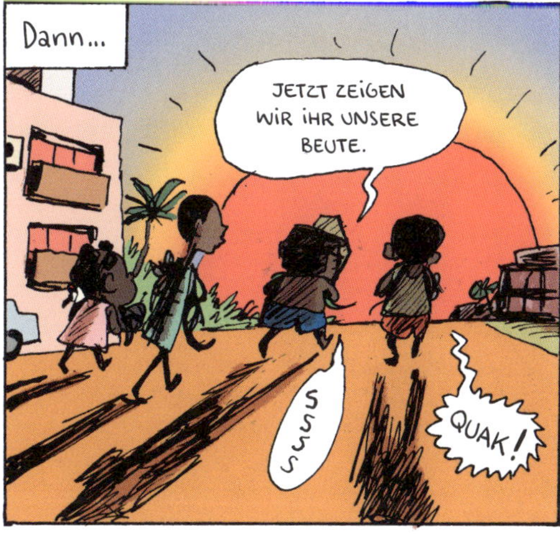
Dann...
JETZT ZEIGEN WIR IHR UNSERE BEUTE.
SSSS
QUAK!

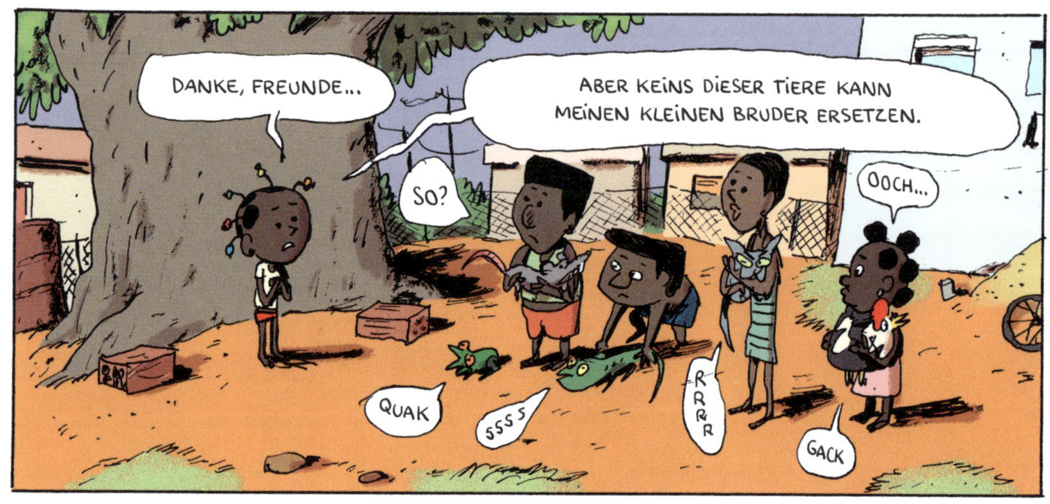
DANKE, FREUNDE...
ABER KEINS DIESER TIERE KANN MEINEN KLEINEN BRUDER ERSETZEN.
SO?
OOCH...
QUAK
SSSS
RRRR
GACK

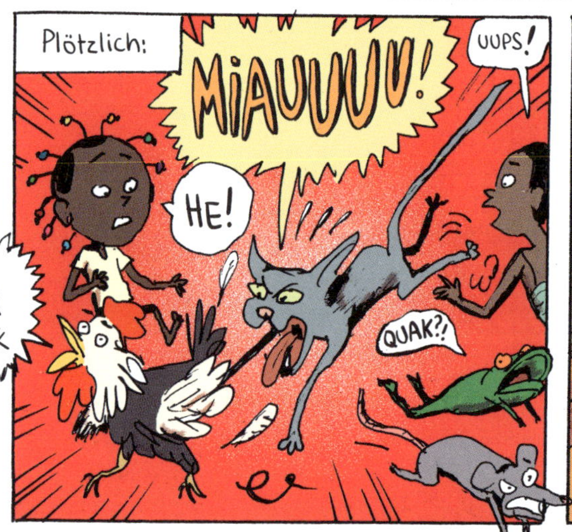
Plötzlich:
MIAUUUU!
UUPS!
HE!
GAACK
QUAK?!

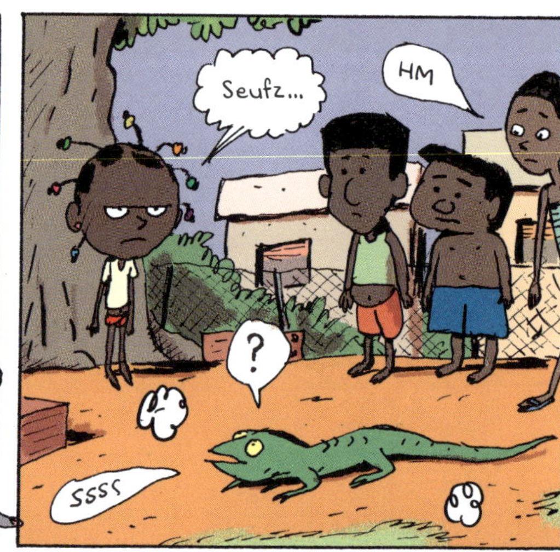
Seufz...
HM
?
SSSS

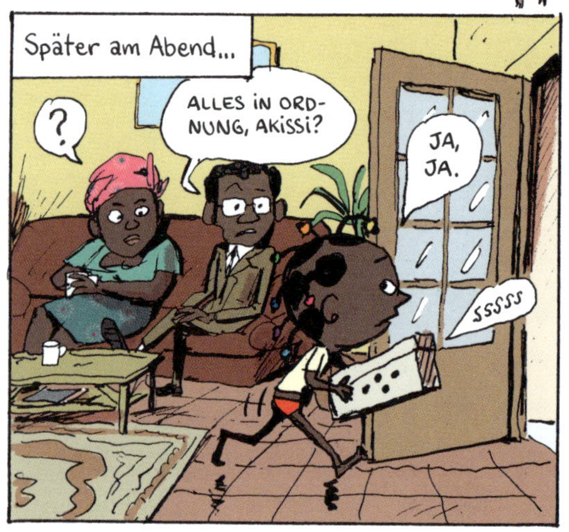
Später am Abend...
?
ALLES IN ORDNUNG, AKISSI?
JA, JA.
SSSSS

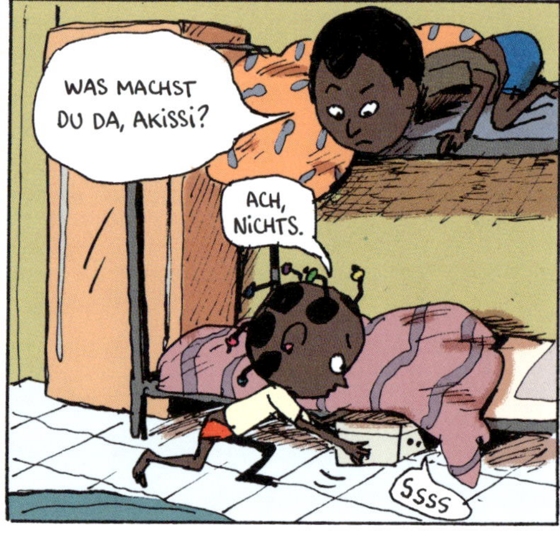
WAS MACHST DU DA, AKISSI?
ACH, NICHTS.
SSSS

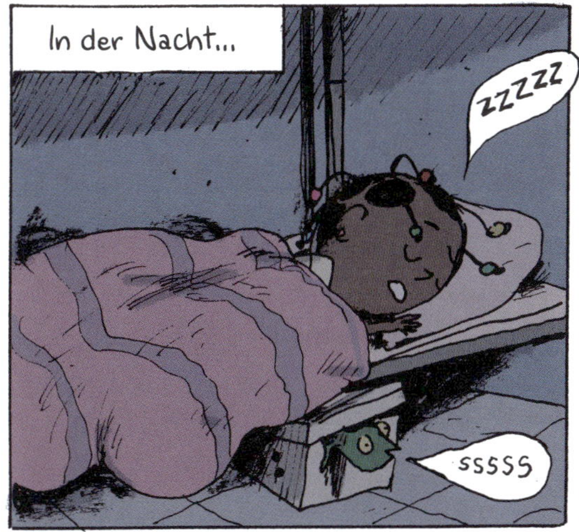
In der Nacht...
ZZZZZ
SSSSS

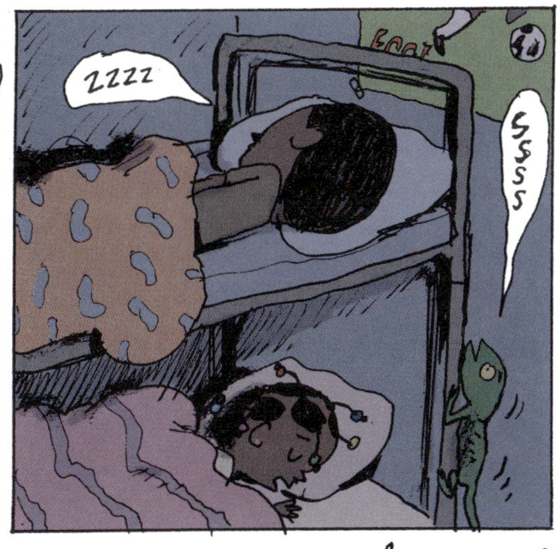
ZZZZ
SSSS

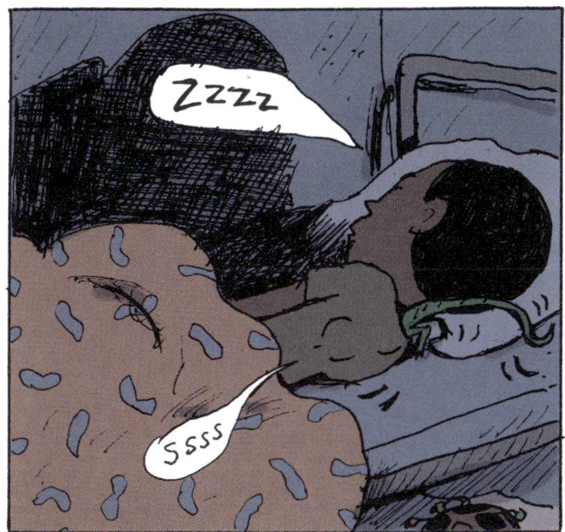
ZZZZ
SSSS

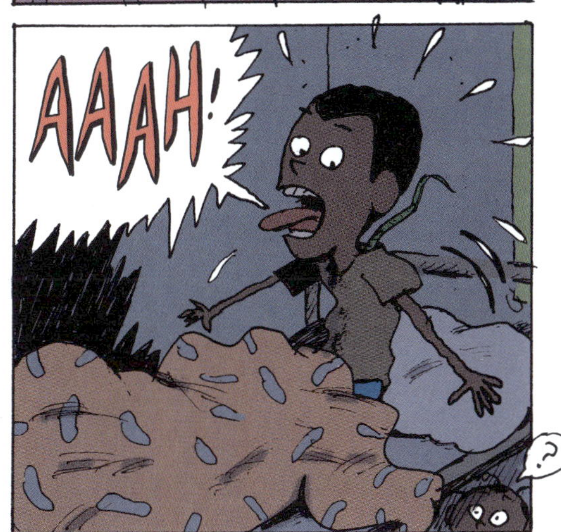
AAAH!
?

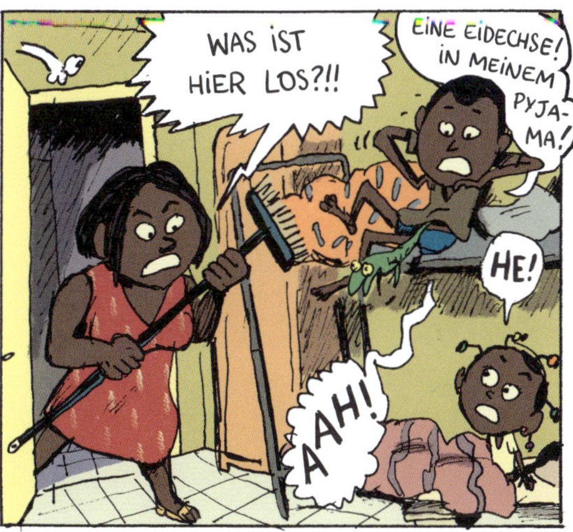
WAS IST HIER LOS?!!
EINE EIDECHSE! IN MEINEM PYJAMA!
HE!
AAH!

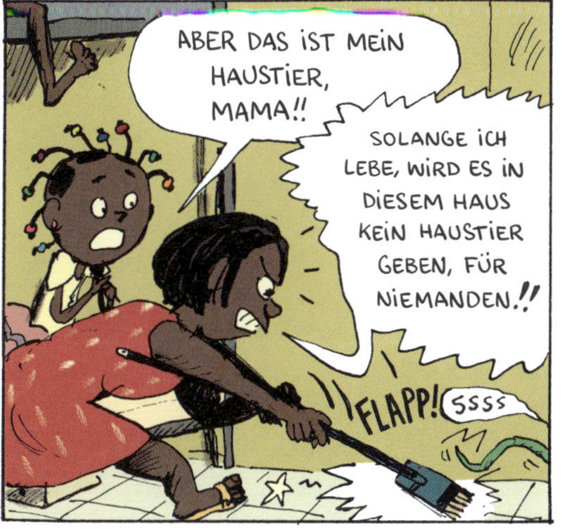
ABER DAS IST MEIN HAUSTIER, MAMA!!
SOLANGE ICH LEBE, WIRD ES IN DIESEM HAUS KEIN HAUSTIER GEBEN, FÜR NIEMANDEN.!!
FLAPP!
SSSS

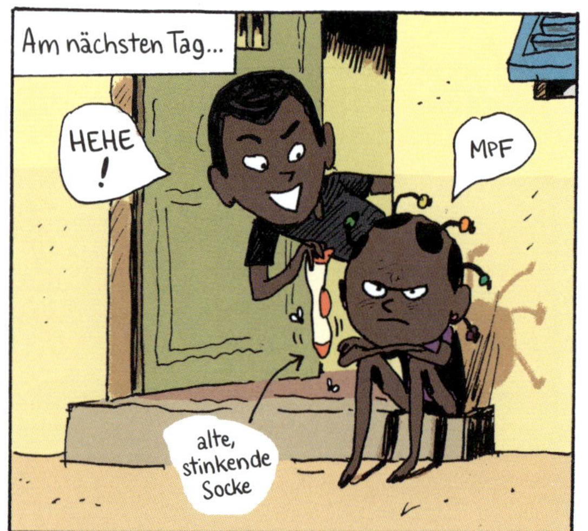
Am nächsten Tag...
HEHE!
MPF
alte, stinkende Socke

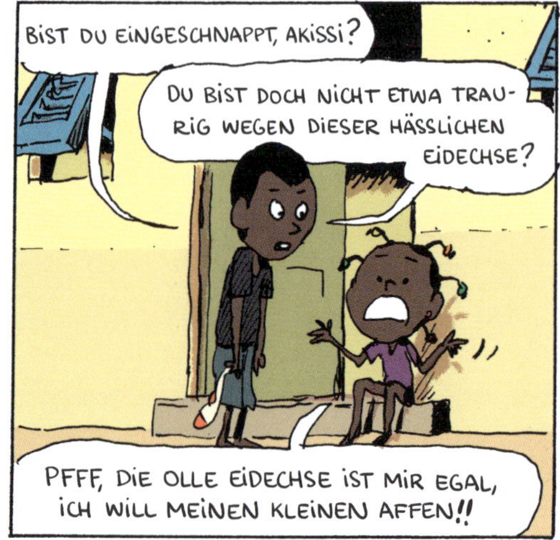
BIST DU EINGESCHNAPPT, AKISSI?
DU BIST DOCH NICHT ETWA TRAURIG WEGEN DIESER HÄSSLICHEN EIDECHSE?
PFFF, DIE OLLE EIDECHSE IST MIR EGAL, ICH WILL MEINEN KLEINEN AFFEN!!

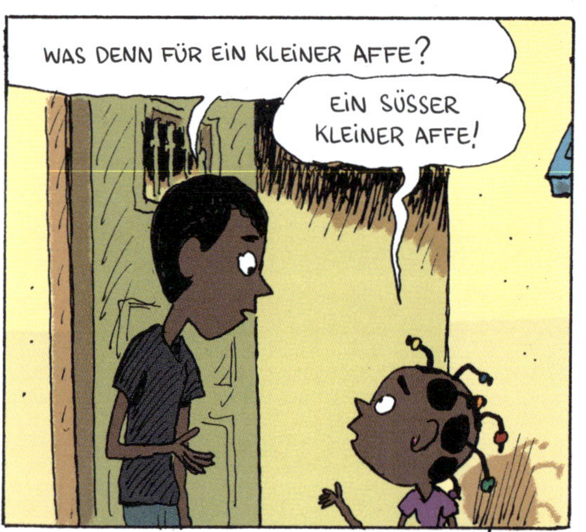
WAS DENN FÜR EIN KLEINER AFFE?
EIN SÜSSER KLEINER AFFE!

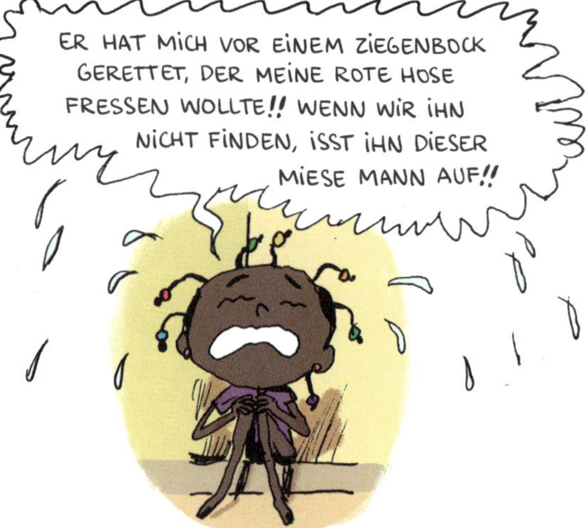
ER HAT MICH VOR EINEM ZIEGENBOCK GERETTET, DER MEINE ROTE HOSE FRESSEN WOLLTE!! WENN WIR IHN NICHT FINDEN, ISST IHN DIESER MIESE MANN AUF!!

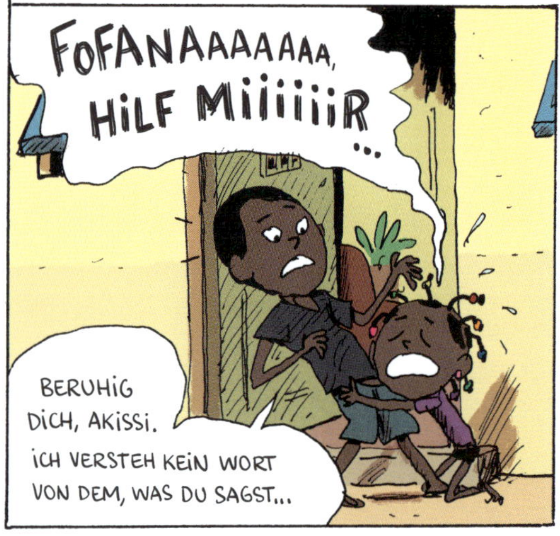
FOFANAAAAAAA, HILF MIIIIIIR...
BERUHIG DICH, AKISSI.
ICH VERSTEH KEIN WORT VON DEM, WAS DU SAGST...

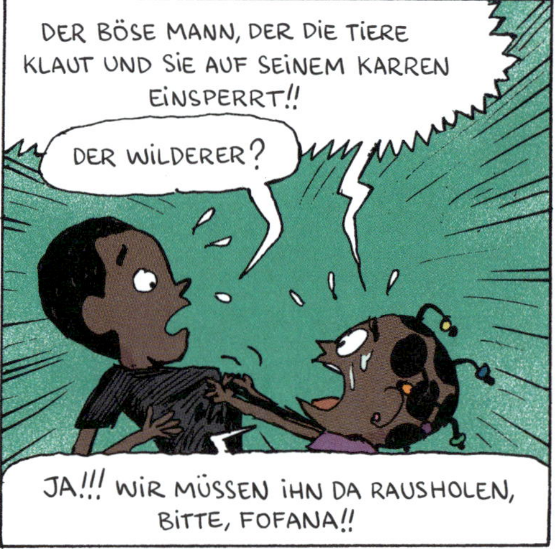
DER BÖSE MANN, DER DIE TIERE KLAUT UND SIE AUF SEINEM KARREN EINSPERRT!!
DER WILDERER?
JA!!! WIR MÜSSEN IHN DA RAUSHOLEN, BITTE, FOFANA!!

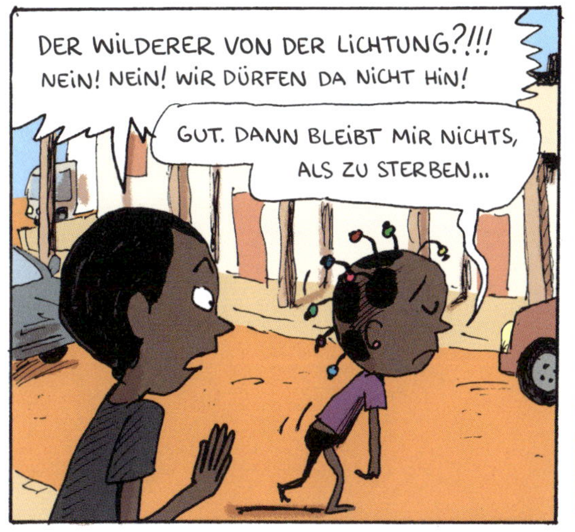
DER WILDERER VON DER LICHTUNG?!!!
NEIN! NEIN! WIR DÜRFEN DA NICHT HIN!
GUT. DANN BLEIBT MIR NICHTS, ALS ZU STERBEN...

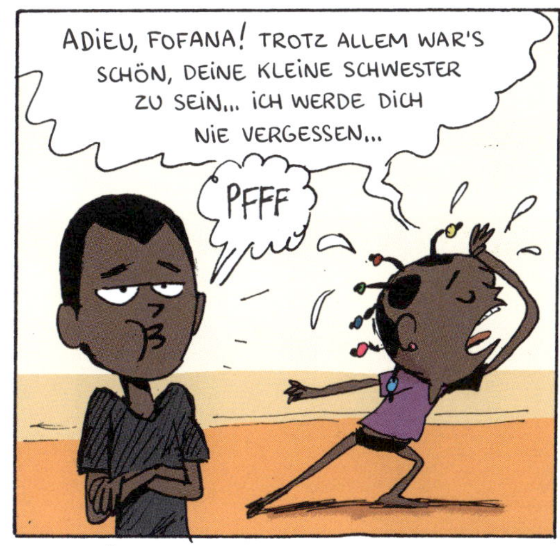
ADIEU, FOFANA! TROTZ ALLEM WAR'S SCHÖN, DEINE KLEINE SCHWESTER ZU SEIN... ICH WERDE DICH NIE VERGESSEN...
PFFF

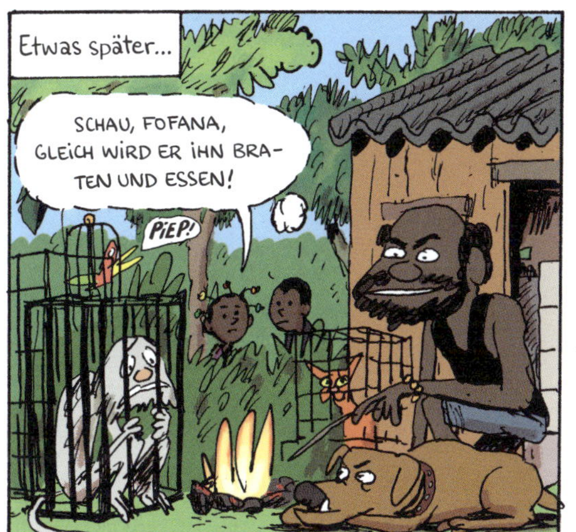
Etwas später...
SCHAU, FOFANA, GLEICH WIRD ER IHN BRA-TEN UND ESSEN!
PIEP!

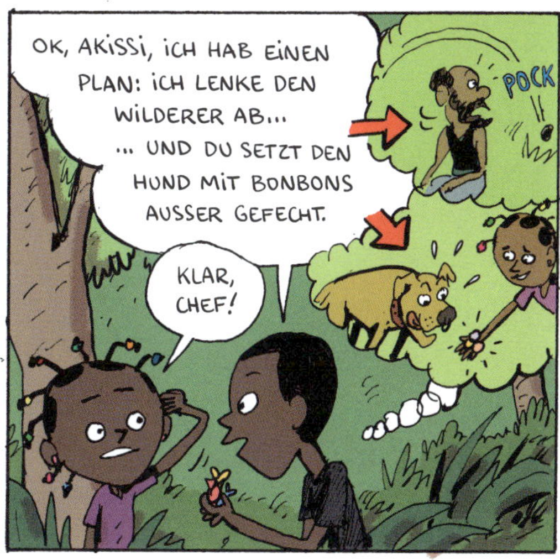
OK, AKISSI, ICH HAB EINEN PLAN: ICH LENKE DEN WILDERER AB...
... UND DU SETZT DEN HUND MIT BONBONS AUSSER GEFECHT.
POCK
KLAR, CHEF!

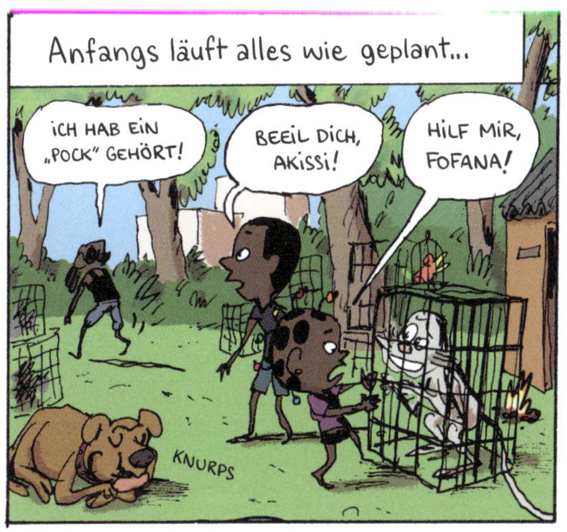
Anfangs läuft alles wie geplant...
ICH HAB EIN „POCK" GEHÖRT!
BEEIL DICH, AKISSI!
HILF MIR, FOFANA!
KNURPS

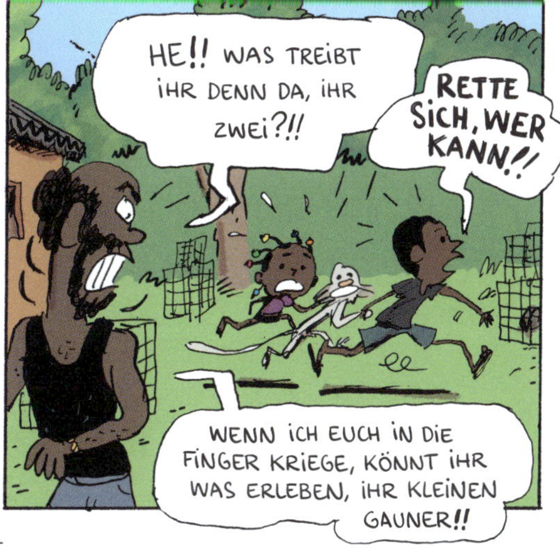
HE!! WAS TREIBT IHR DENN DA, IHR ZWEI?!!
RETTE SICH, WER KANN!!
WENN ICH EUCH IN DIE FINGER KRIEGE, KÖNNT IHR WAS ERLEBEN, IHR KLEINEN GAUNER!!

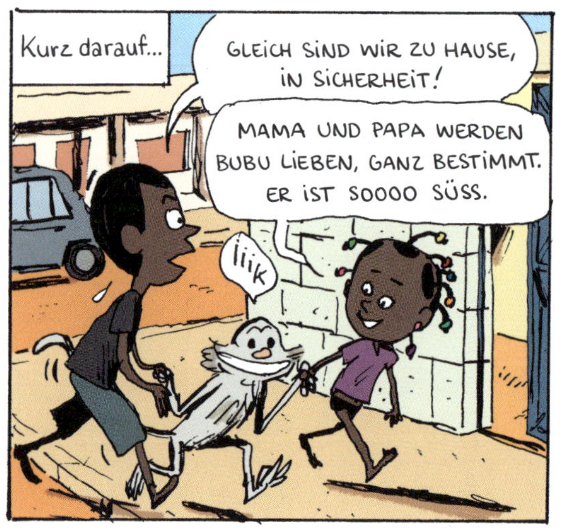
Kurz darauf...
GLEICH SIND WIR ZU HAUSE, IN SICHERHEIT!
MAMA UND PAPA WERDEN BUBU LIEBEN, GANZ BESTIMMT. ER IST SOOOO SÜSS.
IIIK

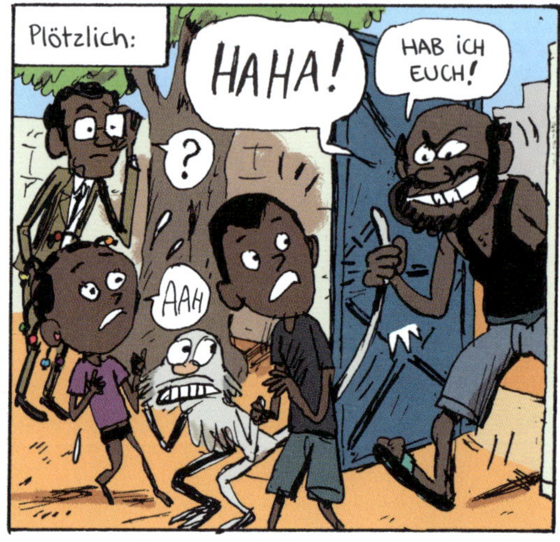
Plötzlich:
HAHA!
HAB ICH EUCH!
?
AAH

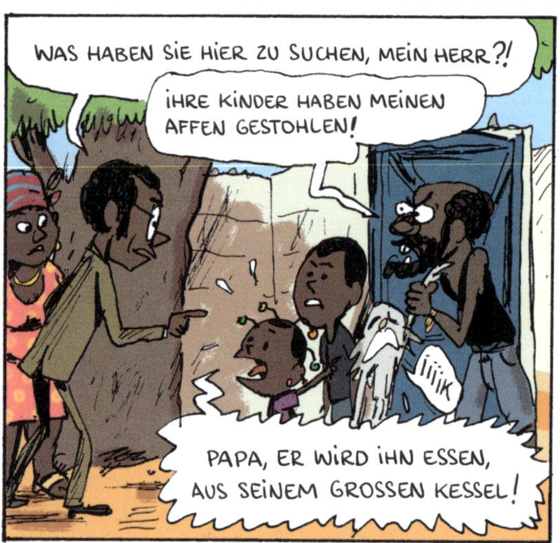
WAS HABEN SIE HIER ZU SUCHEN, MEIN HERR?!
IHRE KINDER HABEN MEINEN AFFEN GESTOHLEN!
IIIIK
PAPA, ER WIRD IHN ESSEN, AUS SEINEM GROSSEN KESSEL!

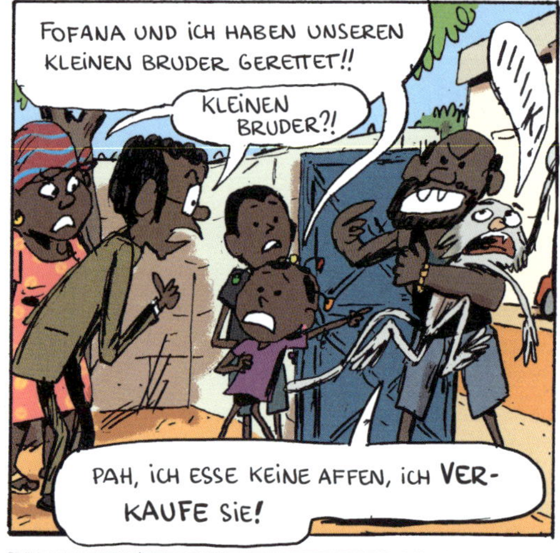
FOFANA UND ICH HABEN UNSEREN KLEINEN BRUDER GERETTET!!
KLEINEN BRUDER?!
IIIIK
PAH, ICH ESSE KEINE AFFEN, ICH **VERKAUFE** SIE!

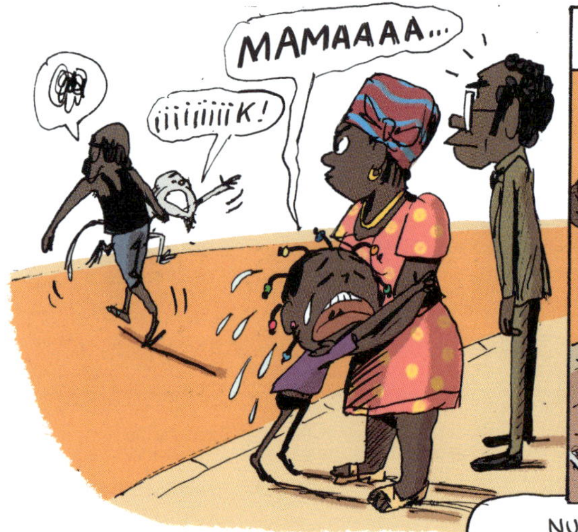
MAMAAAAA...
IIIIIIIIK!

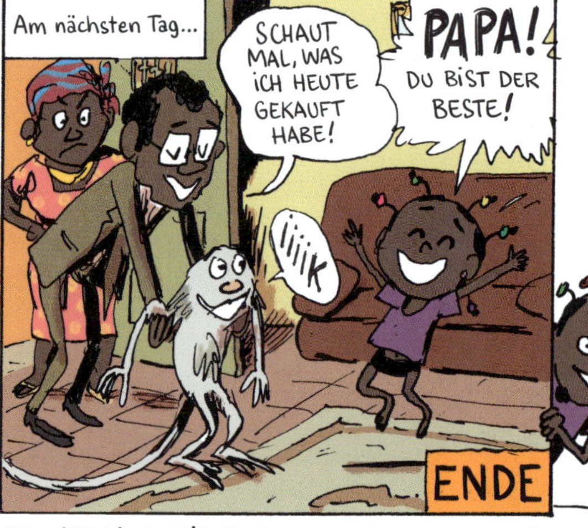
Am nächsten Tag...
SCHAUT MAL, WAS ICH HEUTE GEKAUFT HABE!
PAPA! DU BIST DER BESTE!
IIIIK
ENDE
NUN WISST IHR, WIE BUBU ZU UNS GEKOMMEN IST.

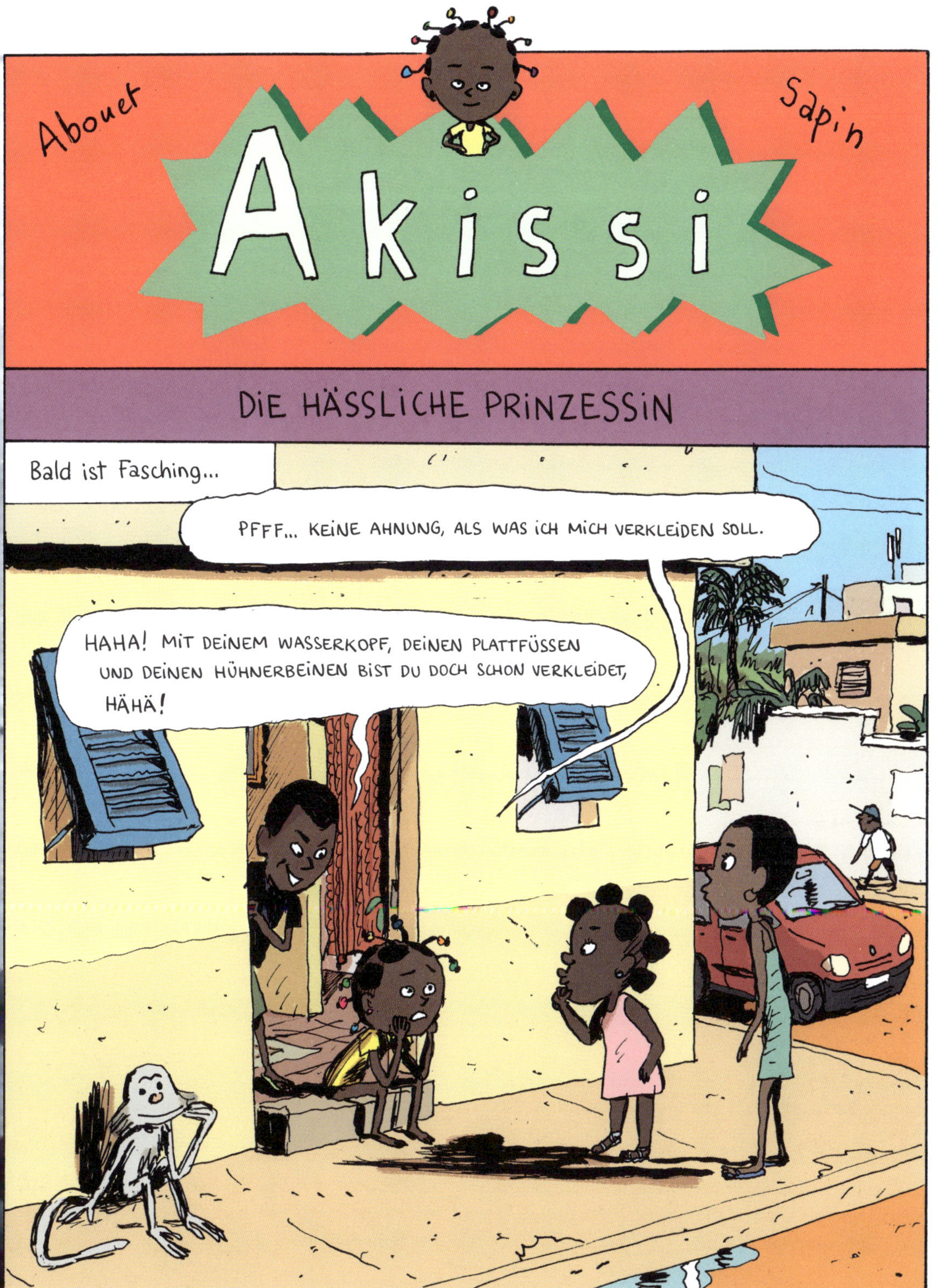
Abouet
Sapin
Akissi
DIE HÄSSLICHE PRINZESSIN
Bald ist Fasching...
PFFF... KEINE AHNUNG, ALS WAS ICH MICH VERKLEIDEN SOLL.
HAHA! MIT DEINEM WASSERKOPF, DEINEN PLATTFÜSSEN UND DEINEN HÜHNERBEINEN BIST DU DOCH SCHON VERKLEIDET, HÄHÄ!

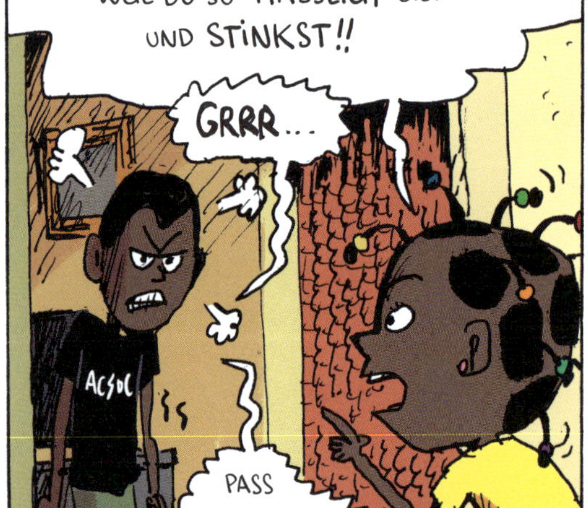
FOFANA, WEISST DU, WARUM DU KEINE FREUNDIN HAST? SELBST WENN MAN DICH EINEM MÄDCHEN HINTERHERWERFEN UND NOCH EINEN HAUFEN GELD UND TONNEN VON BONBONS DRAUFLEGEN WÜRDE, WÜRDE DICH KEINE WOLLEN... WEIL DU SO HÄSSLICH BIST UND STINKST!!
GRRR...
PASS BLOSS AUF...
AC/DC

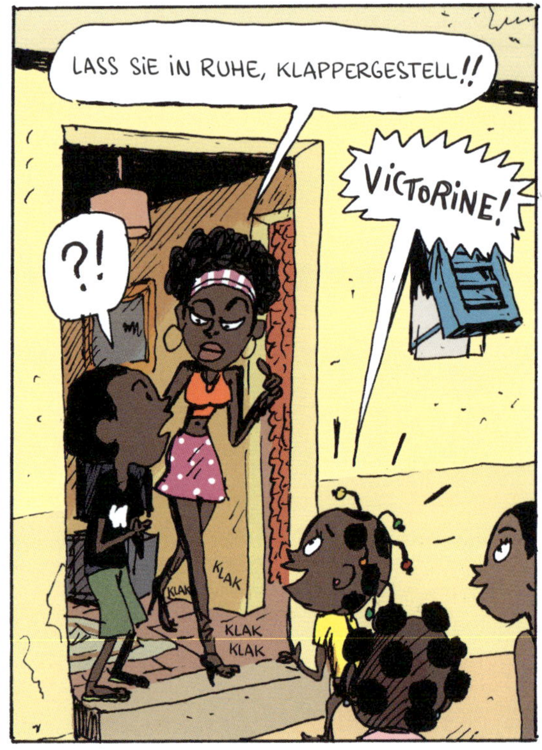
LASS SIE IN RUHE, KLAPPERGESTELL!!
VICTORINE!
?!
KLAK
KLAK
KLAK
KLAK

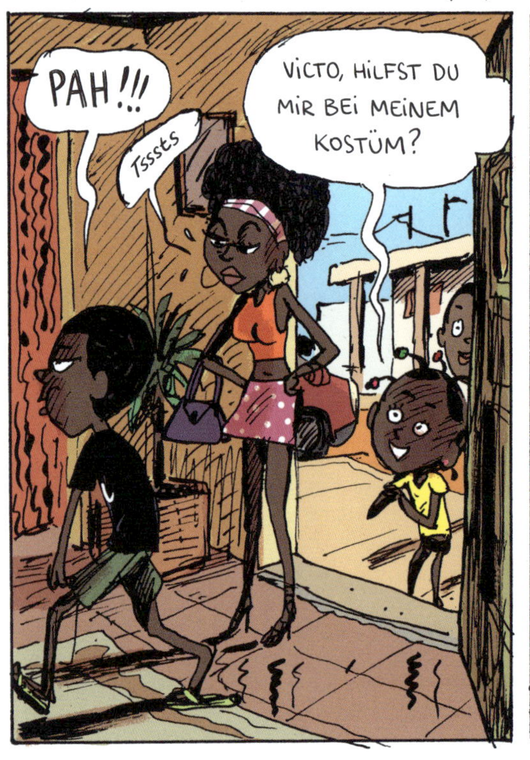
PAH!!!
Tssssts
VICTO, HILFST DU MIR BEI MEINEM KOSTÜM?

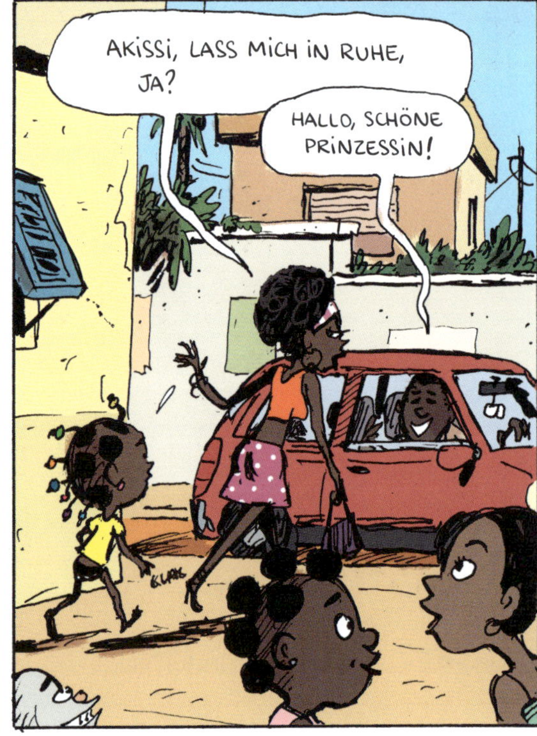
AKISSI, LASS MICH IN RUHE, JA?
HALLO, SCHÖNE PRINZESSIN!
KLAK

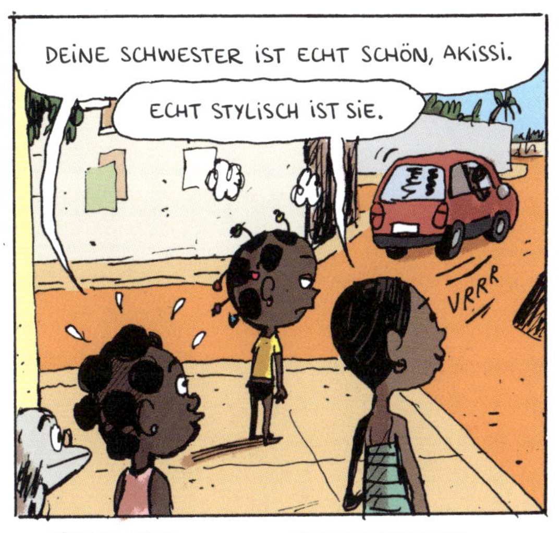
DEINE SCHWESTER IST ECHT SCHÖN, AKISSI.
ECHT STYLISCH IST SIE.
VRRR

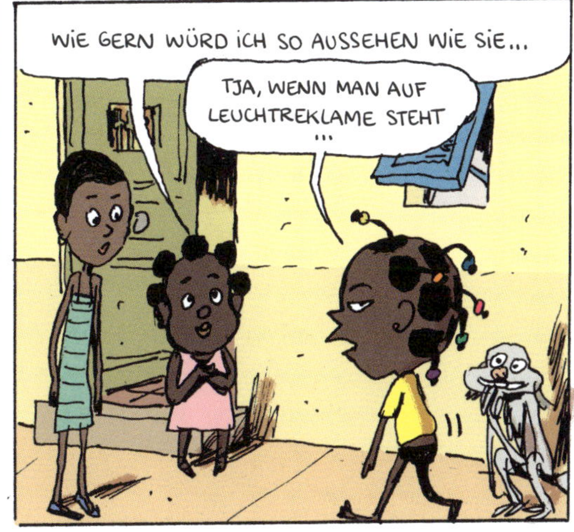
WIE GERN WÜRD ICH SO AUSSEHEN WIE SIE...
TJA, WENN MAN AUF LEUCHTREKLAME STEHT ...

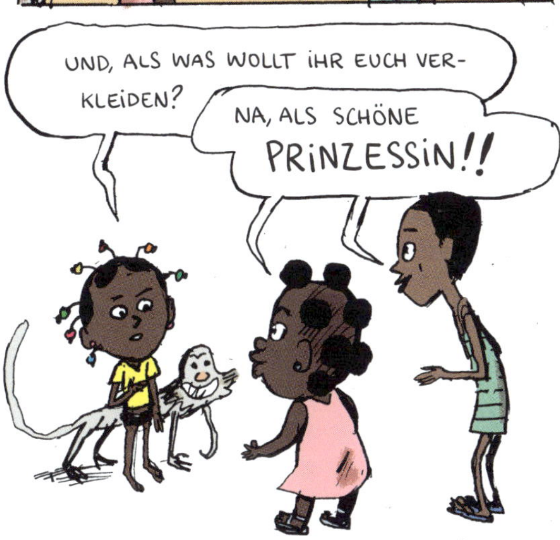
UND, ALS WAS WOLLT IHR EUCH VERKLEIDEN?
NA, ALS SCHÖNE PRINZESSIN!!

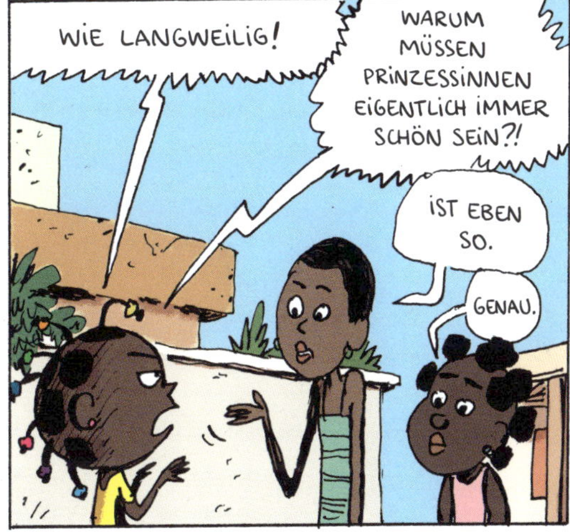
WIE LANGWEILIG!
WARUM MÜSSEN PRINZESSINNEN EIGENTLICH IMMER SCHÖN SEIN?!
IST EBEN SO.
GENAU.

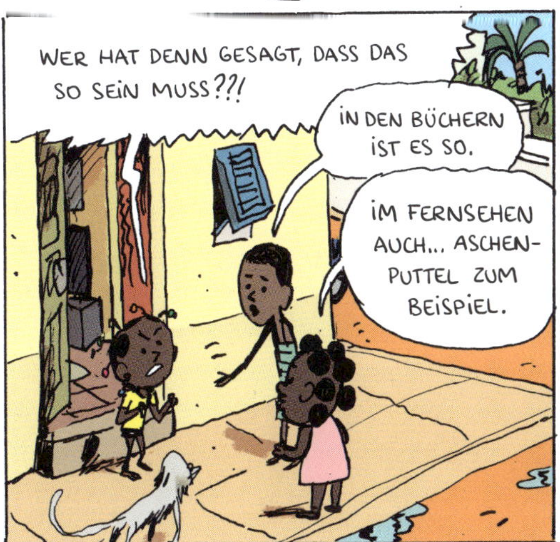
WER HAT DENN GESAGT, DASS DAS SO SEIN MUSS??!
IN DEN BÜCHERN IST ES SO.
IM FERNSEHEN AUCH... ASCHENPUTTEL ZUM BEISPIEL.

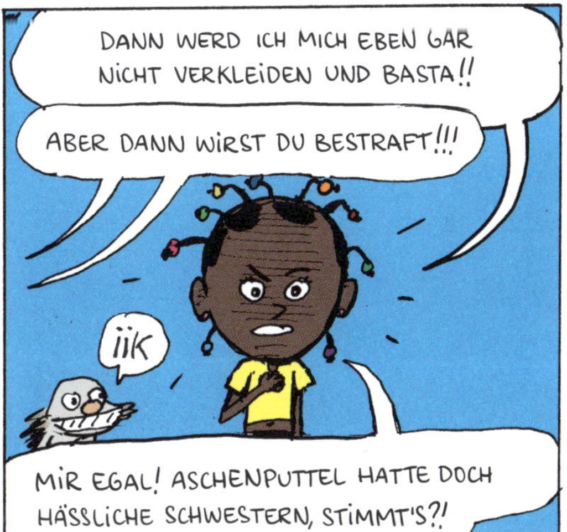
DANN WERD ICH MICH EBEN GAR NICHT VERKLEIDEN UND BASTA!!
ABER DANN WIRST DU BESTRAFT!!!
IIK
MIR EGAL! ASCHENPUTTEL HATTE DOCH HÄSSLICHE SCHWESTERN, STIMMT'S?!

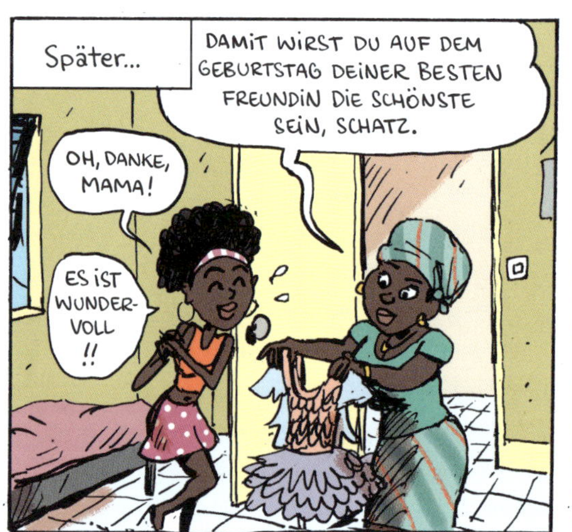
Später...
DAMIT WIRST DU AUF DEM GEBURTSTAG DEINER BESTEN FREUNDIN DIE SCHÖNSTE SEIN, SCHATZ.
OH, DANKE, MAMA!
ES IST WUNDERVOLL!!

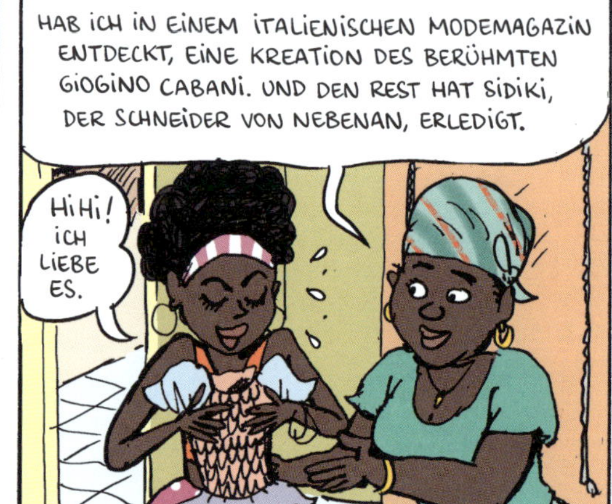
HAB ICH IN EINEM ITALIENISCHEN MODEMAGAZIN ENTDECKT, EINE KREATION DES BERÜHMTEN GIOGINO CABANI. UND DEN REST HAT SIDIKI, DER SCHNEIDER VON NEBENAN, ERLEDIGT.
HIHI! ICH LIEBE ES.

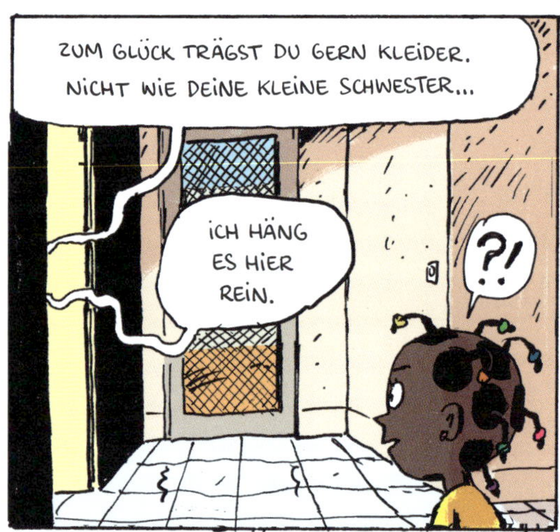
ZUM GLÜCK TRÄGST DU GERN KLEIDER. NICHT WIE DEINE KLEINE SCHWESTER...
ICH HÄNG ES HIER REIN.
?!

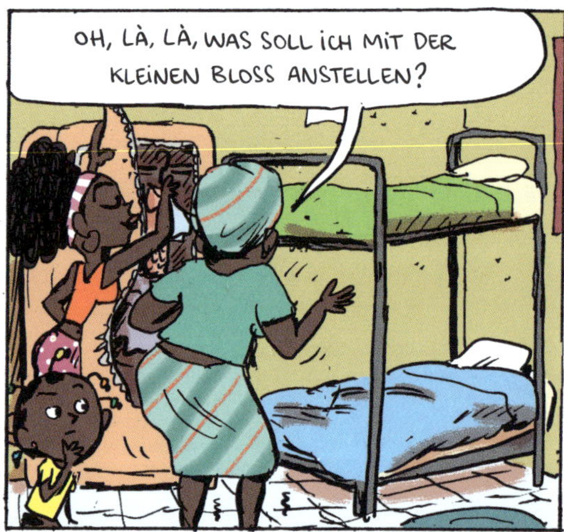
OH, LÀ, LÀ, WAS SOLL ICH MIT DER KLEINEN BLOSS ANSTELLEN?

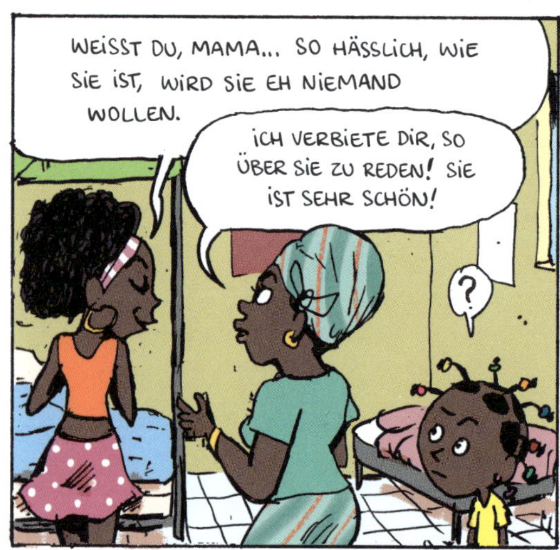
WEISST DU, MAMA... SO HÄSSLICH, WIE SIE IST, WIRD SIE EH NIEMAND WOLLEN.
ICH VERBIETE DIR, SO ÜBER SIE ZU REDEN! SIE IST SEHR SCHÖN!
?

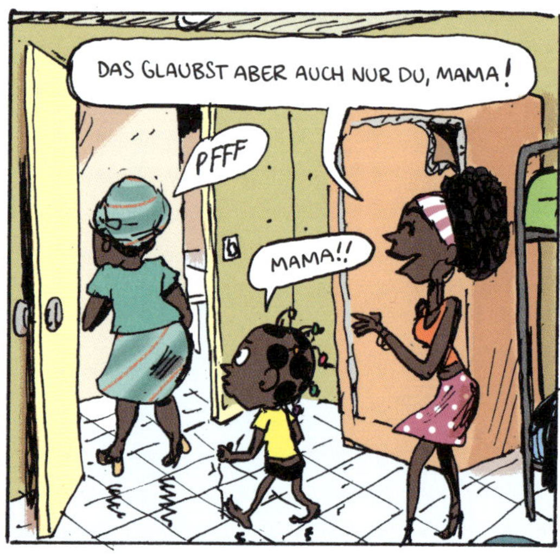
DAS GLAUBST ABER AUCH NUR DU, MAMA!
PFFF
MAMA!!

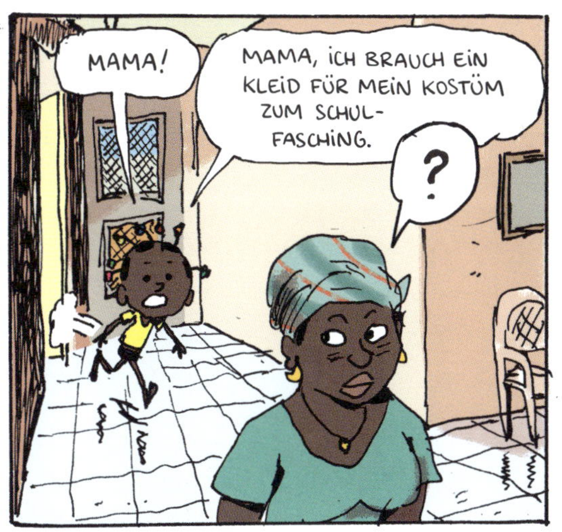
MAMA!
MAMA, ICH BRAUCH EIN KLEID FÜR MEIN KOSTÜM ZUM SCHUL-FASCHING.
?

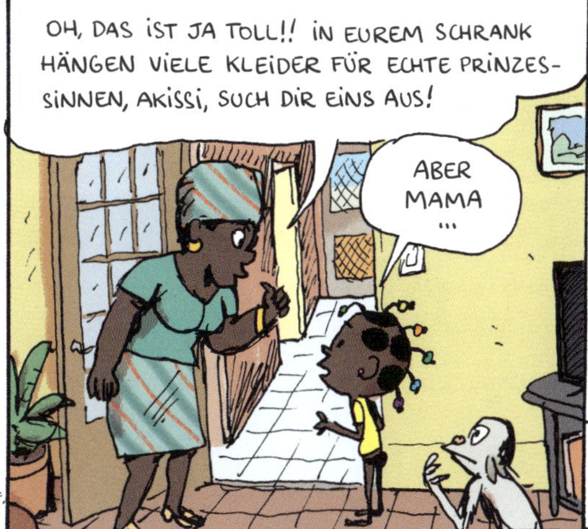
OH, DAS IST JA TOLL!! IN EUREM SCHRANK HÄNGEN VIELE KLEIDER FÜR ECHTE PRINZES-SINNEN, AKISSI, SUCH DIR EINS AUS!
ABER MAMA …

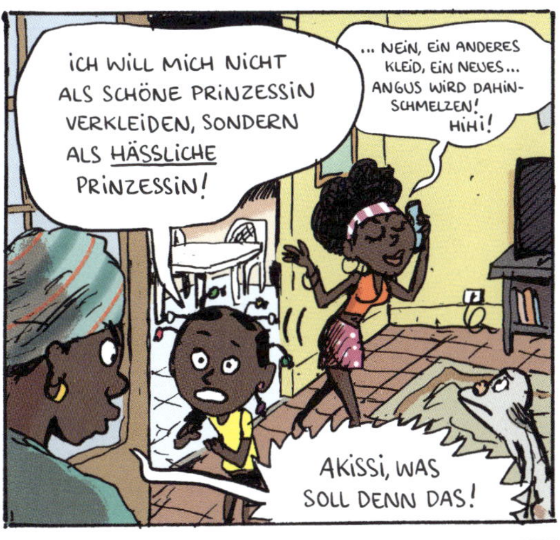
ICH WILL MICH NICHT ALS SCHÖNE PRINZESSIN VERKLEIDEN, SONDERN ALS HÄSSLICHE PRINZESSIN!
… NEIN, EIN ANDERES KLEID, EIN NEUES… ANGUS WIRD DAHIN-SCHMELZEN! HIHI!
AKISSI, WAS SOLL DENN DAS!

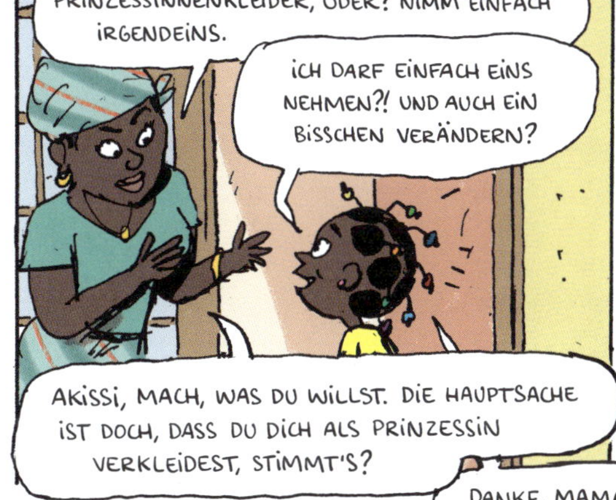
… DU HAST SCHLIESSLICH NICHT NUR PRINZESSINNENKLEIDER, ODER? NIMM EINFACH IRGENDEINS.
ICH DARF EINFACH EINS NEHMEN?! UND AUCH EIN BISSCHEN VERÄNDERN?
AKISSI, MACH, WAS DU WILLST. DIE HAUPTSACHE IST DOCH, DASS DU DICH ALS PRINZESSIN VERKLEIDEST, STIMMT'S?
DANKE, MAMA!

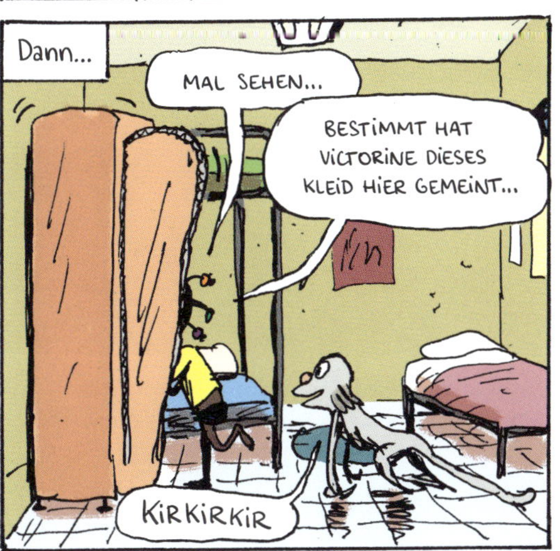
Dann…
MAL SEHEN…
BESTIMMT HAT VICTORINE DIESES KLEID HIER GEMEINT…
KIRKIRKIR

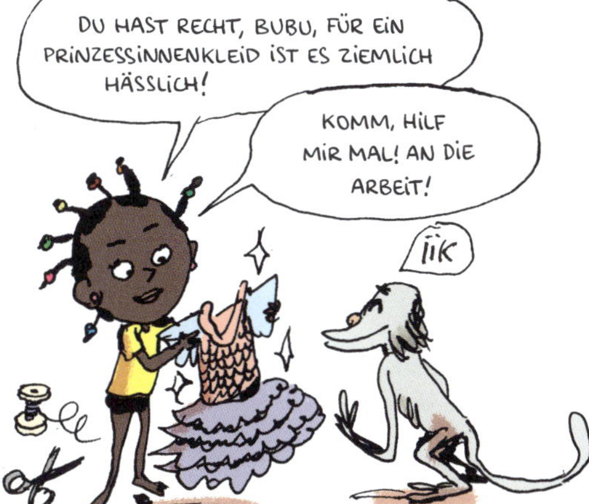
DU HAST RECHT, BUBU, FÜR EIN PRINZESSINNENKLEID IST ES ZIEMLICH HÄSSLICH!
KOMM, HILF MIR MAL! AN DIE ARBEIT!
IIK

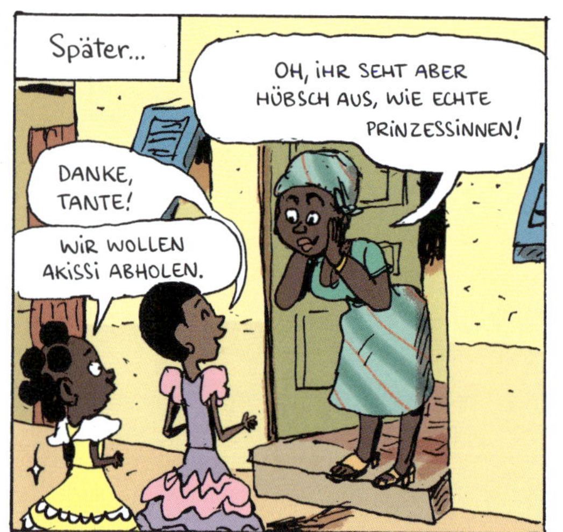
Später...
OH, IHR SEHT ABER HÜBSCH AUS, WIE ECHTE PRINZESSINNEN!
DANKE, TANTE!
WIR WOLLEN AKISSI ABHOLEN.

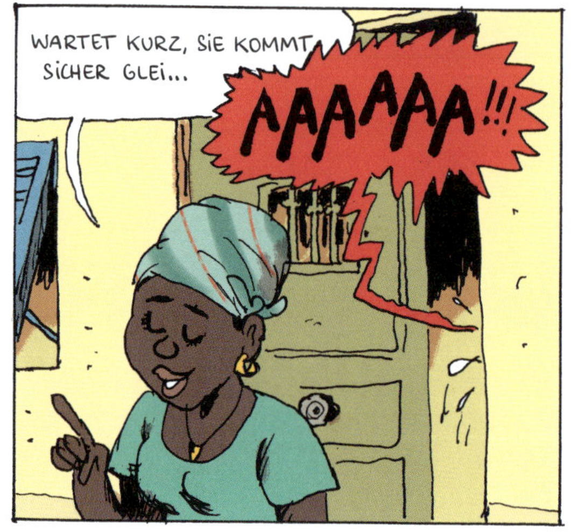
WARTET KURZ, SIE KOMMT SICHER GLEI...
AAAAAA!!!

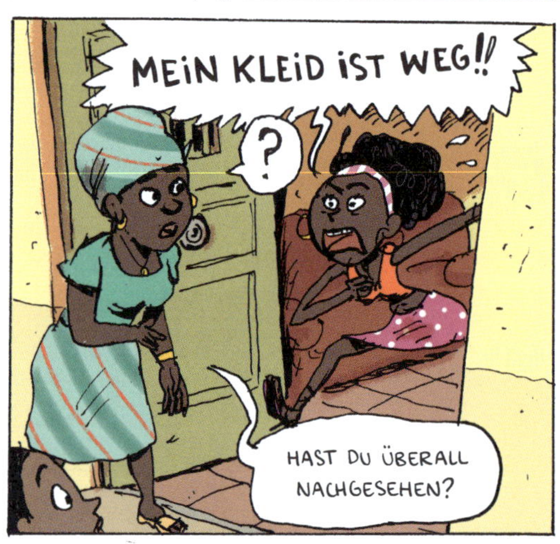
MEIN KLEID IST WEG!!
?
HAST DU ÜBERALL NACHGESEHEN?

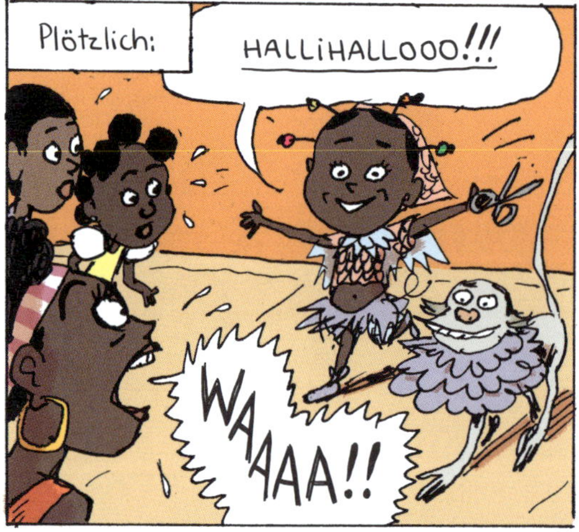
Plötzlich:
HALLIHALLOOO!!!
WAAAAA!!

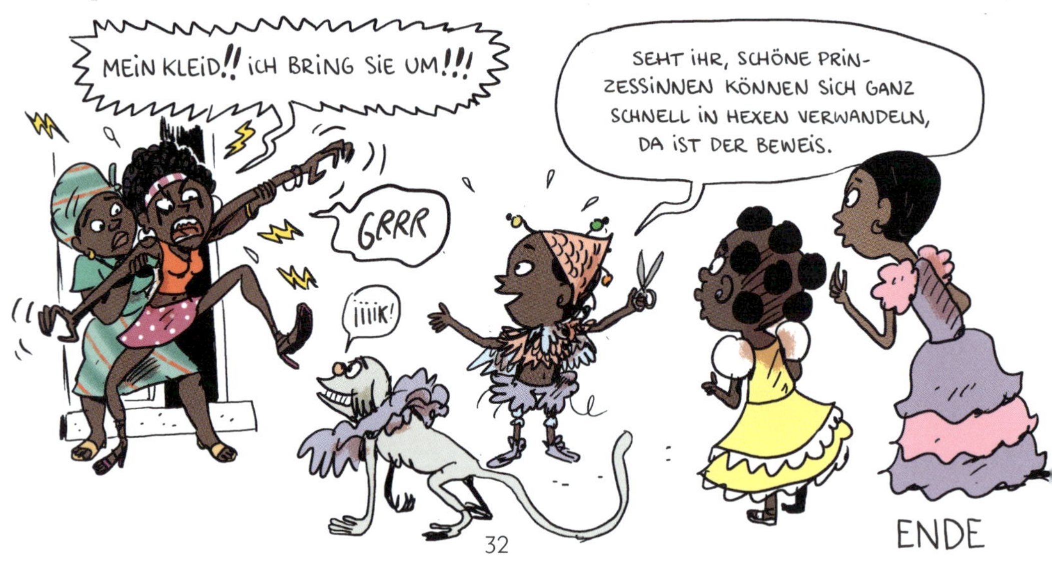
MEIN KLEID!! ICH BRING SIE UM!!!
GRRR
¡¡¡¡IK!
SEHT IHR, SCHÖNE PRINZESSINNEN KÖNNEN SICH GANZ SCHNELL IN HEXEN VERWANDELN, DA IST DER BEWEIS.
ENDE

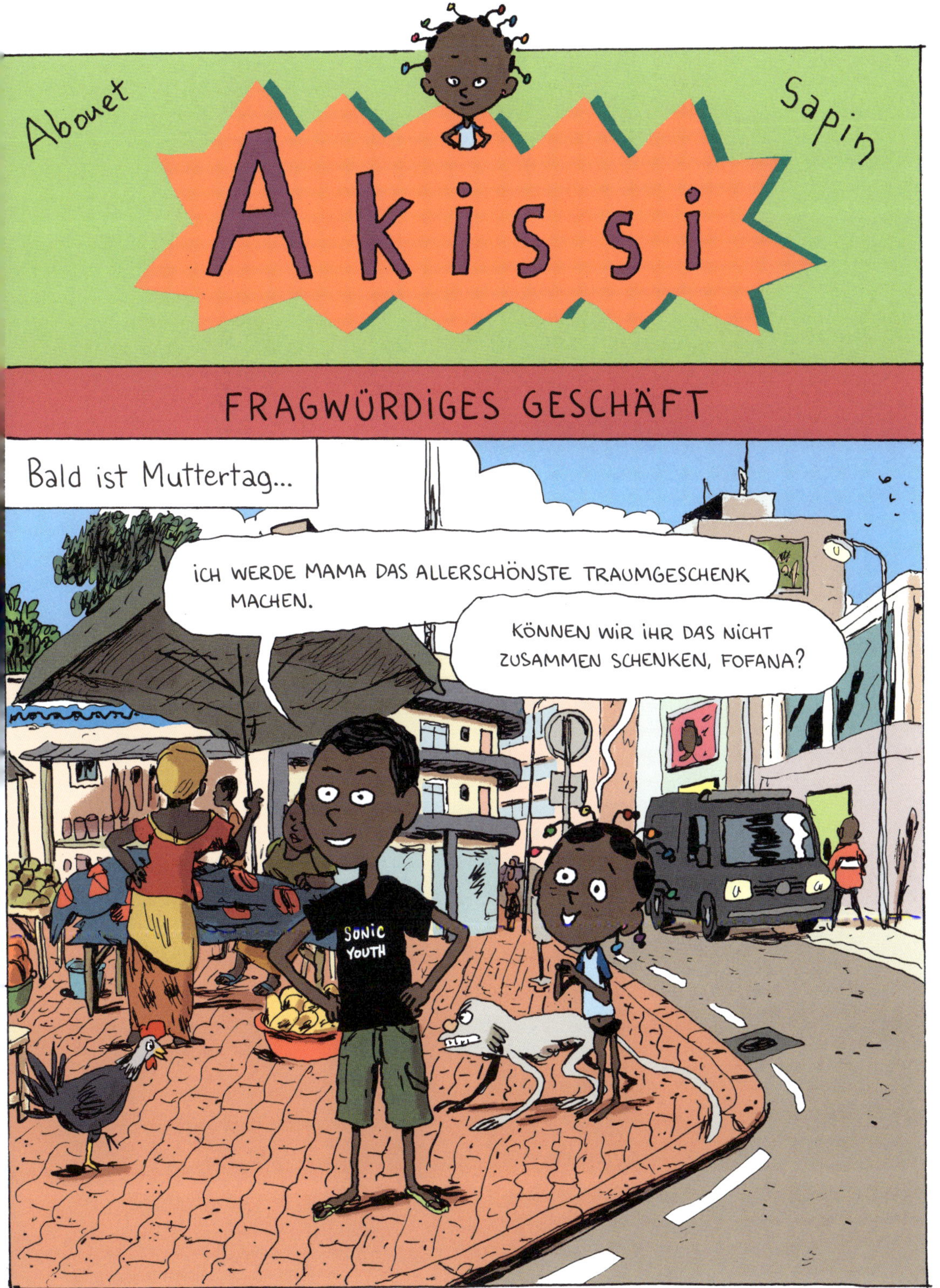
Abouet
Sapin
Akissi
FRAGWÜRDIGES GESCHÄFT
Bald ist Muttertag...
ICH WERDE MAMA DAS ALLERSCHÖNSTE TRAUMGESCHENK MACHEN.
KÖNNEN WIR IHR DAS NICHT ZUSAMMEN SCHENKEN, FOFANA?
SONIC YOUTH

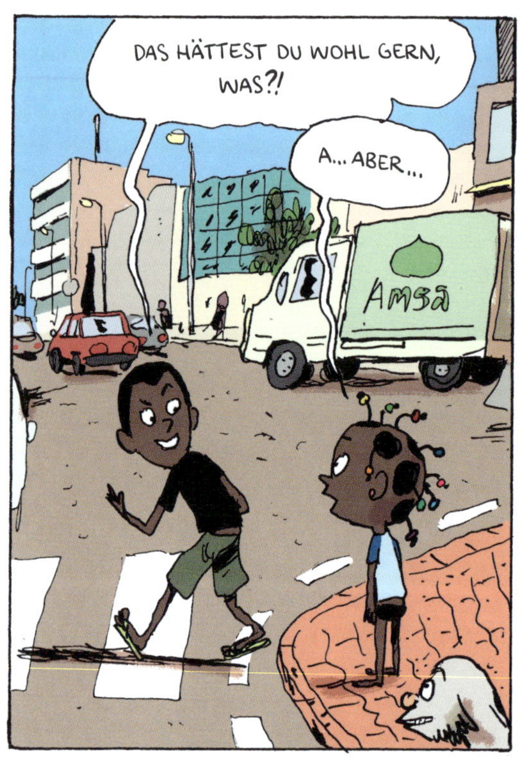
DAS HÄTTEST DU WOHL GERN, WAS?!
A... ABER...
Amsa

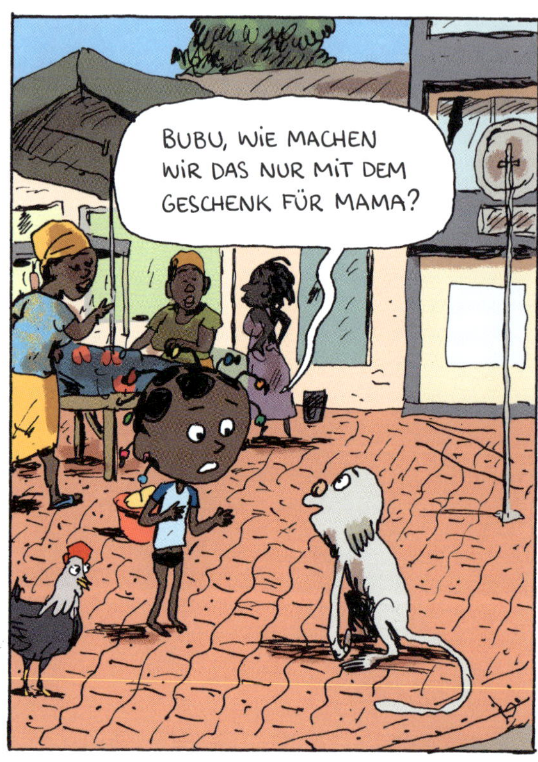
BUBU, WIE MACHEN WIR DAS NUR MIT DEM GESCHENK FÜR MAMA?

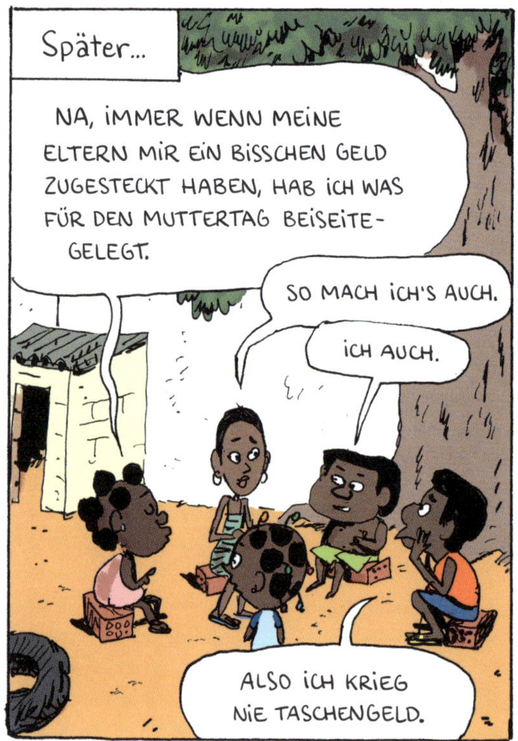
Später...
NA, IMMER WENN MEINE ELTERN MIR EIN BISSCHEN GELD ZUGESTECKT HABEN, HAB ICH WAS FÜR DEN MUTTERTAG BEISEITE-GELEGT.
SO MACH ICH'S AUCH.
ICH AUCH.
ALSO ICH KRIEG NIE TASCHENGELD.

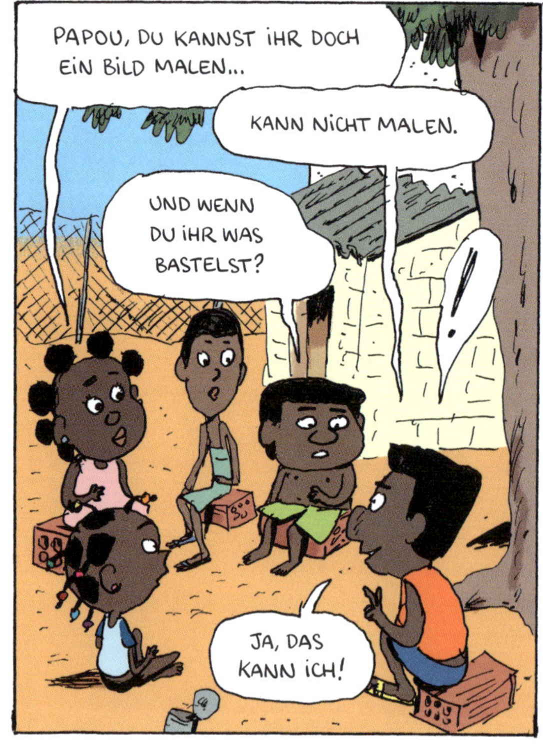
PAPOU, DU KANNST IHR DOCH EIN BILD MALEN...
KANN NICHT MALEN.
UND WENN DU IHR WAS BASTELST?
!
JA, DAS KANN ICH!

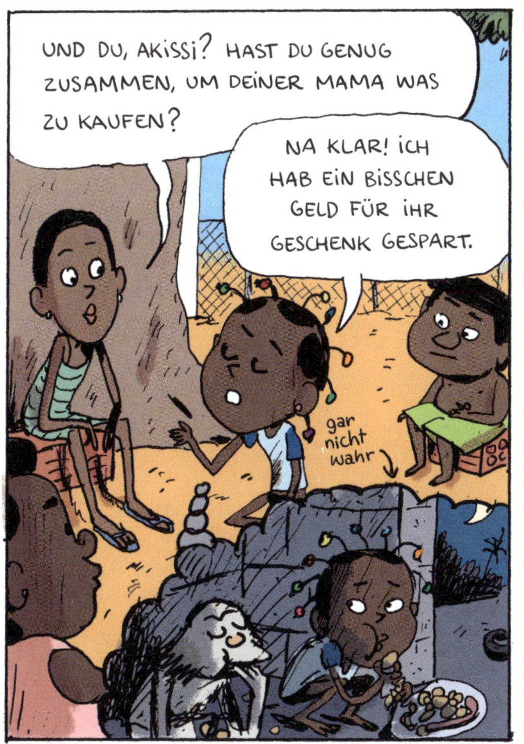
UND DU, AKISSI? HAST DU GENUG ZUSAMMEN, UM DEINER MAMA WAS ZU KAUFEN?
NA KLAR! ICH HAB EIN BISSCHEN GELD FÜR IHR GESCHENK GESPART.
gar nicht wahr

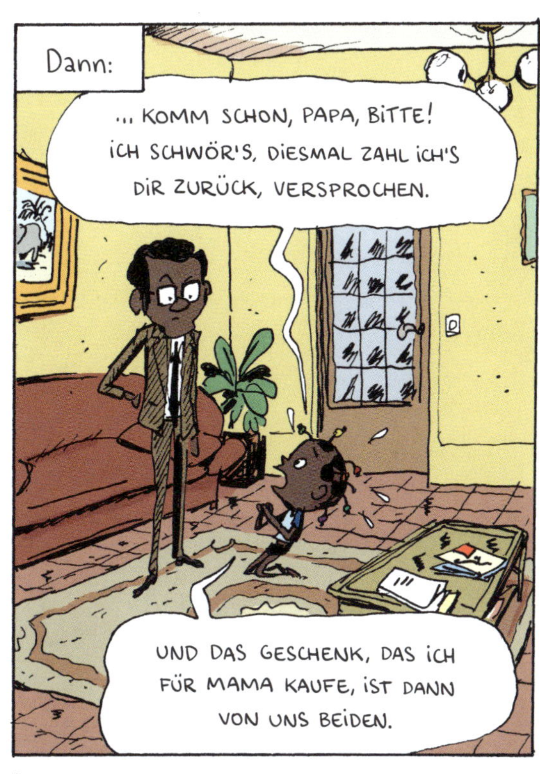
Dann:
... KOMM SCHON, PAPA, BITTE! ICH SCHWÖR'S, DIESMAL ZAHL ICH'S DIR ZURÜCK, VERSPROCHEN.
UND DAS GESCHENK, DAS ICH FÜR MAMA KAUFE, IST DANN VON UNS BEIDEN.

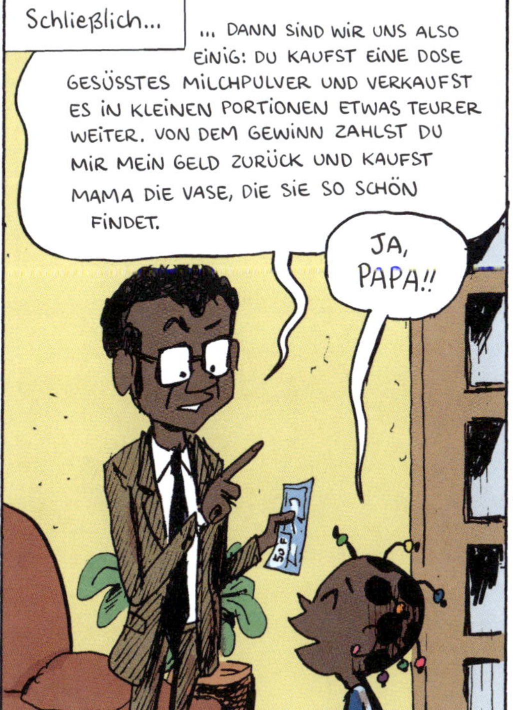
Schließlich...
... DANN SIND WIR UNS ALSO EINIG: DU KAUFST EINE DOSE GESÜSSTES MILCHPULVER UND VERKAUFST ES IN KLEINEN PORTIONEN ETWAS TEURER WEITER. VON DEM GEWINN ZAHLST DU MIR MEIN GELD ZURÜCK UND KAUFST MAMA DIE VASE, DIE SIE SO SCHÖN FINDET.
JA, PAPA!!

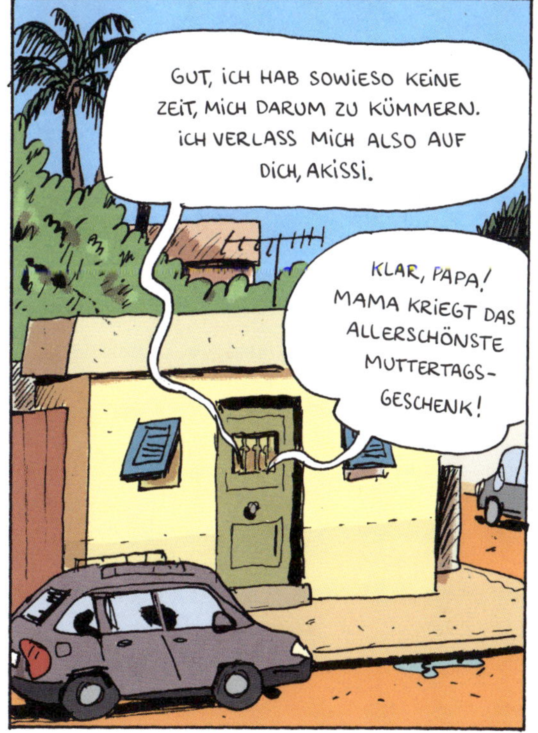
GUT, ICH HAB SOWIESO KEINE ZEIT, MICH DARUM ZU KÜMMERN. ICH VERLASS MICH ALSO AUF DICH, AKISSI.
KLAR, PAPA! MAMA KRIEGT DAS ALLERSCHÖNSTE MUTTERTAGS-GESCHENK!

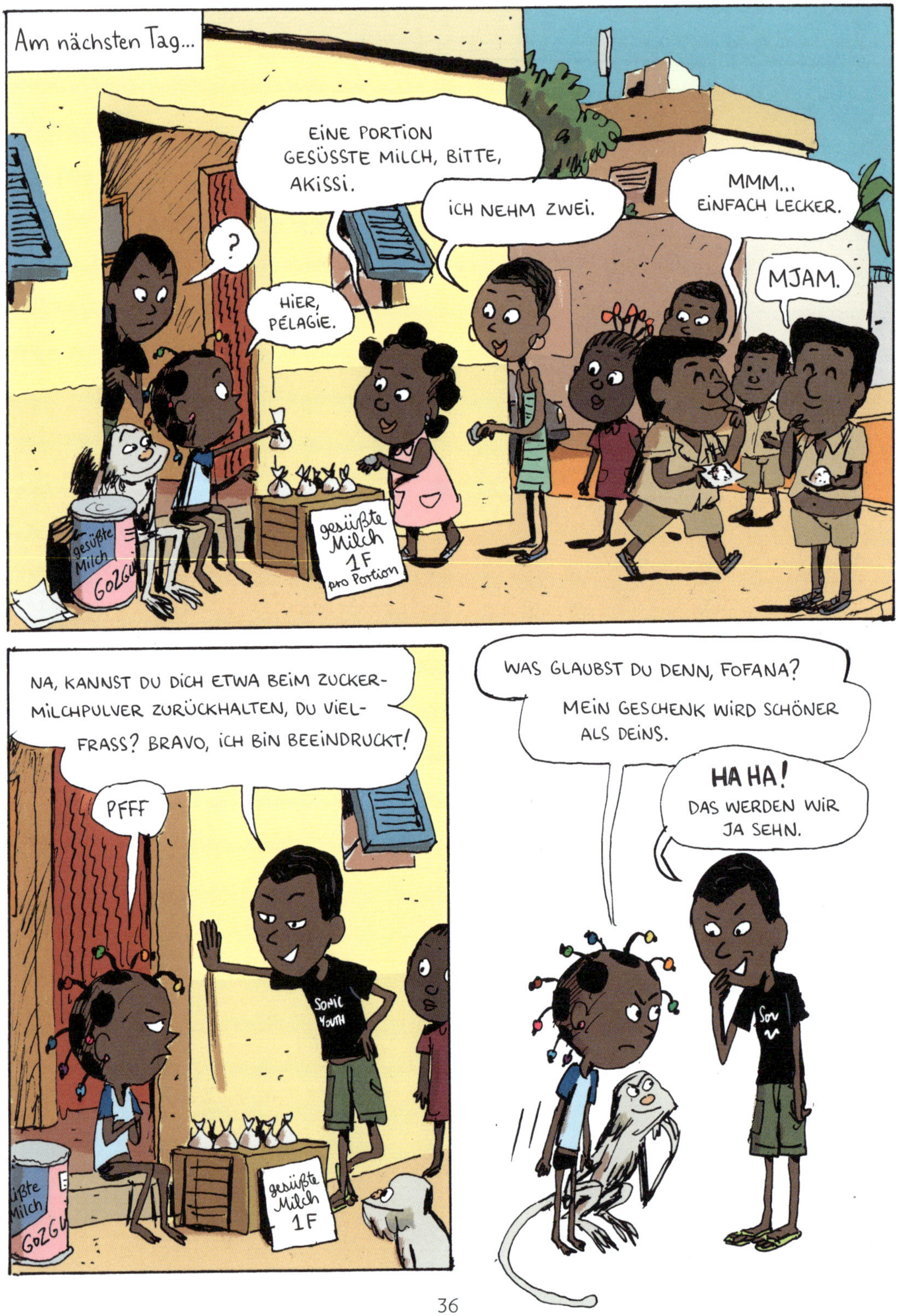

Am nächsten Tag...

EINE PORTION GESÜSSTE MILCH, BITTE, AKISSI.

?

HIER, PÉLAGIE.

ICH NEHM ZWEI.

MMM... EINFACH LECKER.

MJAM.

gesüßte Milch

gesüßte Milch 1F pro Portion

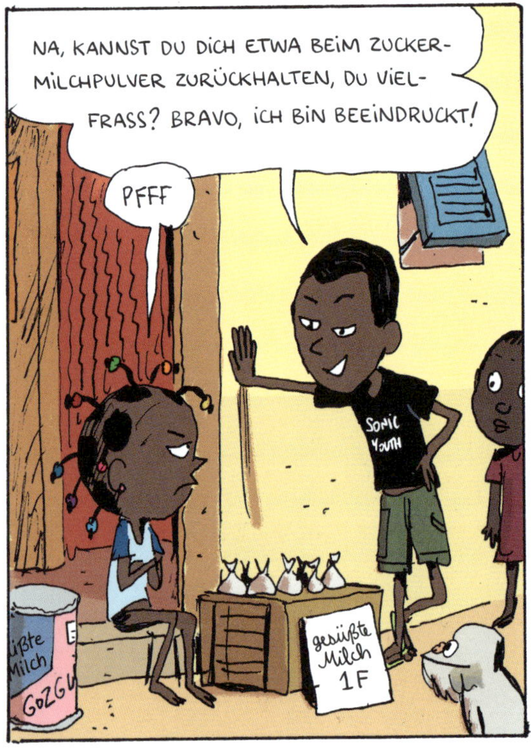

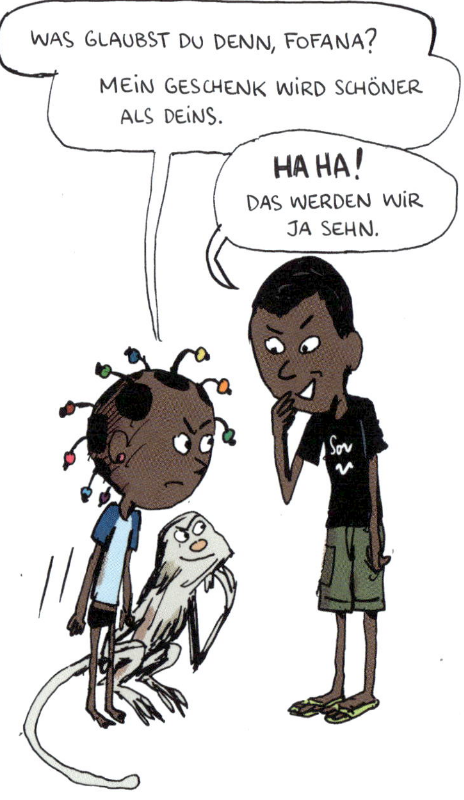

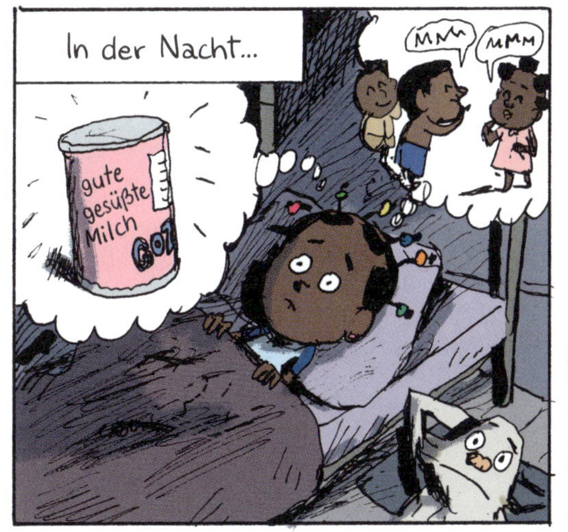
In der Nacht...
MMM
MMM
gute gesüßte Milch

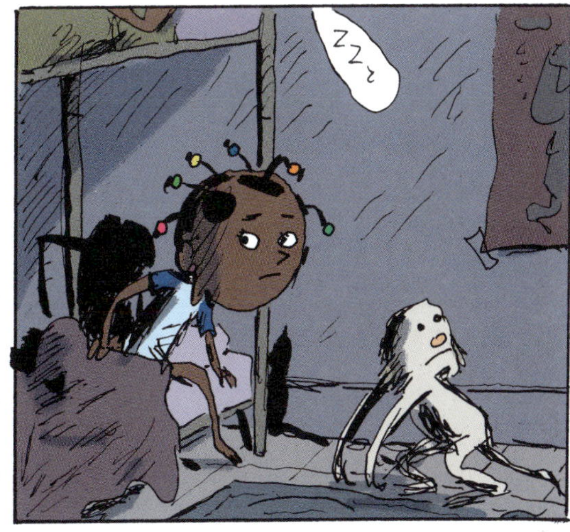
ZZZ

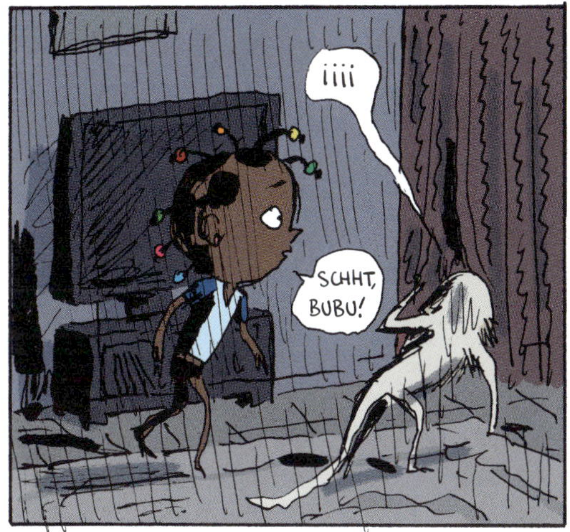
iiii
SCHHT, BUBU!

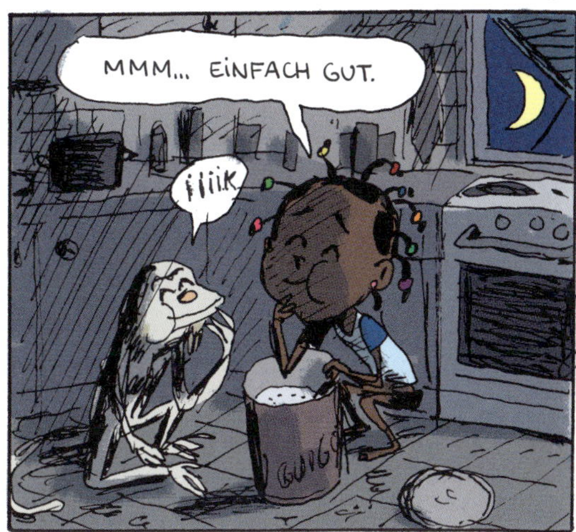
MMM... EINFACH GUT.
IIIIK

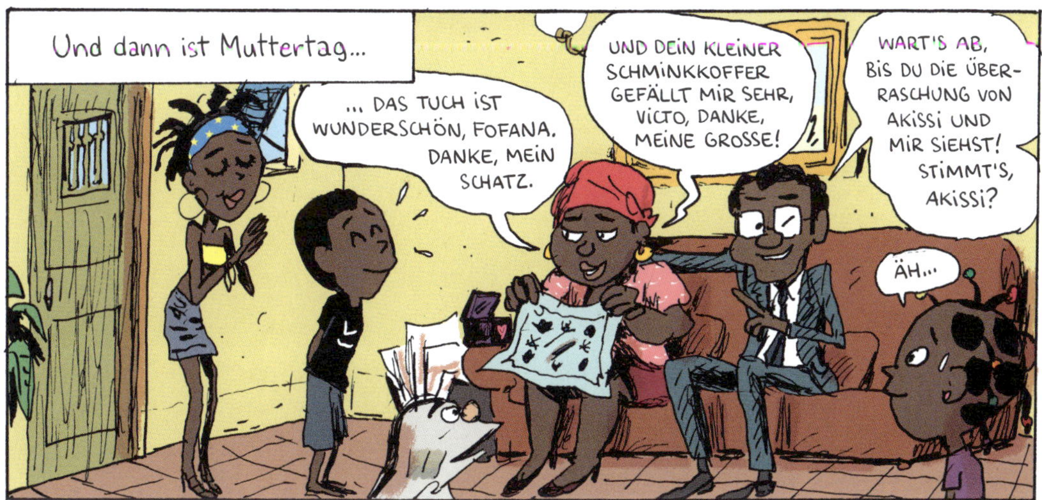
Und dann ist Muttertag...
... DAS TUCH IST WUNDERSCHÖN, FOFANA. DANKE, MEIN SCHATZ.
UND DEIN KLEINER SCHMINKKOFFER GEFÄLLT MIR SEHR, VICTO, DANKE, MEINE GROSSE!
WART'S AB, BIS DU DIE ÜBERRASCHUNG VON AKISSI UND MIR SIEHST! STIMMT'S, AKISSI?
ÄH...

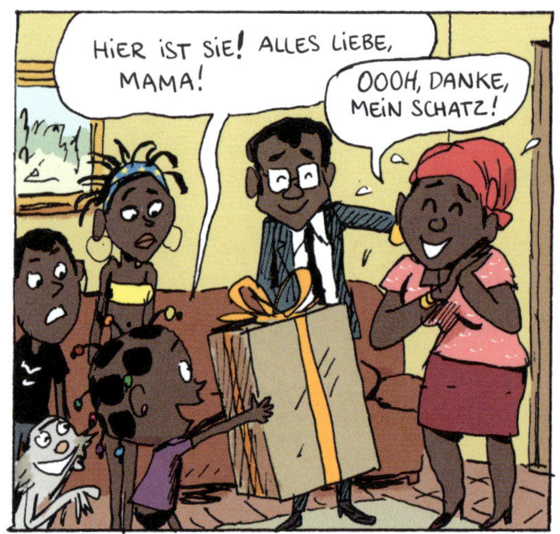
HIER IST SIE! ALLES LIEBE, MAMA!
OOOH, DANKE, MEIN SCHATZ!

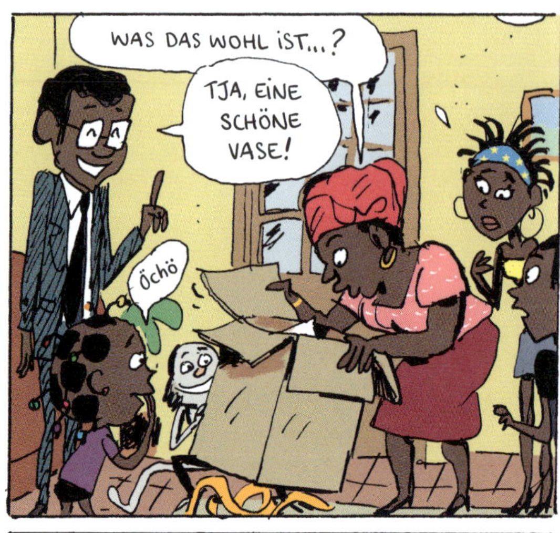
WAS DAS WOHL IST...?
TJA, EINE SCHÖNE VASE!
öchö

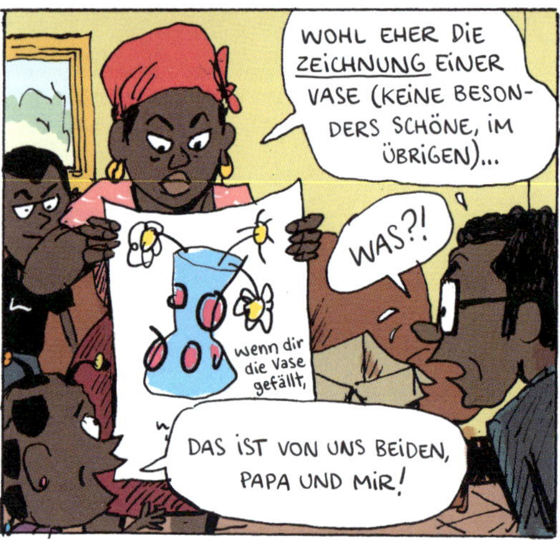
WOHL EHER DIE ZEICHNUNG EINER VASE (KEINE BESONDERS SCHÖNE, IM ÜBRIGEN)...
WAS?!
wenn dir die Vase gefällt,
DAS IST VON UNS BEIDEN, PAPA UND MIR!

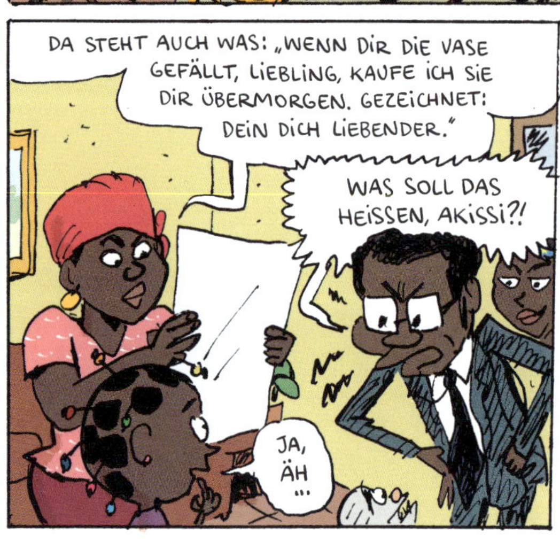
DA STEHT AUCH WAS: „WENN DIR DIE VASE GEFÄLLT, LIEBLING, KAUFE ICH SIE DIR ÜBERMORGEN. GEZEICHNET: DEIN DICH LIEBENDER."
WAS SOLL DAS HEISSEN, AKISSI?!
JA, ÄH ...

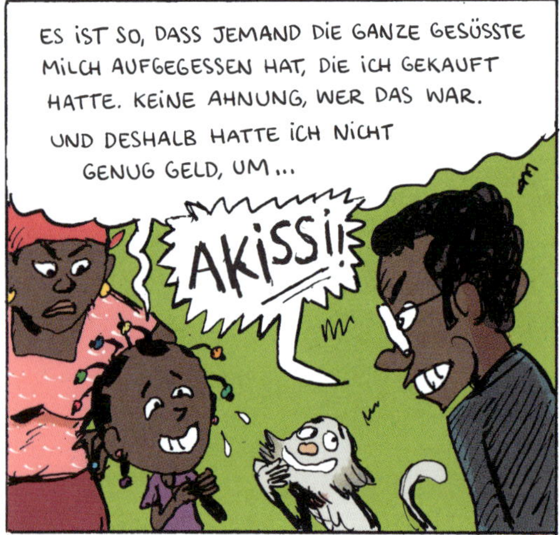
ES IST SO, DASS JEMAND DIE GANZE GESÜSSTE MILCH AUFGEGESSEN HAT, DIE ICH GEKAUFT HATTE. KEINE AHNUNG, WER DAS WAR. UND DESHALB HATTE ICH NICHT GENUG GELD, UM...
AKISSI!

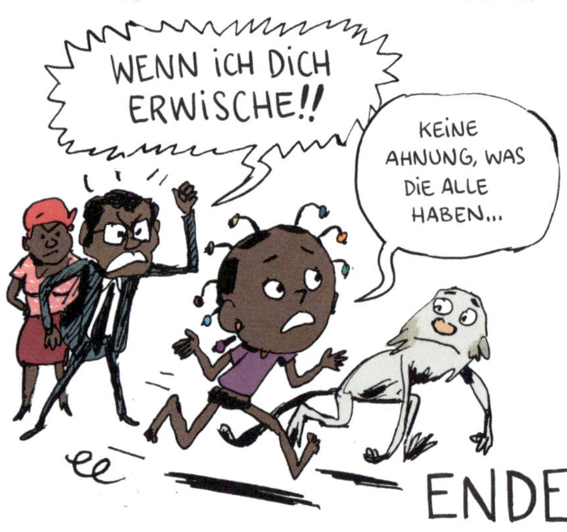
WENN ICH DICH ERWISCHE!!
KEINE AHNUNG, WAS DIE ALLE HABEN...
ENDE

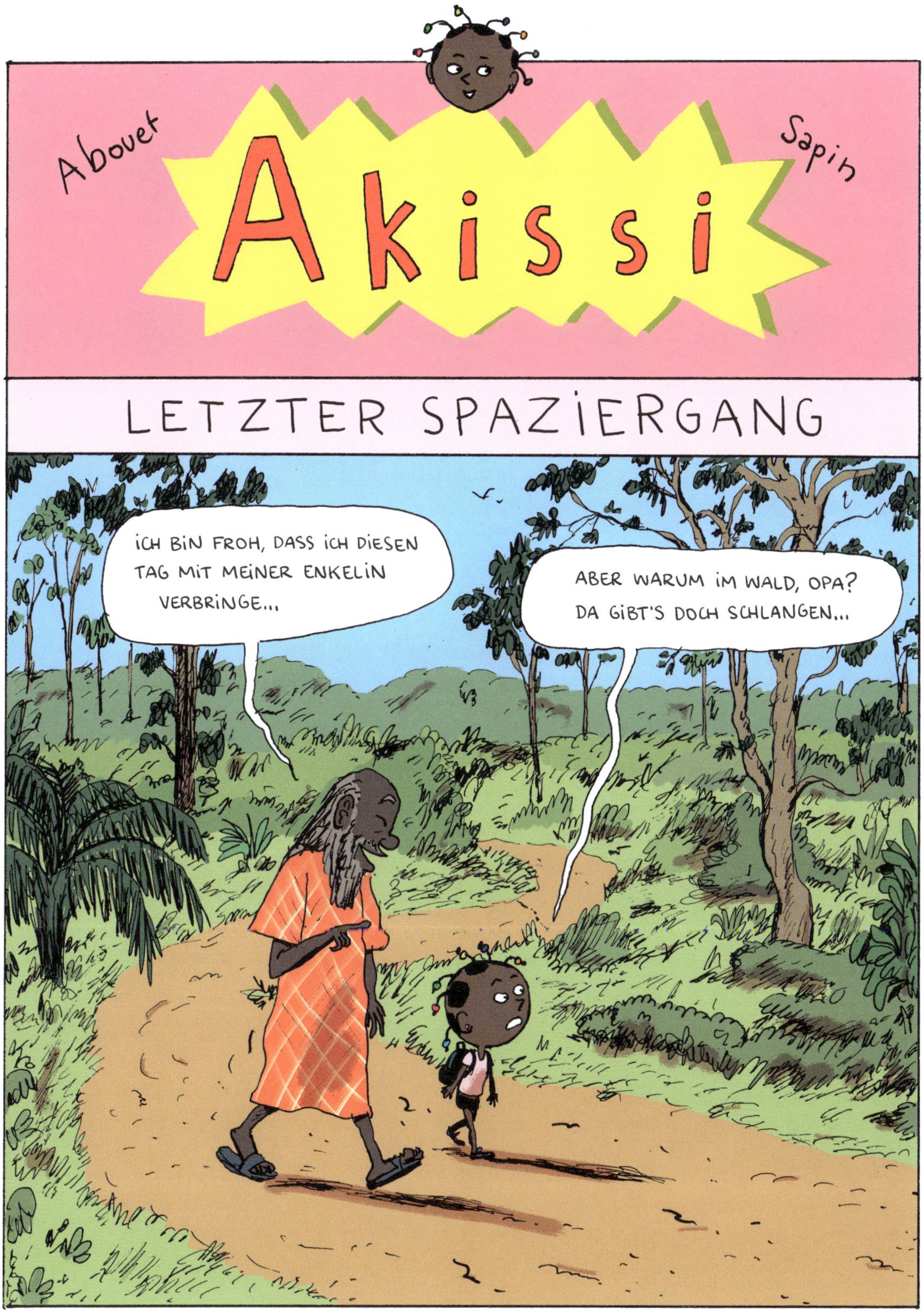

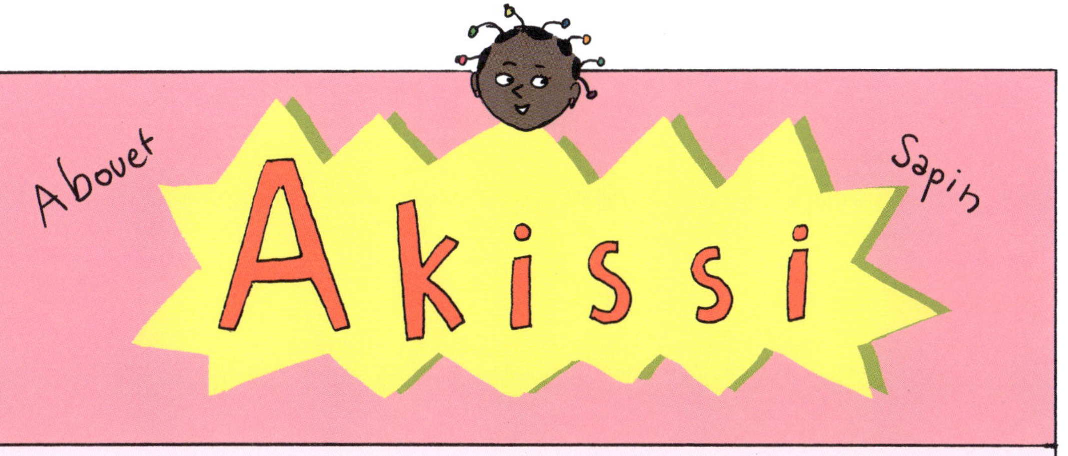

LETZTER SPAZIERGANG

ICH BIN FROH, DASS ICH DIESEN TAG MIT MEINER ENKELIN VERBRINGE...

ABER WARUM IM WALD, OPA? DA GIBT'S DOCH SCHLANGEN...

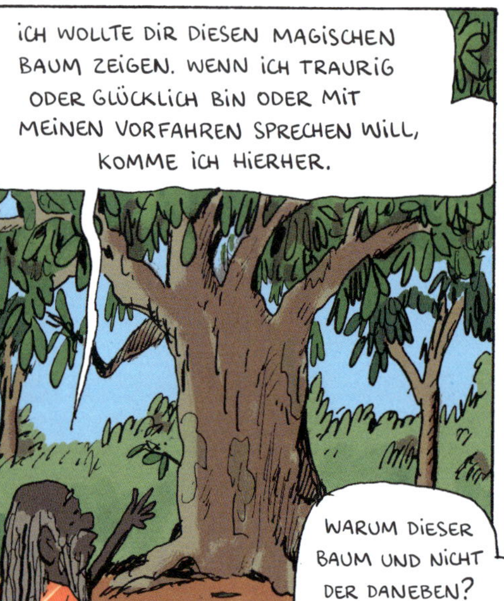
ICH WOLLTE DIR DIESEN MAGISCHEN BAUM ZEIGEN. WENN ICH TRAURIG ODER GLÜCKLICH BIN ODER MIT MEINEN VORFAHREN SPRECHEN WILL, KOMME ICH HIERHER.
WARUM DIESER BAUM UND NICHT DER DANEBEN? DER IST DOCH TOTAL ALT.

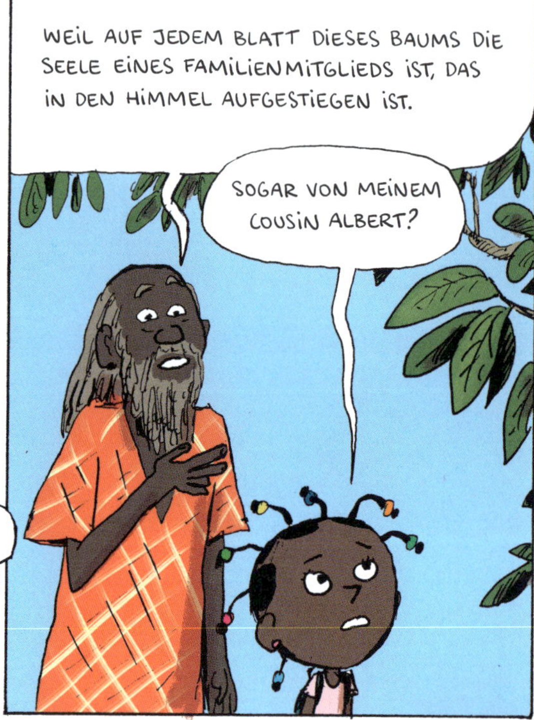
WEIL AUF JEDEM BLATT DIESES BAUMS DIE SEELE EINES FAMILIENMITGLIEDS IST, DAS IN DEN HIMMEL AUFGESTIEGEN IST.
SOGAR VON MEINEM COUSIN ALBERT?

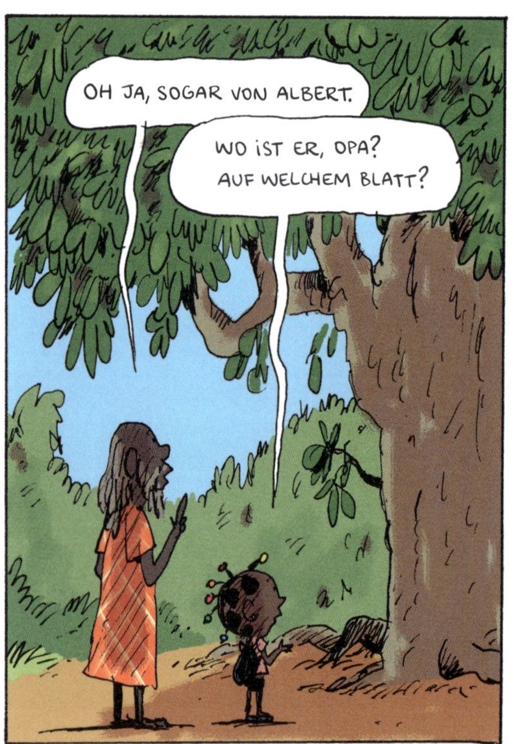
OH JA, SOGAR VON ALBERT.
WO IST ER, OPA? AUF WELCHEM BLATT?

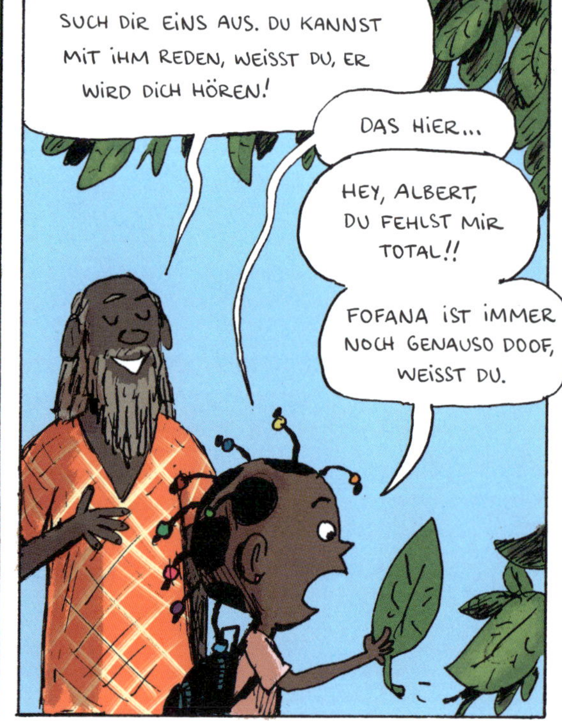
SUCH DIR EINS AUS. DU KANNST MIT IHM REDEN, WEISST DU, ER WIRD DICH HÖREN!
DAS HIER...
HEY, ALBERT, DU FEHLST MIR TOTAL!!
FOFANA IST IMMER NOCH GENAUSO DOOF, WEISST DU.

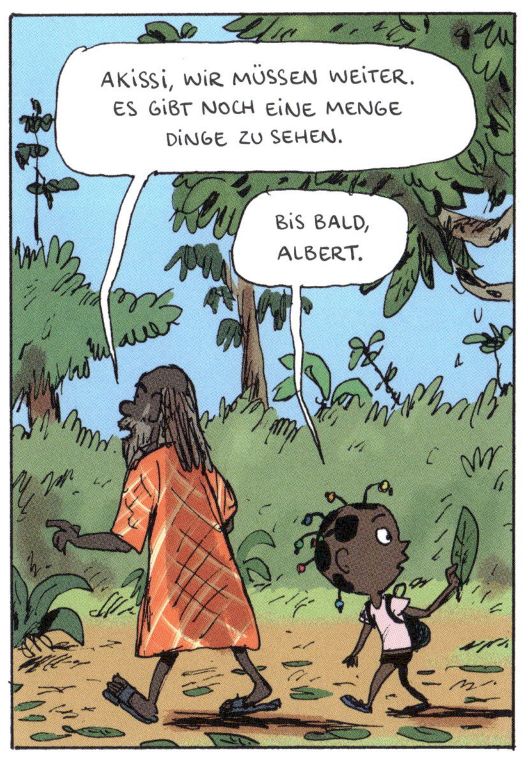
AKISSI, WIR MÜSSEN WEITER. ES GIBT NOCH EINE MENGE DINGE ZU SEHEN.
BIS BALD, ALBERT.

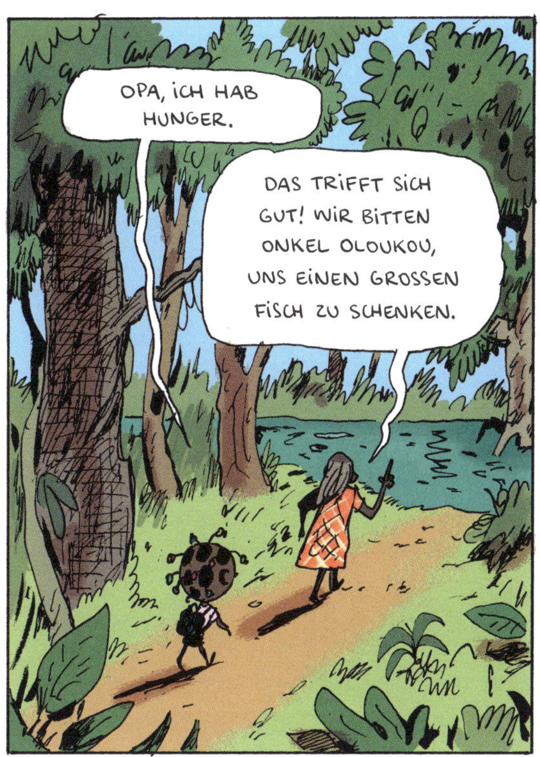
OPA, ICH HAB HUNGER.
DAS TRIFFT SICH GUT! WIR BITTEN ONKEL OLOUKOU, UNS EINEN GROSSEN FISCH ZU SCHENKEN.

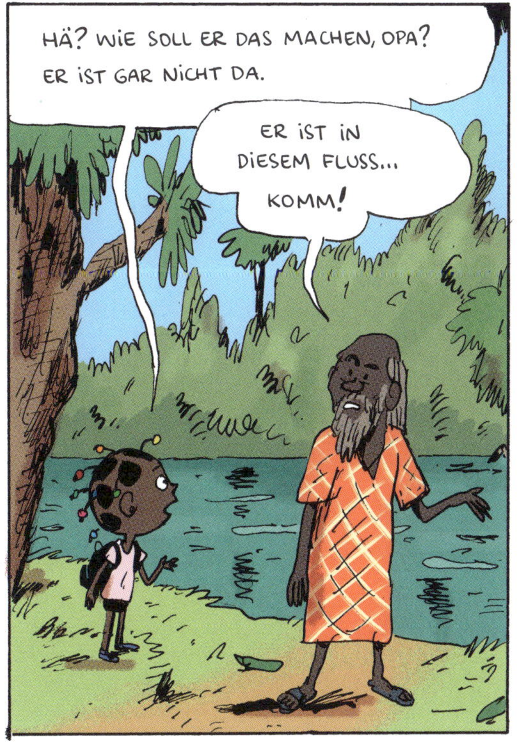
HÄ? WIE SOLL ER DAS MACHEN, OPA? ER IST GAR NICHT DA.
ER IST IN DIESEM FLUSS... KOMM!

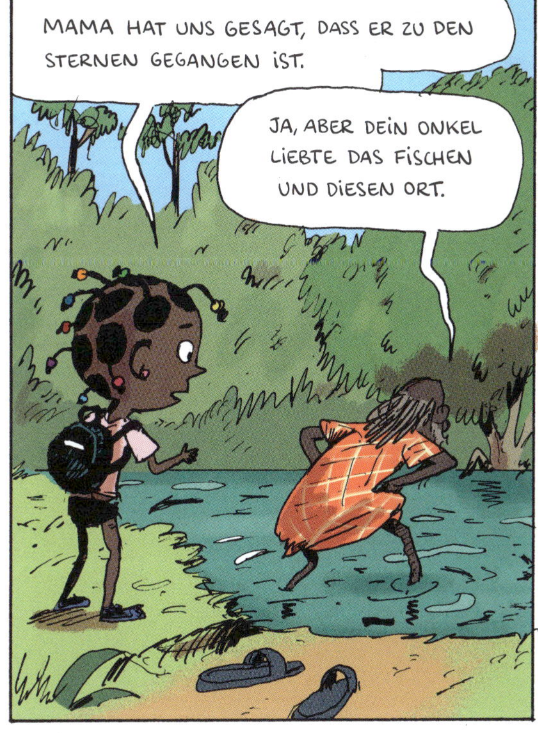
MAMA HAT UNS GESAGT, DASS ER ZU DEN STERNEN GEGANGEN IST.
JA, ABER DEIN ONKEL LIEBTE DAS FISCHEN UND DIESEN ORT.

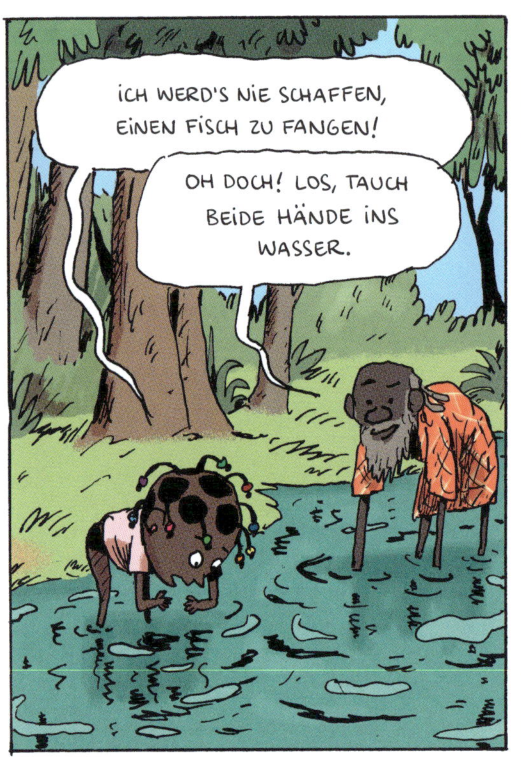
ICH WERD'S NIE SCHAFFEN, EINEN FISCH ZU FANGEN!
OH DOCH! LOS, TAUCH BEIDE HÄNDE INS WASSER.

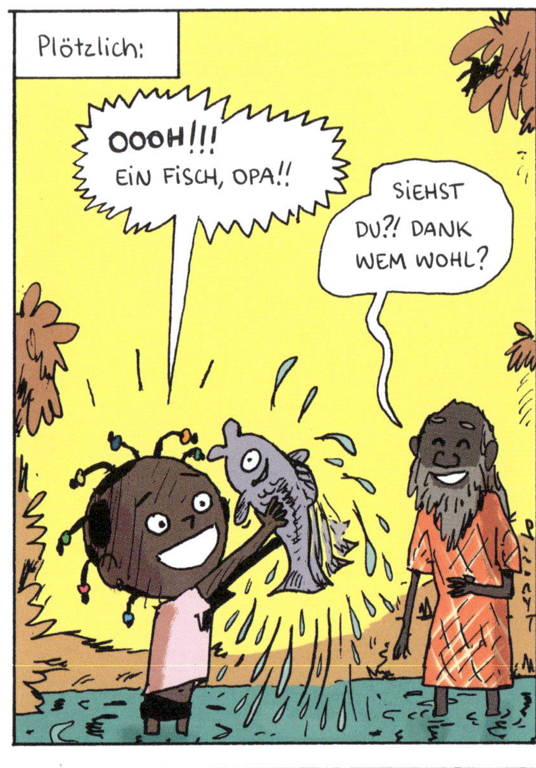
Plötzlich:
OOOH!!! EIN FISCH, OPA!!
SIEHST DU?! DANK WEM WOHL?

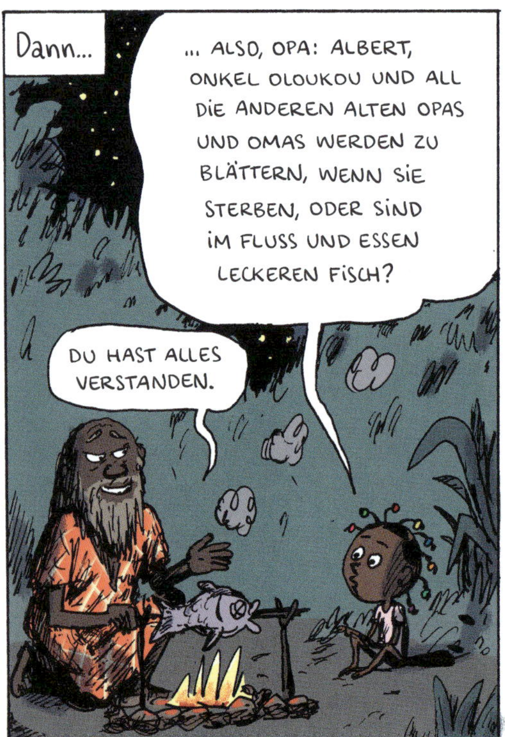
Dann...
... ALSO, OPA: ALBERT, ONKEL OLOUKOU UND ALL DIE ANDEREN ALTEN OPAS UND OMAS WERDEN ZU BLÄTTERN, WENN SIE STERBEN, ODER SIND IM FLUSS UND ESSEN LECKEREN FISCH?
DU HAST ALLES VERSTANDEN.

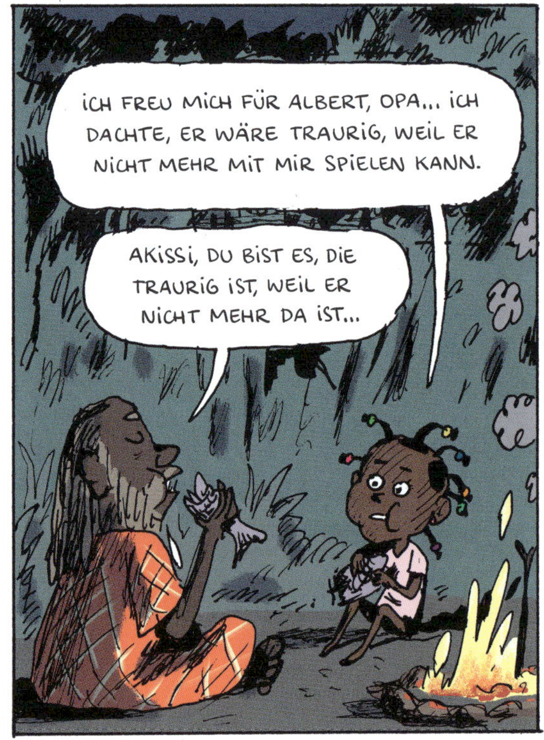
ICH FREU MICH FÜR ALBERT, OPA... ICH DACHTE, ER WÄRE TRAURIG, WEIL ER NICHT MEHR MIT MIR SPIELEN KANN.
AKISSI, DU BIST ES, DIE TRAURIG IST, WEIL ER NICHT MEHR DA IST...

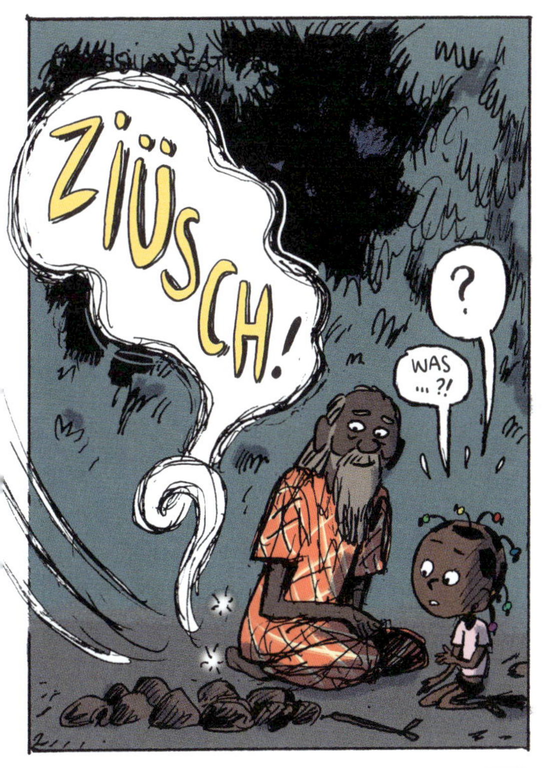
ZIÜSCH!
WAS ...?!
?

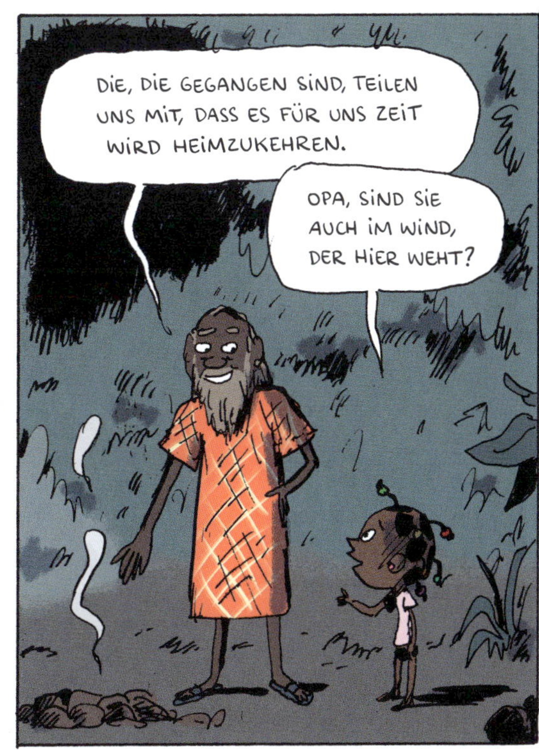
DIE, DIE GEGANGEN SIND, TEILEN UNS MIT, DASS ES FÜR UNS ZEIT WIRD HEIMZUKEHREN.
OPA, SIND SIE AUCH IM WIND, DER HIER WEHT?

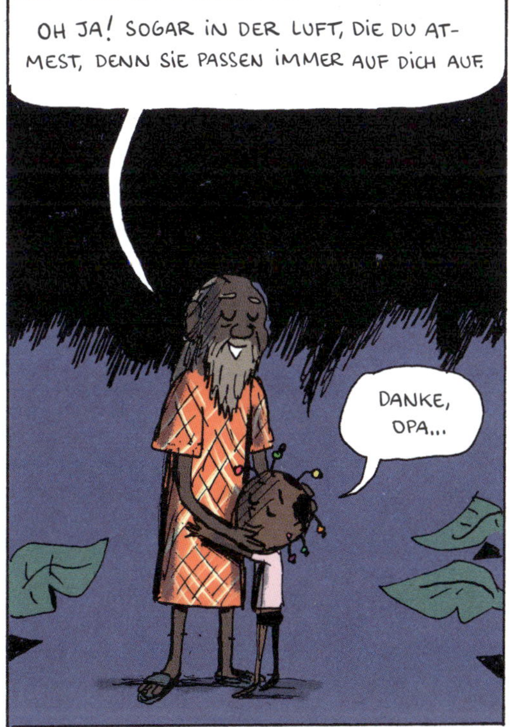
OH JA! SOGAR IN DER LUFT, DIE DU AT-MEST, DENN SIE PASSEN IMMER AUF DICH AUF.
DANKE, OPA...

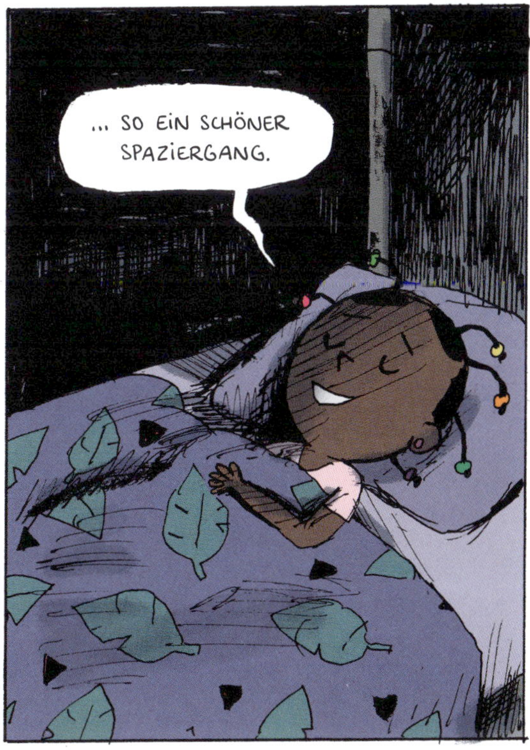
... SO EIN SCHÖNER SPAZIERGANG.

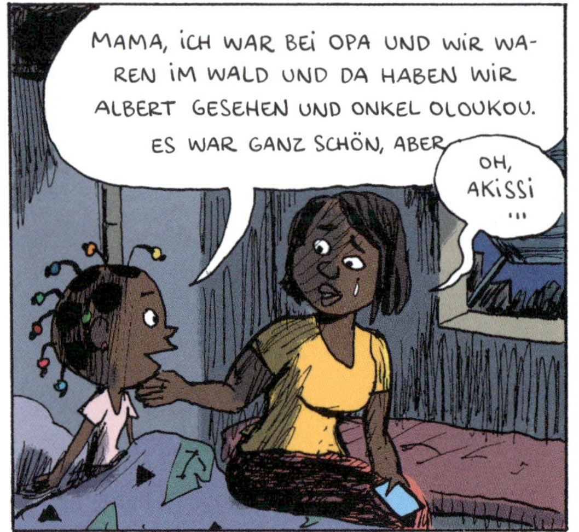
MAMA, ICH WAR BEI OPA UND WIR WA-
REN IM WALD UND DA HABEN WIR
ALBERT GESEHEN UND ONKEL OLOUKOU.
ES WAR GANZ SCHÖN, ABER
OH, AKISSI ...

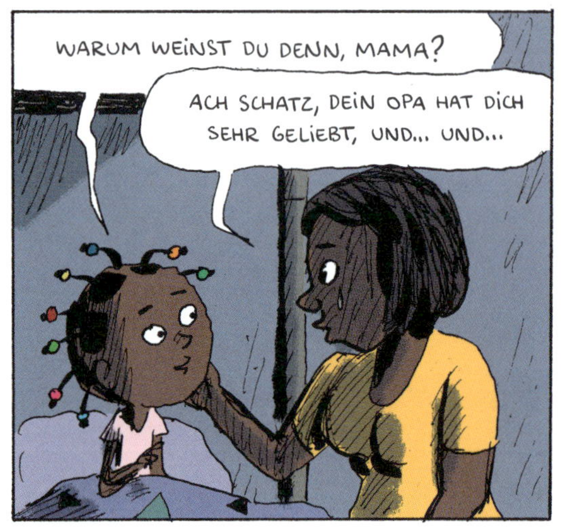
WARUM WEINST DU DENN, MAMA?
ACH SCHATZ, DEIN OPA HAT DICH
SEHR GELIEBT, UND... UND...

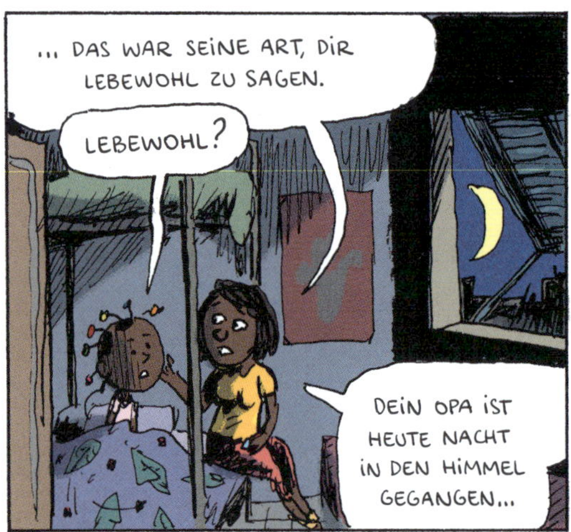
... DAS WAR SEINE ART, DIR
LEBEWOHL ZU SAGEN.
LEBEWOHL?
DEIN OPA IST
HEUTE NACHT
IN DEN HIMMEL
GEGANGEN...

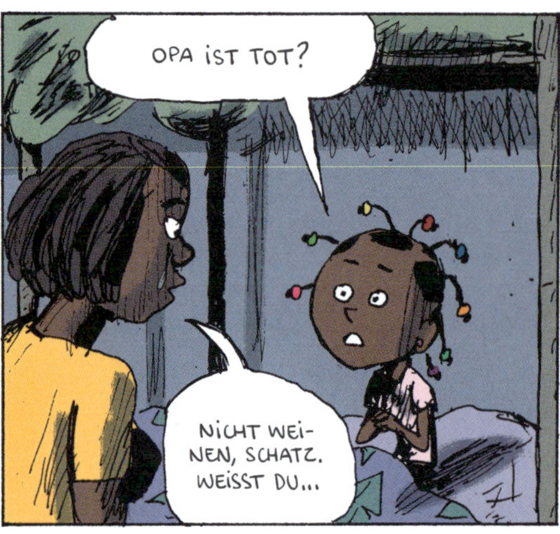
OPA IST TOT?
NICHT WEI-
NEN, SCHATZ.
WEISST DU...

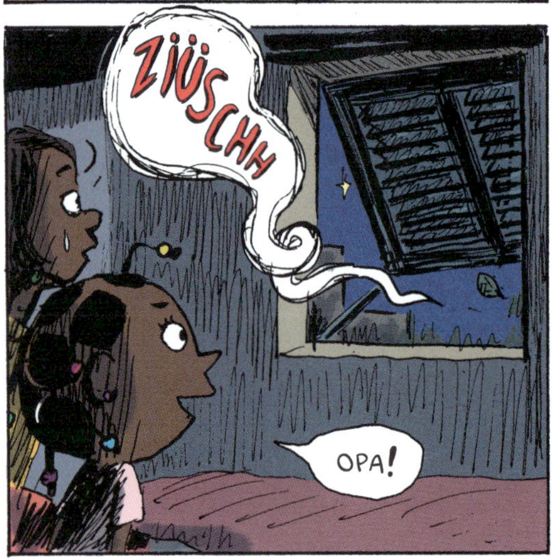
ZIÜSCHH
OPA!

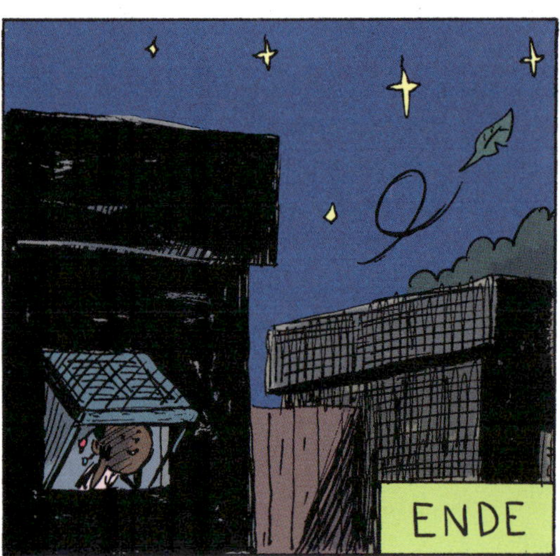
ENDE

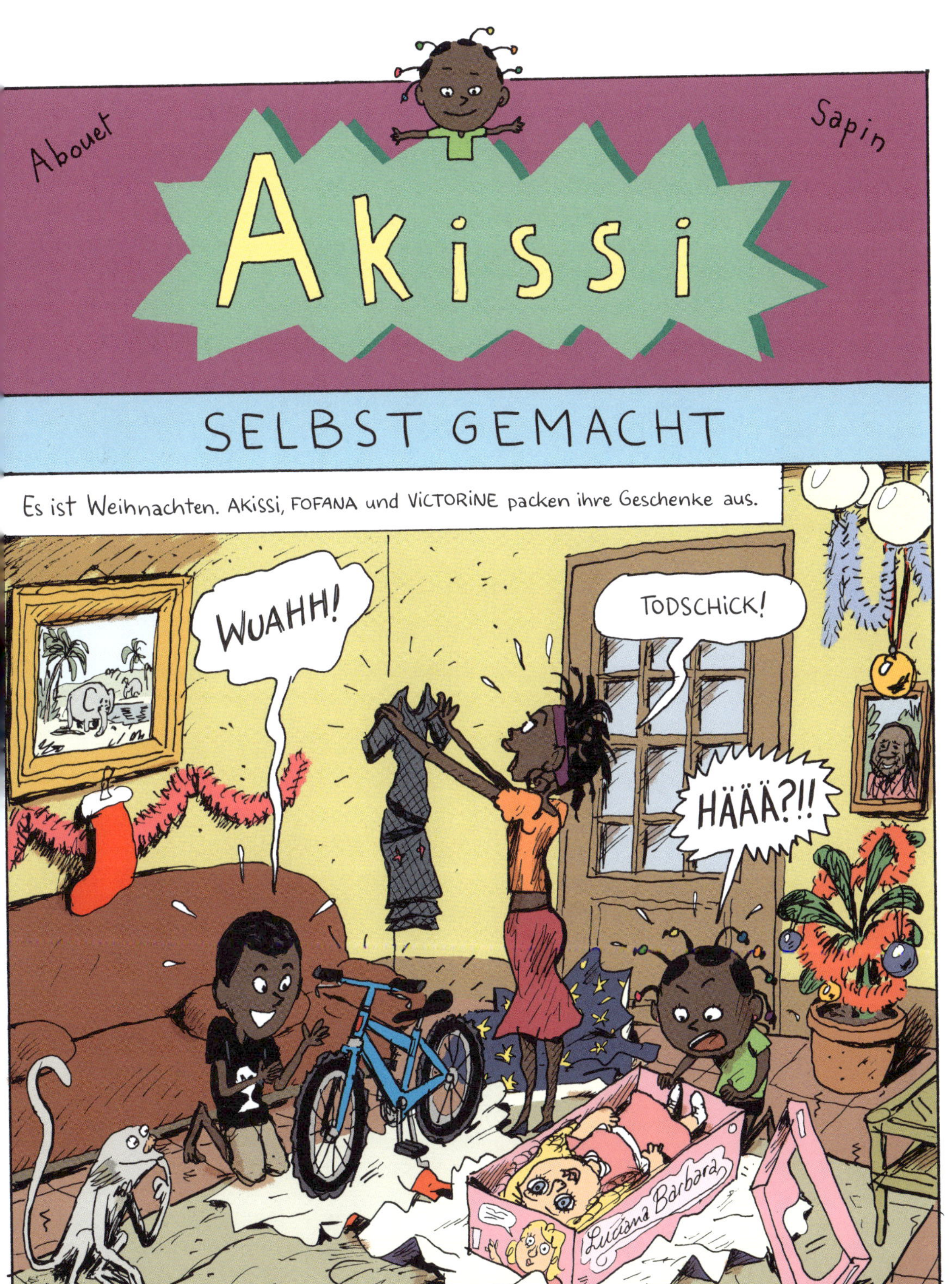
Abouet
Sapin
Akissi
SELBST GEMACHT
Es ist Weihnachten. AKISSI, FOFANA und VICTORINE packen ihre Geschenke aus.
WUAHH!
TODSCHICK!
HÄÄÄ?!!
Luciana Barbara

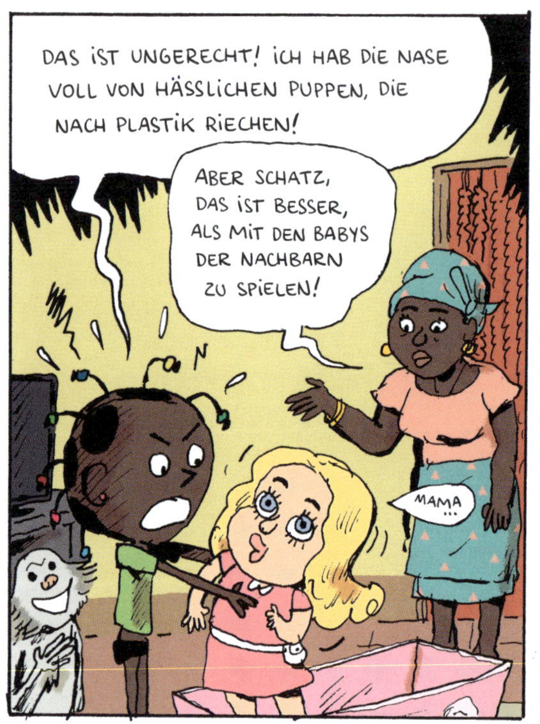
DAS IST UNGERECHT! ICH HAB DIE NASE VOLL VON HÄSSLICHEN PUPPEN, DIE NACH PLASTIK RIECHEN!
ABER SCHATZ, DAS IST BESSER, ALS MIT DEN BABYS DER NACHBARN ZU SPIELEN!
MAMA ...

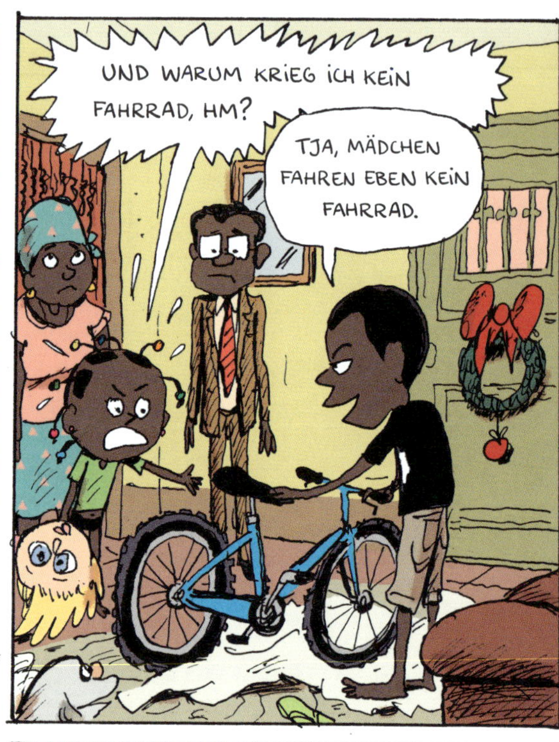
UND WARUM KRIEG ICH KEIN FAHRRAD, HM?
TJA, MÄDCHEN FAHREN EBEN KEIN FAHRRAD.

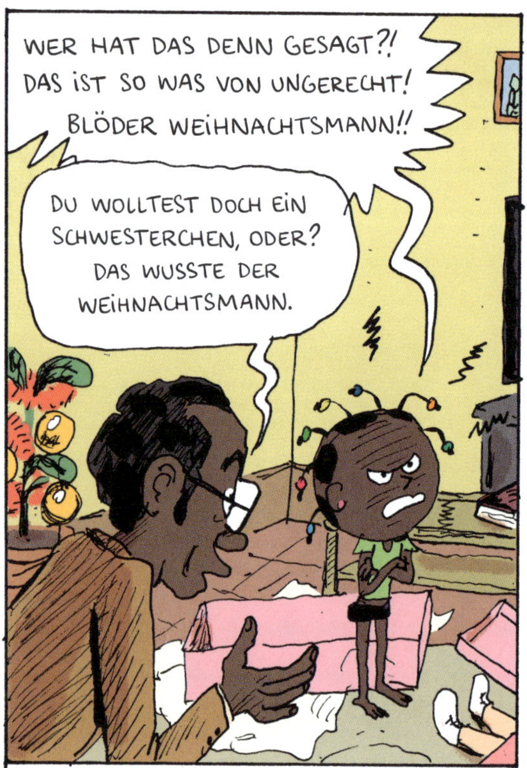
WER HAT DAS DENN GESAGT?! DAS IST SO WAS VON UNGERECHT! BLÖDER WEIHNACHTSMANN!!
DU WOLLTEST DOCH EIN SCHWESTERCHEN, ODER? DAS WUSSTE DER WEIHNACHTSMANN.

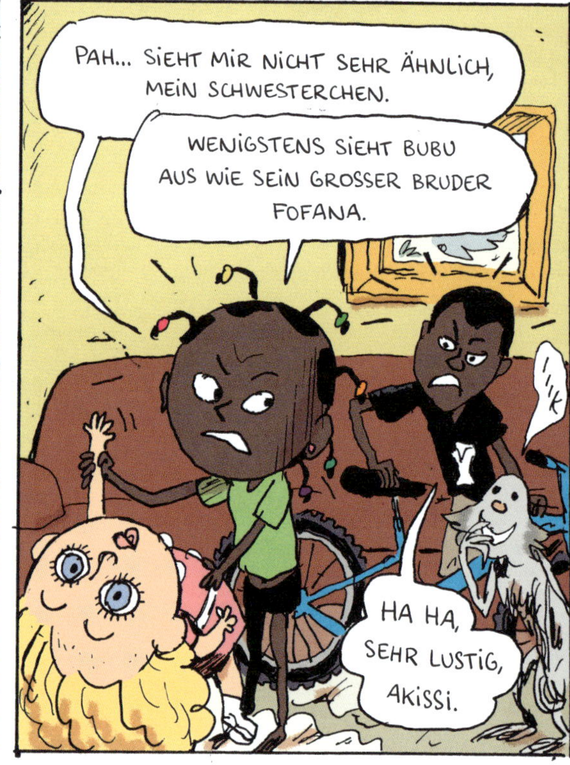
PAH... SIEHT MIR NICHT SEHR ÄHNLICH, MEIN SCHWESTERCHEN.
WENIGSTENS SIEHT BUBU AUS WIE SEIN GROSSER BRUDER FOFANA.
IIIK
HA HA, SEHR LUSTIG, AKISSI.

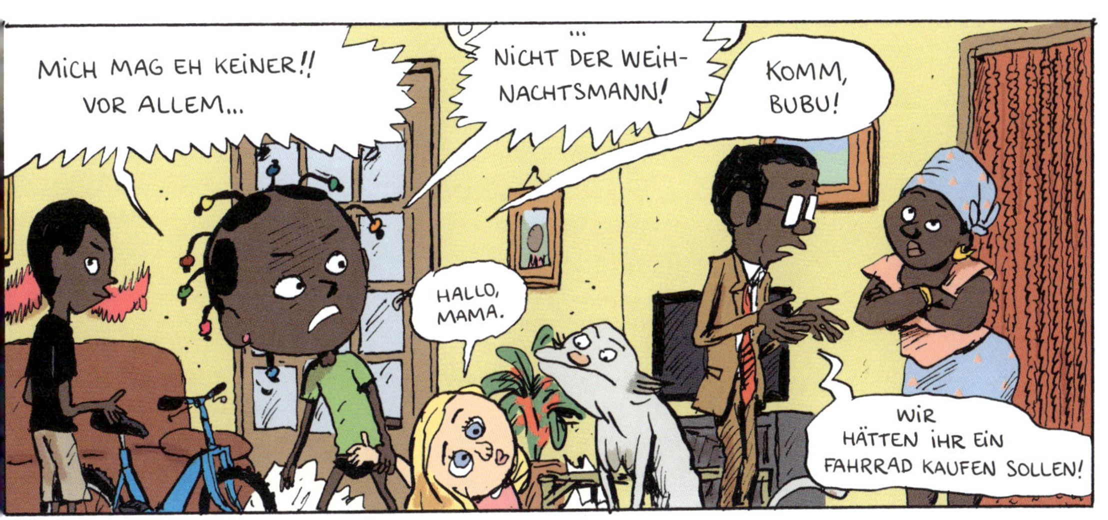
MICH MAG EH KEINER!! VOR ALLEM...
... NICHT DER WEIHNACHTSMANN!
KOMM, BUBU!
HALLO, MAMA.
WIR HÄTTEN IHR EIN FAHRRAD KAUFEN SOLLEN!

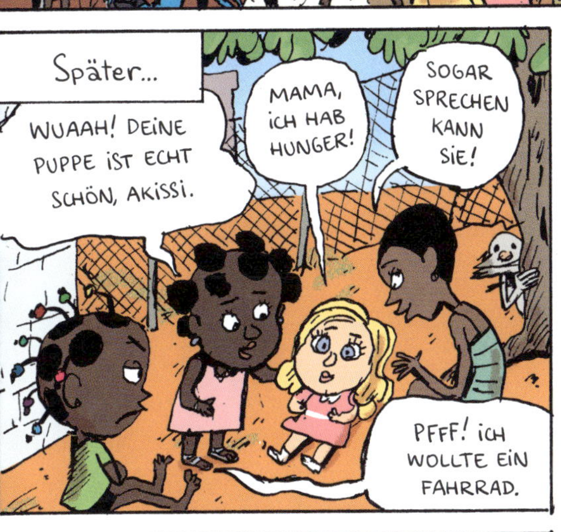
Später...
WUAAH! DEINE PUPPE IST ECHT SCHÖN, AKISSI.
MAMA, ICH HAB HUNGER!
SOGAR SPRECHEN KANN SIE!
PFFF! ICH WOLLTE EIN FAHRRAD.

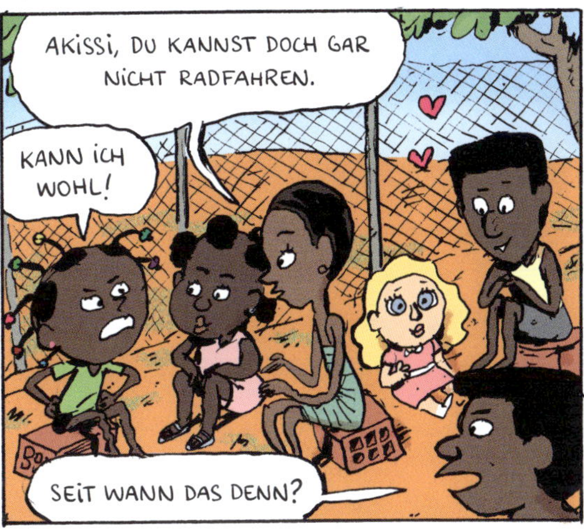
AKISSI, DU KANNST DOCH GAR NICHT RADFAHREN.
KANN ICH WOHL!
SEIT WANN DAS DENN?

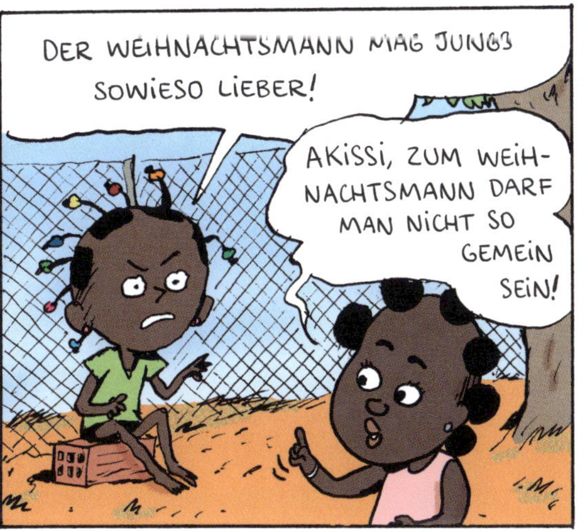
DER WEIHNACHTSMANN MAG JUNGS SOWIESO LIEBER!
AKISSI, ZUM WEIHNACHTSMANN DARF MAN NICHT SO GEMEIN SEIN!

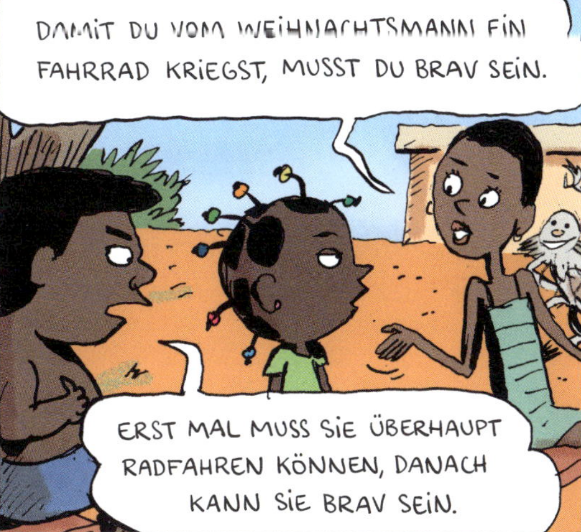
DAMIT DU VOM WEIHNACHTSMANN EIN FAHRRAD KRIEGST, MUSST DU BRAV SEIN.
ERST MAL MUSS SIE ÜBERHAUPT RADFAHREN KÖNNEN, DANACH KANN SIE BRAV SEIN.

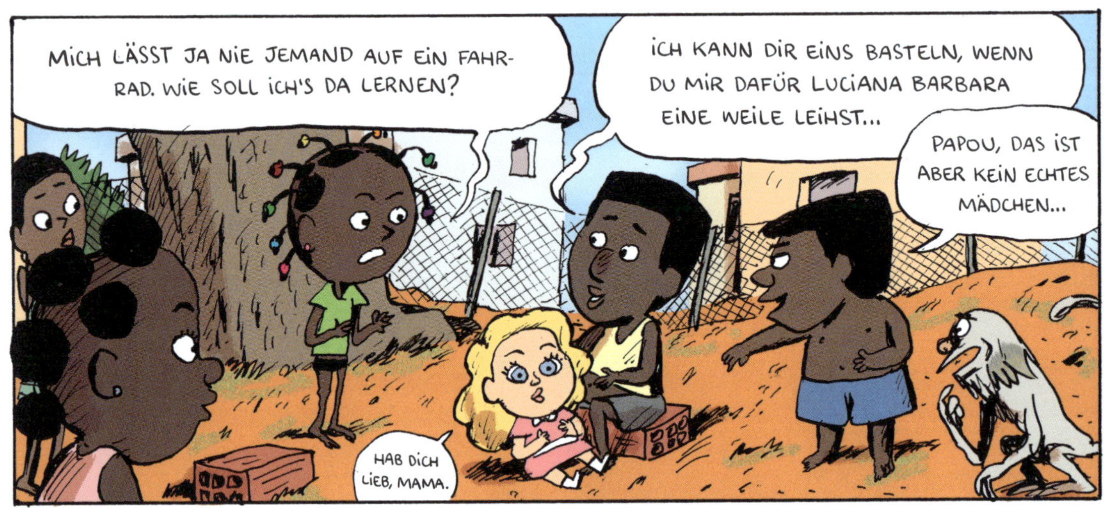
MICH LÄSST JA NIE JEMAND AUF EIN FAHRRAD. WIE SOLL ICH'S DA LERNEN?
ICH KANN DIR EINS BASTELN, WENN DU MIR DAFÜR LUCIANA BARBARA EINE WEILE LEIHST...
PAPOU, DAS IST ABER KEIN ECHTES MÄDCHEN...
HAB DICH LIEB, MAMA.

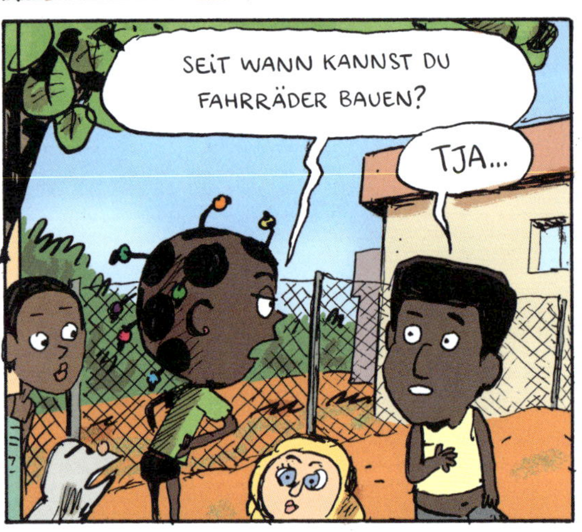
SEIT WANN KANNST DU FAHRRÄDER BAUEN?
TJA...

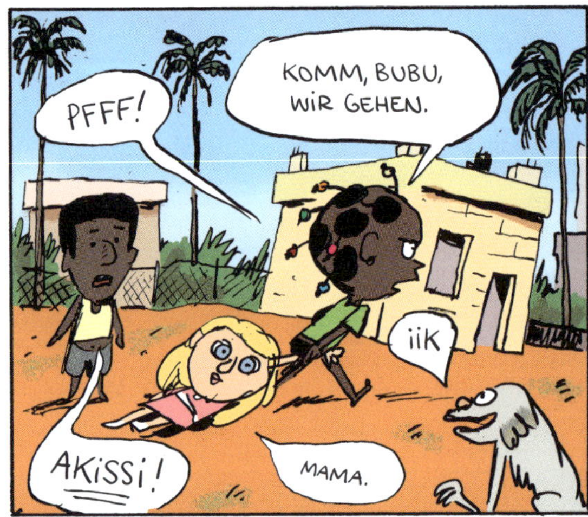
PFFF!
KOMM, BUBU, WIR GEHEN.
iiK
AKISSI!
MAMA.

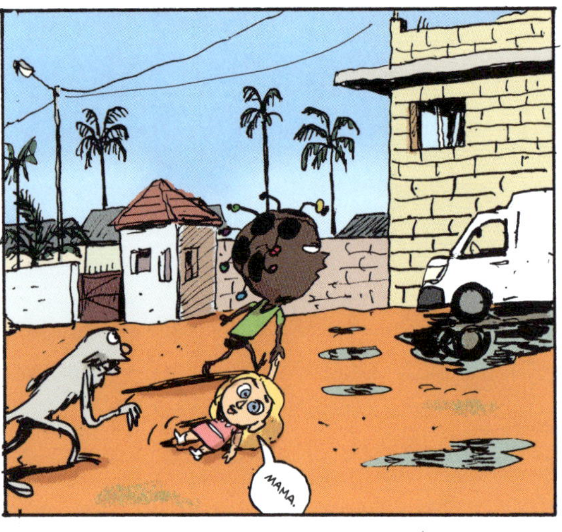
MAMA.

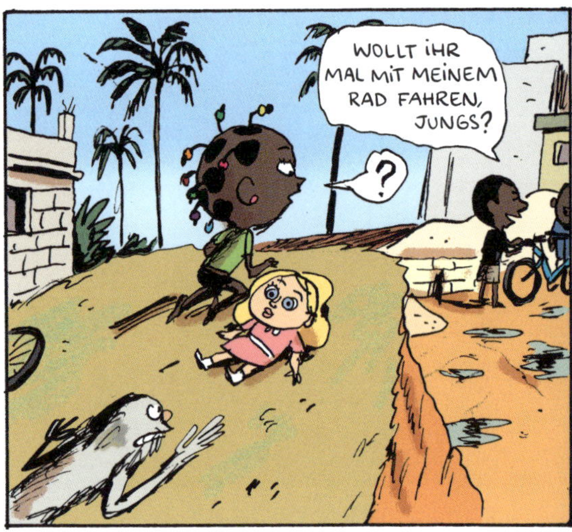
WOLLT IHR MAL MIT MEINEM RAD FAHREN, JUNGS?
?

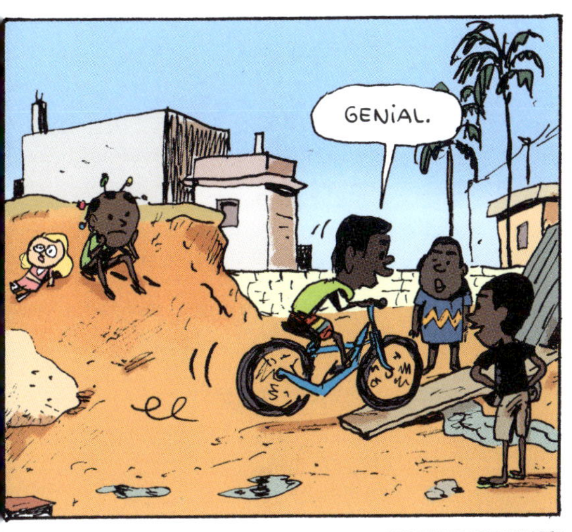
GENIAL.

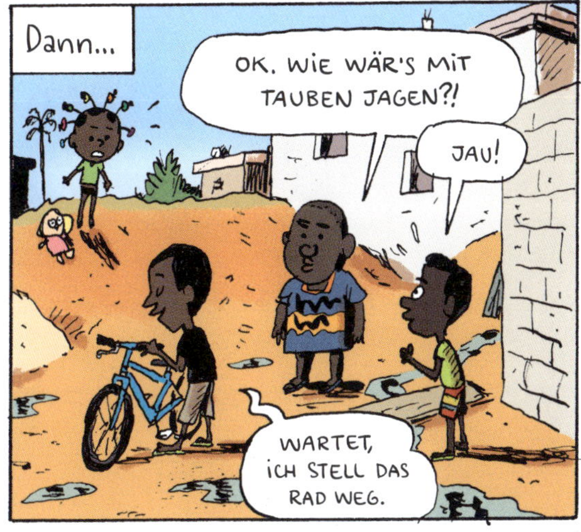
Dann...
OK. WIE WÄR'S MIT TAUBEN JAGEN?!
JAU!
WARTET, ICH STELL DAS RAD WEG.

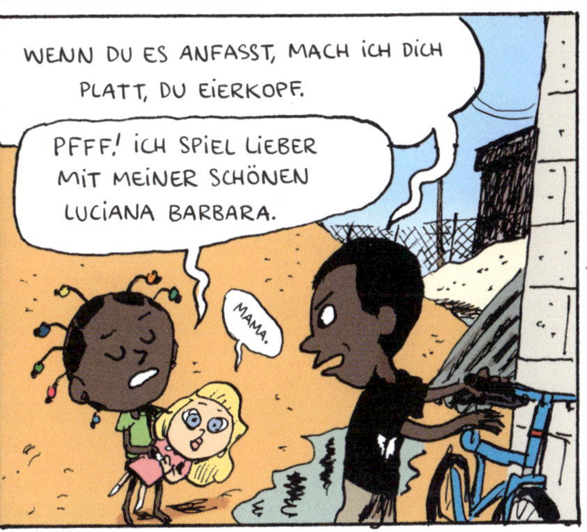
WENN DU ES ANFASST, MACH ICH DICH PLATT, DU EIERKOPF.
PFFF! ICH SPIEL LIEBER MIT MEINER SCHÖNEN LUCIANA BARBARA.
MAMA.

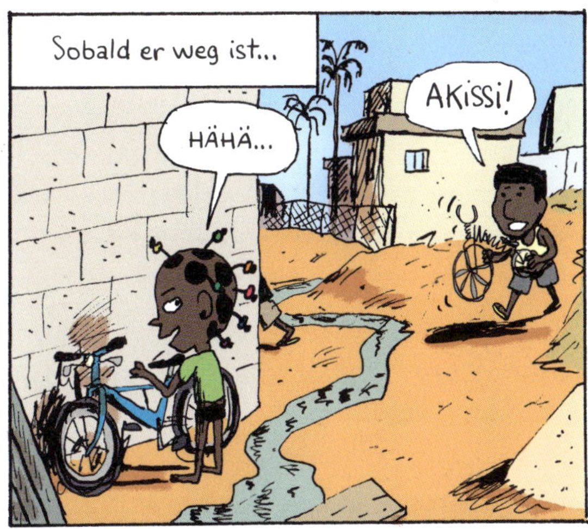
Sobald er weg ist...
HÄHÄ...
AKISSI!

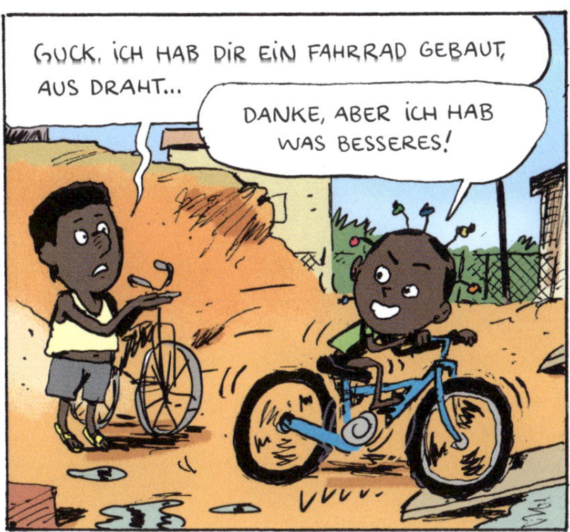
GUCK, ICH HAB DIR EIN FAHRRAD GEBAUT, AUS DRAHT...
DANKE, ABER ICH HAB WAS BESSERES!

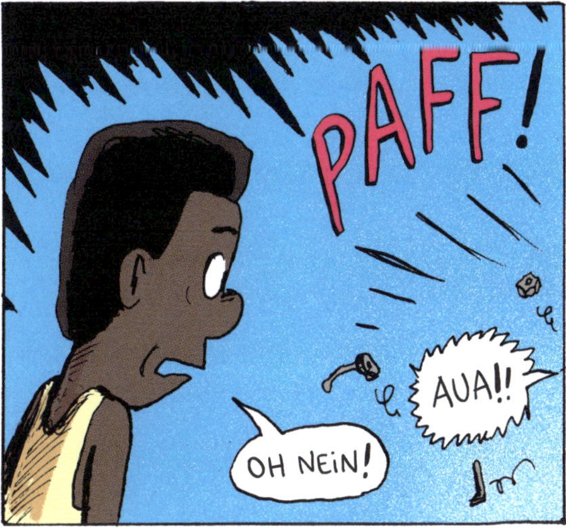
PAFF!
AUA!!
OH NEIN!

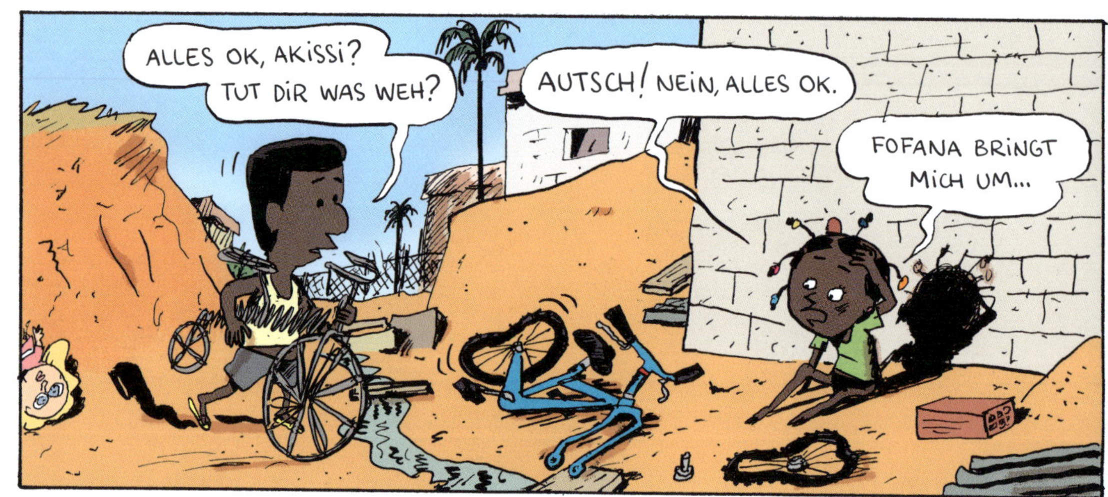
ALLES OK, AKISSI? TUT DIR WAS WEH?
AUTSCH! NEIN, ALLES OK.
FOFANA BRINGT MICH UM...

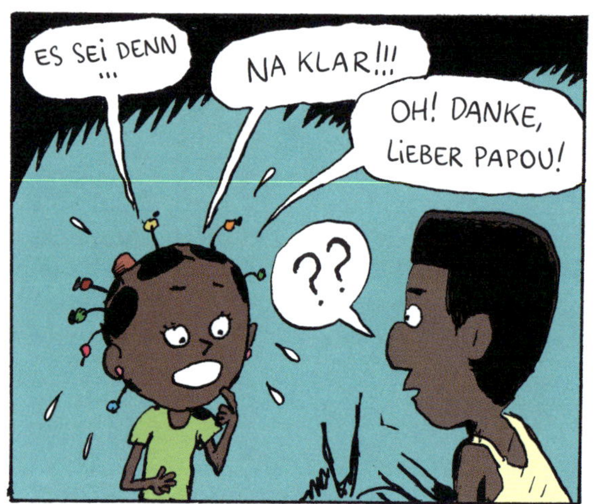
ES SEI DENN ...
NA KLAR!!!
OH! DANKE, LIEBER PAPOU!
??

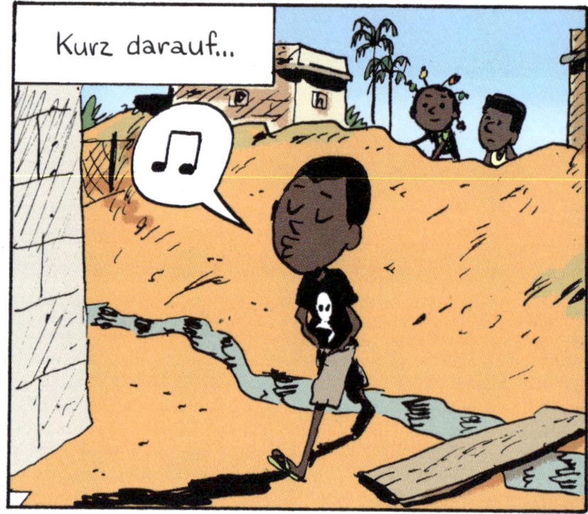
Kurz darauf...

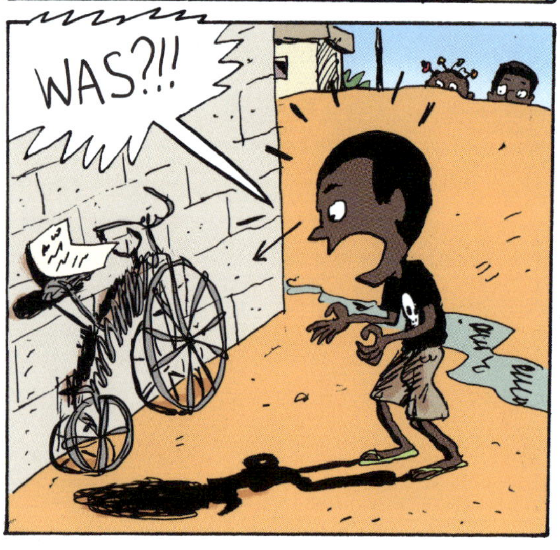
WAS?!!

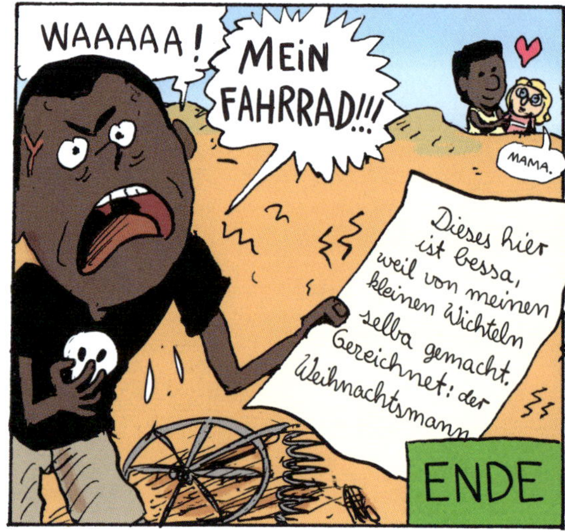
WAAAAA!
MEIN FAHRRAD!!!
MAMA.
Dieses hier ist bessa, weil von meinen kleinen Wichteln selba gemacht. Gezeichnet: der Weihnachtsmann
ENDE

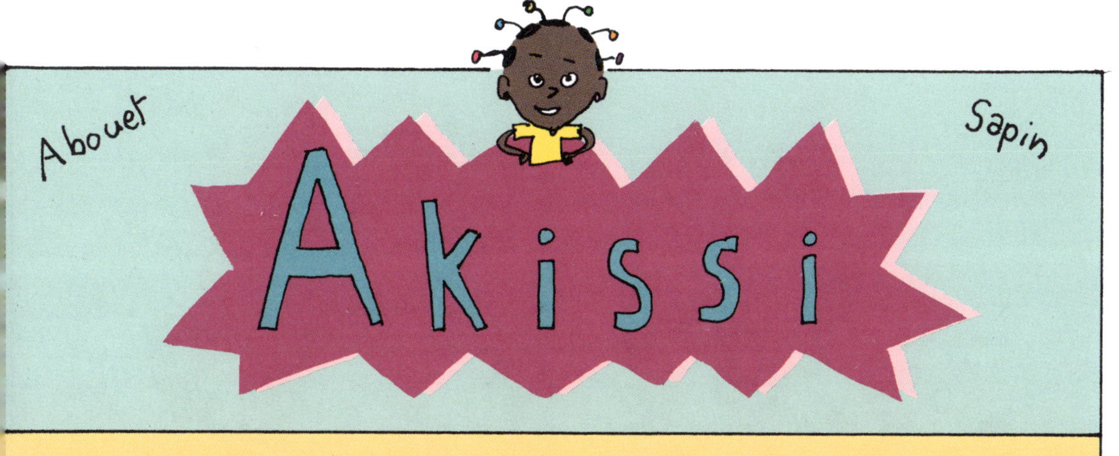

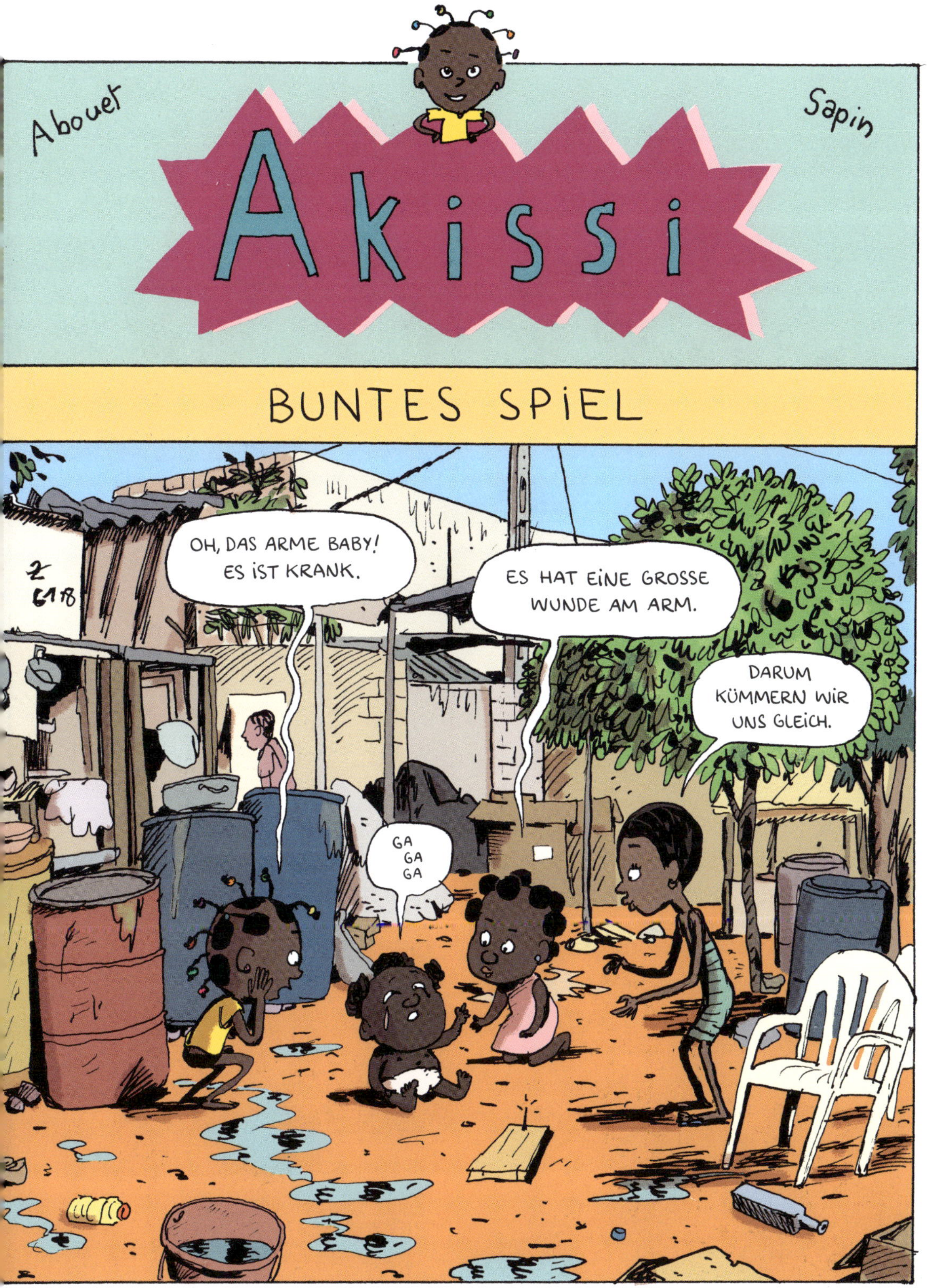

BUNTES SPIEL

OH, DAS ARME BABY! ES iST KRANK.

ES HAT EiNE GROSSE WUNDE AM ARM.

GA GA GA

DARUM KÜMMERN WiR UNS GLEiCH.

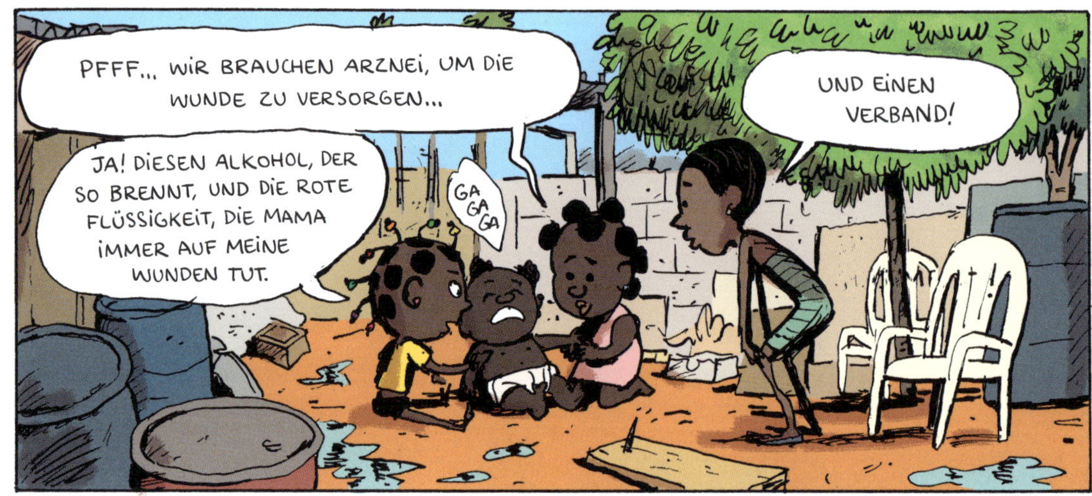
PFFF... WIR BRAUCHEN ARZNEI, UM DIE WUNDE ZU VERSORGEN...
JA! DIESEN ALKOHOL, DER SO BRENNT, UND DIE ROTE FLÜSSIGKEIT, DIE MAMA IMMER AUF MEINE WUNDEN TUT.
GA GA GA
UND EINEN VERBAND!

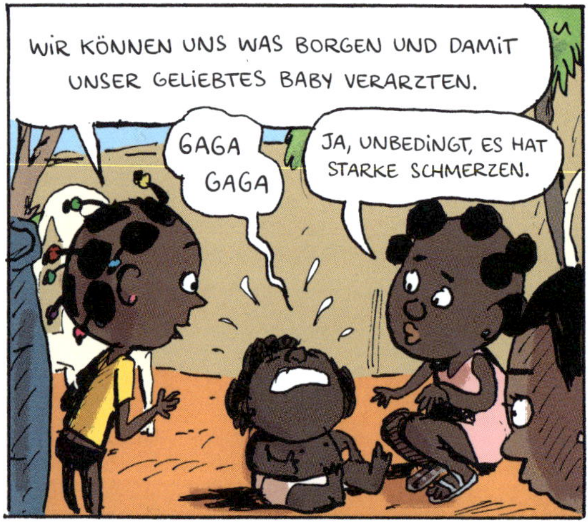
WIR KÖNNEN UNS WAS BORGEN UND DAMIT UNSER GELIEBTES BABY VERARZTEN.
GAGA GAGA
JA, UNBEDINGT, ES HAT STARKE SCHMERZEN.

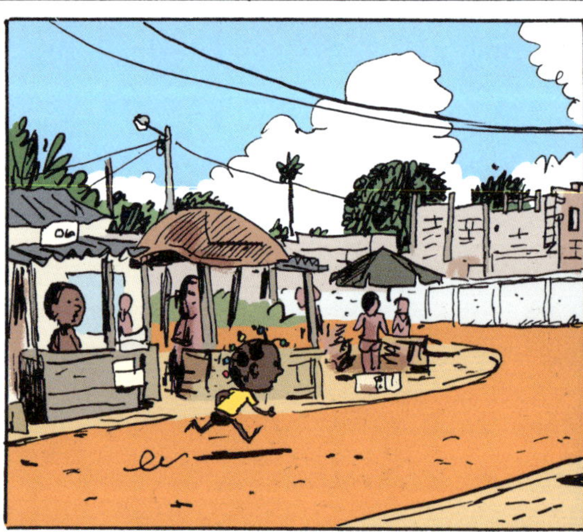

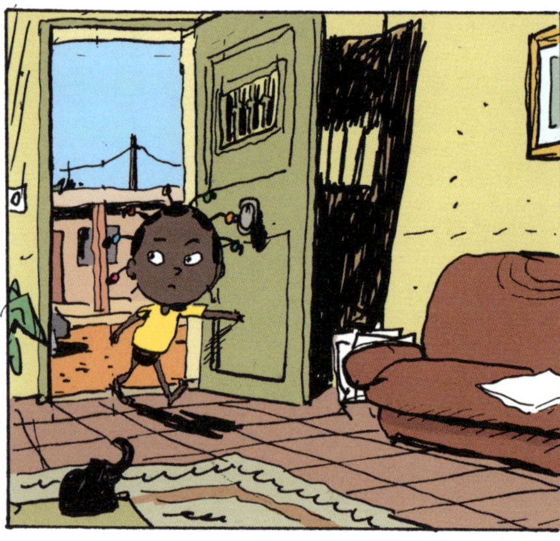

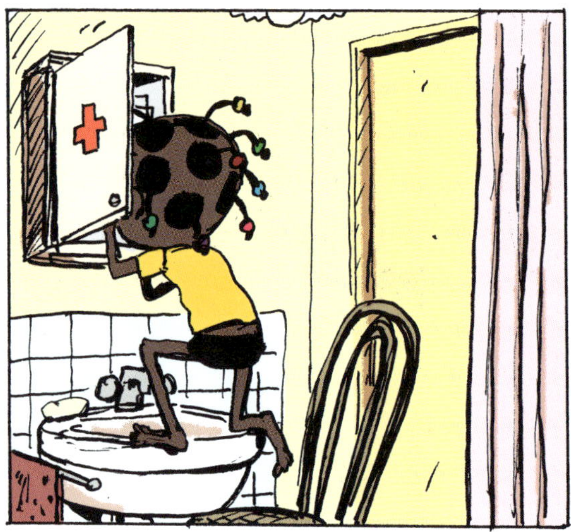

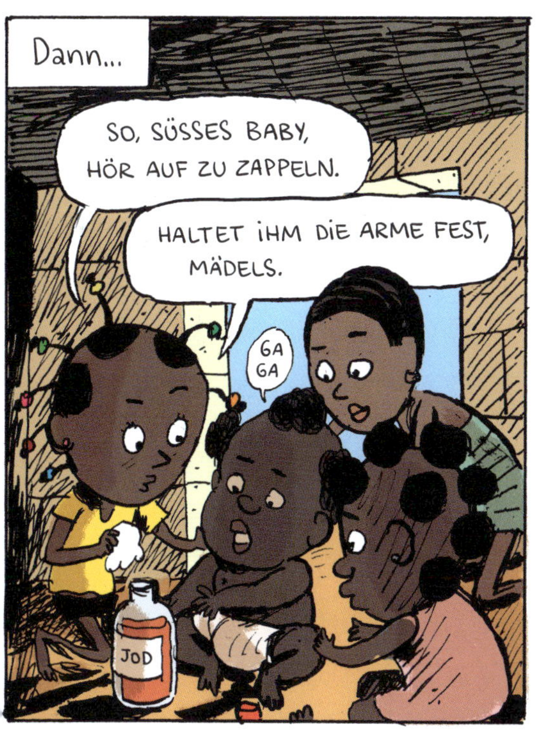
Dann...
SO, SÜSSES BABY, HÖR AUF ZU ZAPPELN.
HALTET IHM DIE ARME FEST, MÄDELS.
GA GA
JOD

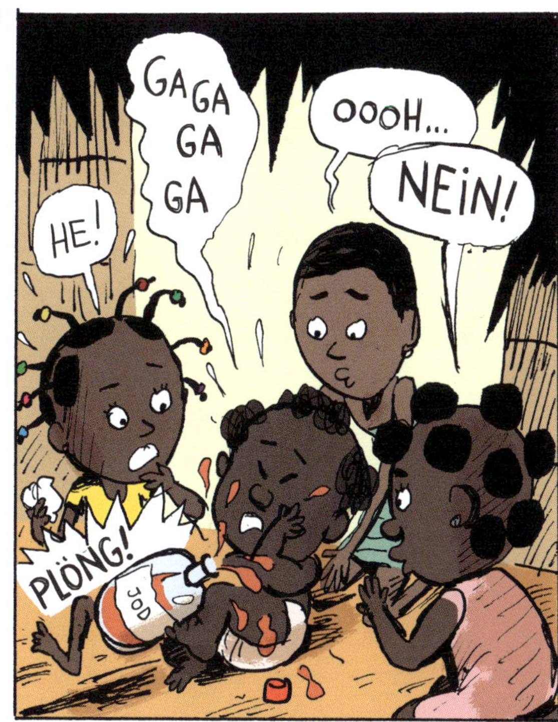
GA GA GA GA
OOOH...
NEIN!
HE!
PLÖNG!
JOD

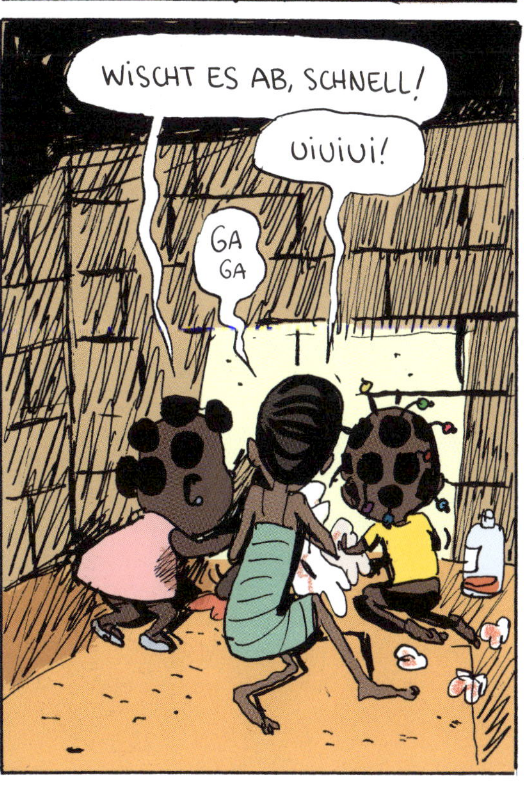
WISCHT ES AB, SCHNELL!
UIUIUI!
GA GA

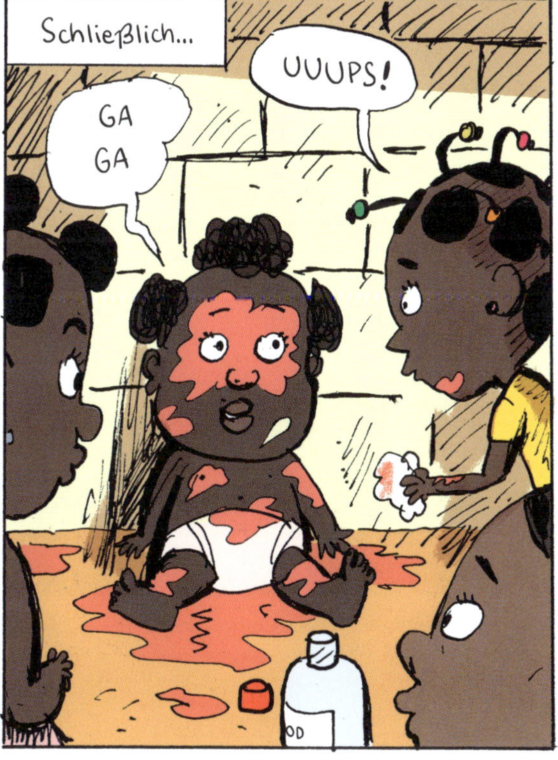
Schließlich...
UUUPS!
GA GA

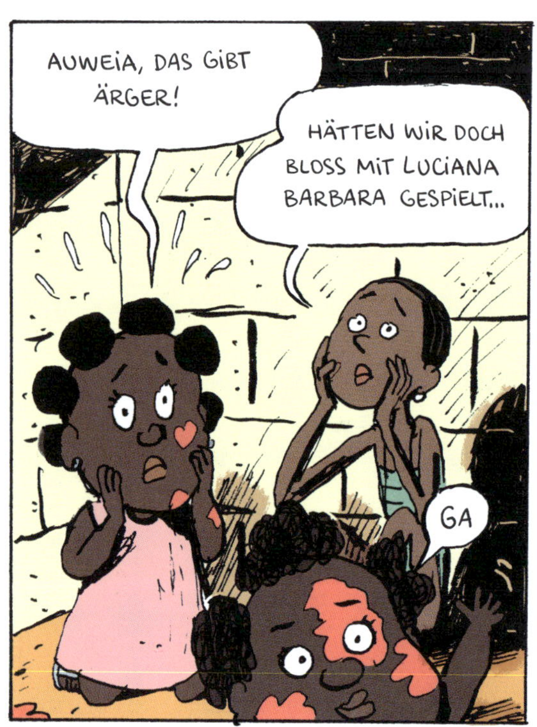
AUWEIA, DAS GIBT ÄRGER!
HÄTTEN WIR DOCH BLOSS MIT LUCIANA BARBARA GESPIELT...
GA

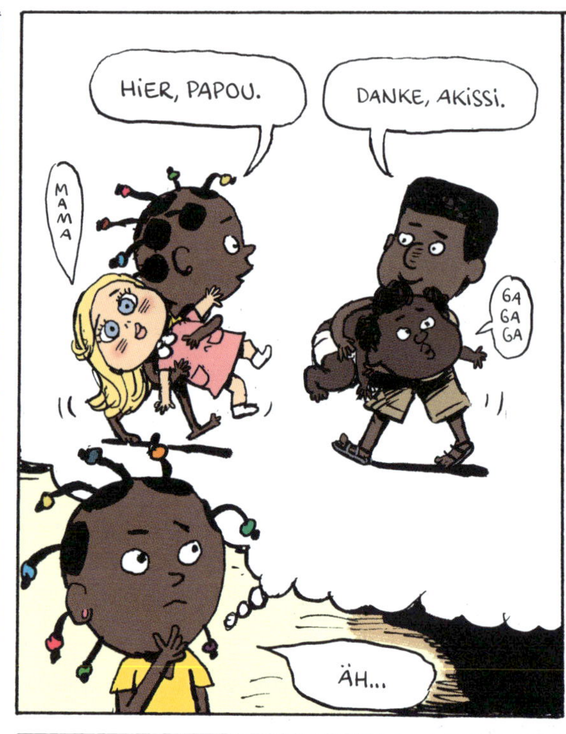
HIER, PAPOU.
DANKE, AKISSI.
MAMA
GA GA GA
ÄH...

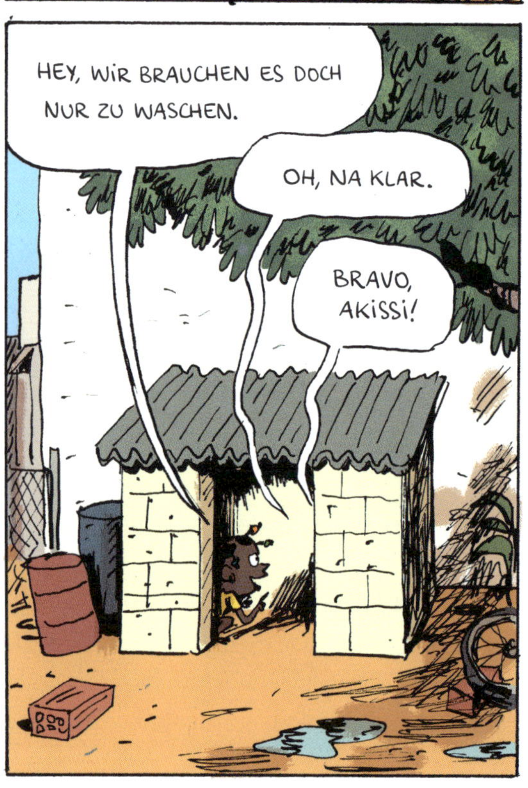
HEY, WIR BRAUCHEN ES DOCH NUR ZU WASCHEN.
OH, NA KLAR.
BRAVO, AKISSI!

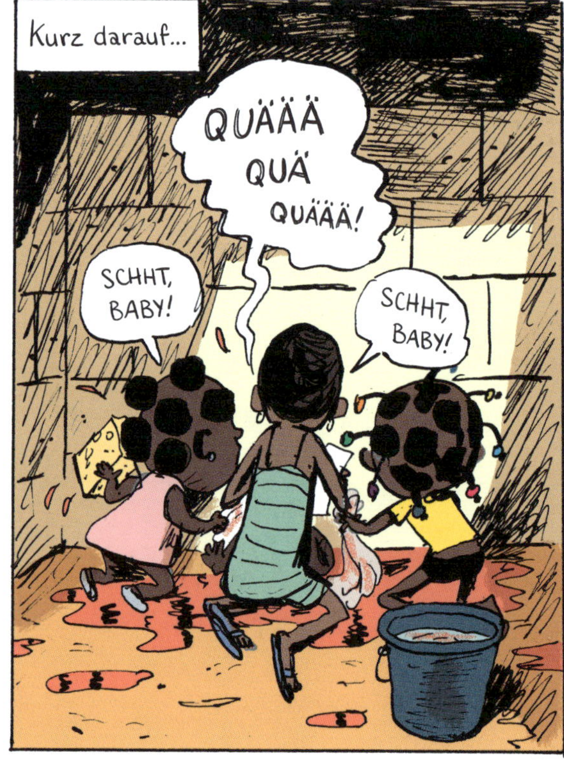
Kurz darauf...
QUÄÄÄ QUÄ QUÄÄÄ!
SCHHT, BABY!
SCHHT, BABY!

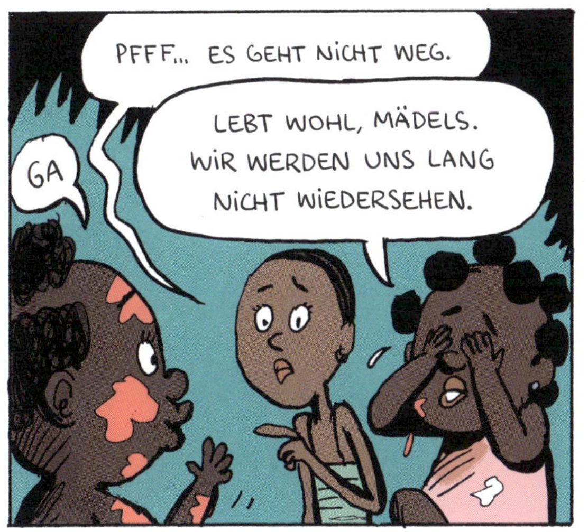
PFFF... ES GEHT NICHT WEG.
GA
LEBT WOHL, MÄDELS. WIR WERDEN UNS LANG NICHT WIEDERSEHEN.

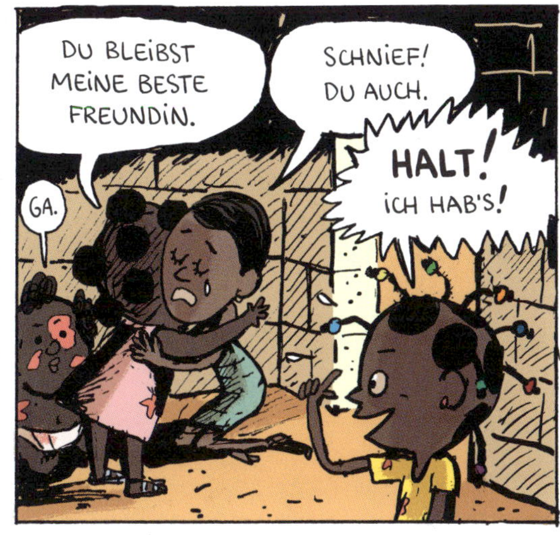
DU BLEIBST MEINE BESTE FREUNDIN.
SCHNIEF! DU AUCH.
GA.
HALT! ICH HAB'S!

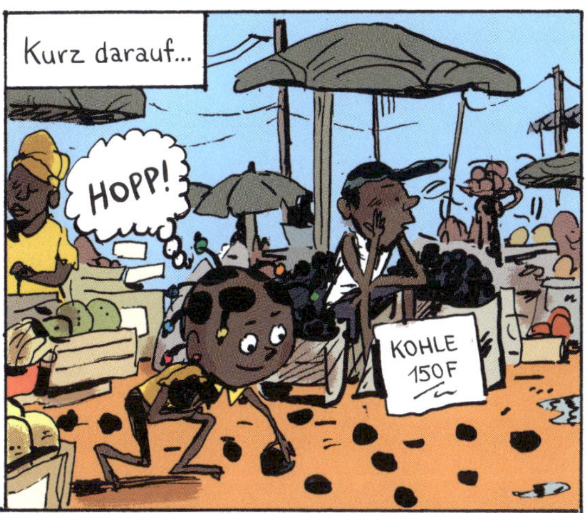
Kurz darauf...
HOPP!
KOHLE 150F

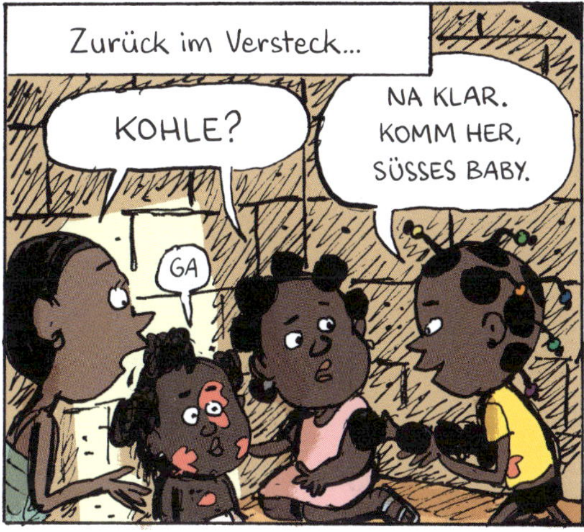
Zurück im Versteck...
KOHLE?
NA KLAR. KOMM HER, SÜSSES BABY.
GA

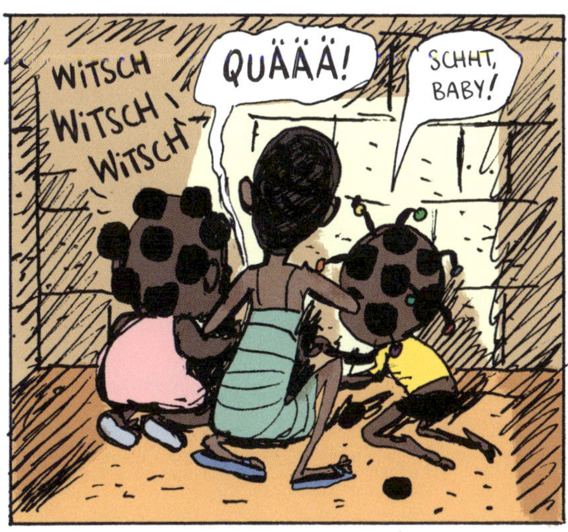
WITSCH WITSCH WITSCH
QUÄÄÄ!
SCHHT, BABY!

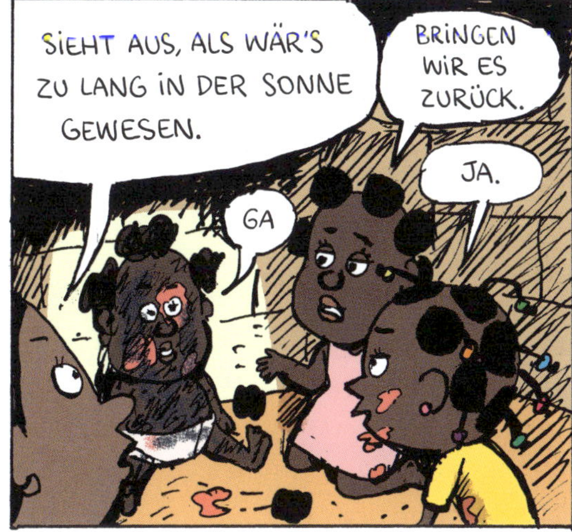
SIEHT AUS, ALS WÄR'S ZU LANG IN DER SONNE GEWESEN.
BRINGEN WIR ES ZURÜCK.
GA
JA.

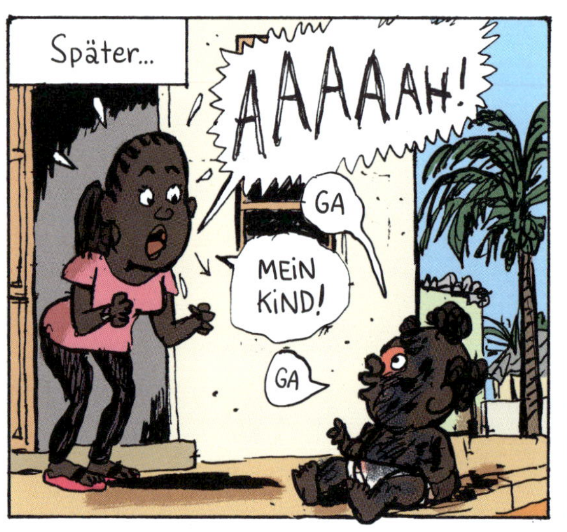
Später...
AAAAAH!
GA
MEIN KIND!
GA

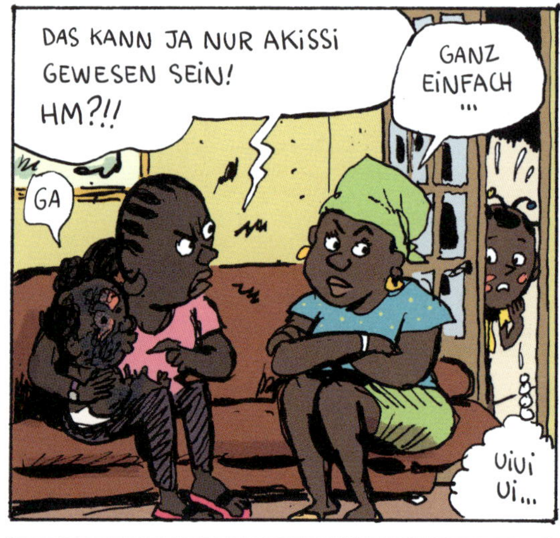
DAS KANN JA NUR AKISSI GEWESEN SEIN! HM?!!
GANZ EINFACH ...
GA
UIUI UI...

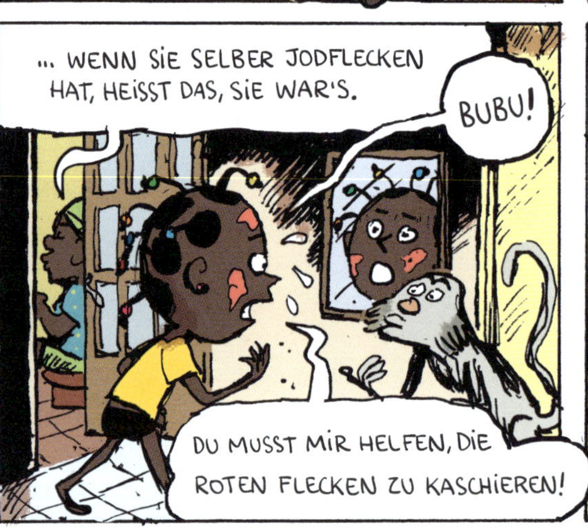
... WENN SIE SELBER JODFLECKEN HAT, HEISST DAS, SIE WAR'S.
BUBU!
DU MUSST MIR HELFEN, DIE ROTEN FLECKEN ZU KASCHIEREN!

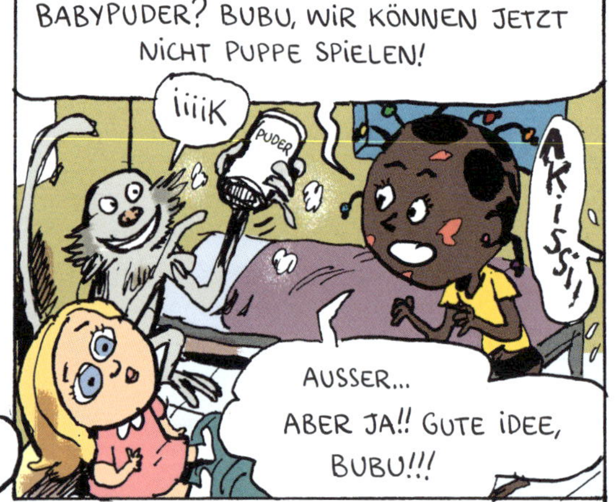
BABYPUDER? BUBU, WIR KÖNNEN JETZT NICHT PUPPE SPIELEN!
IIIIK
PUDER
AKISSI!
AUSSER...
ABER JA!! GUTE IDEE, BUBU!!!

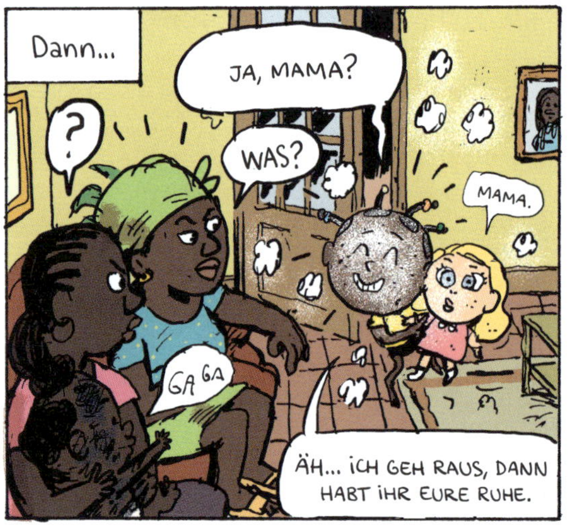
Dann...
JA, MAMA?
?
WAS?
MAMA.
GA GA
ÄH... ICH GEH RAUS, DANN HABT IHR EURE RUHE.

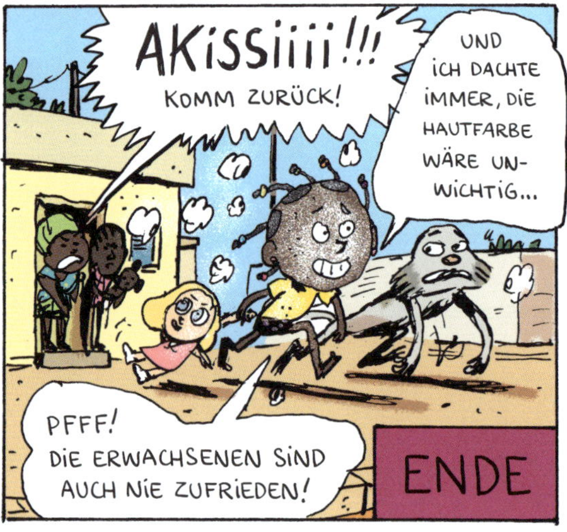
AKISSIIII!!!
KOMM ZURÜCK!
UND ICH DACHTE IMMER, DIE HAUTFARBE WÄRE UN-WICHTIG...
PFFF! DIE ERWACHSENEN SIND AUCH NIE ZUFRIEDEN!
ENDE

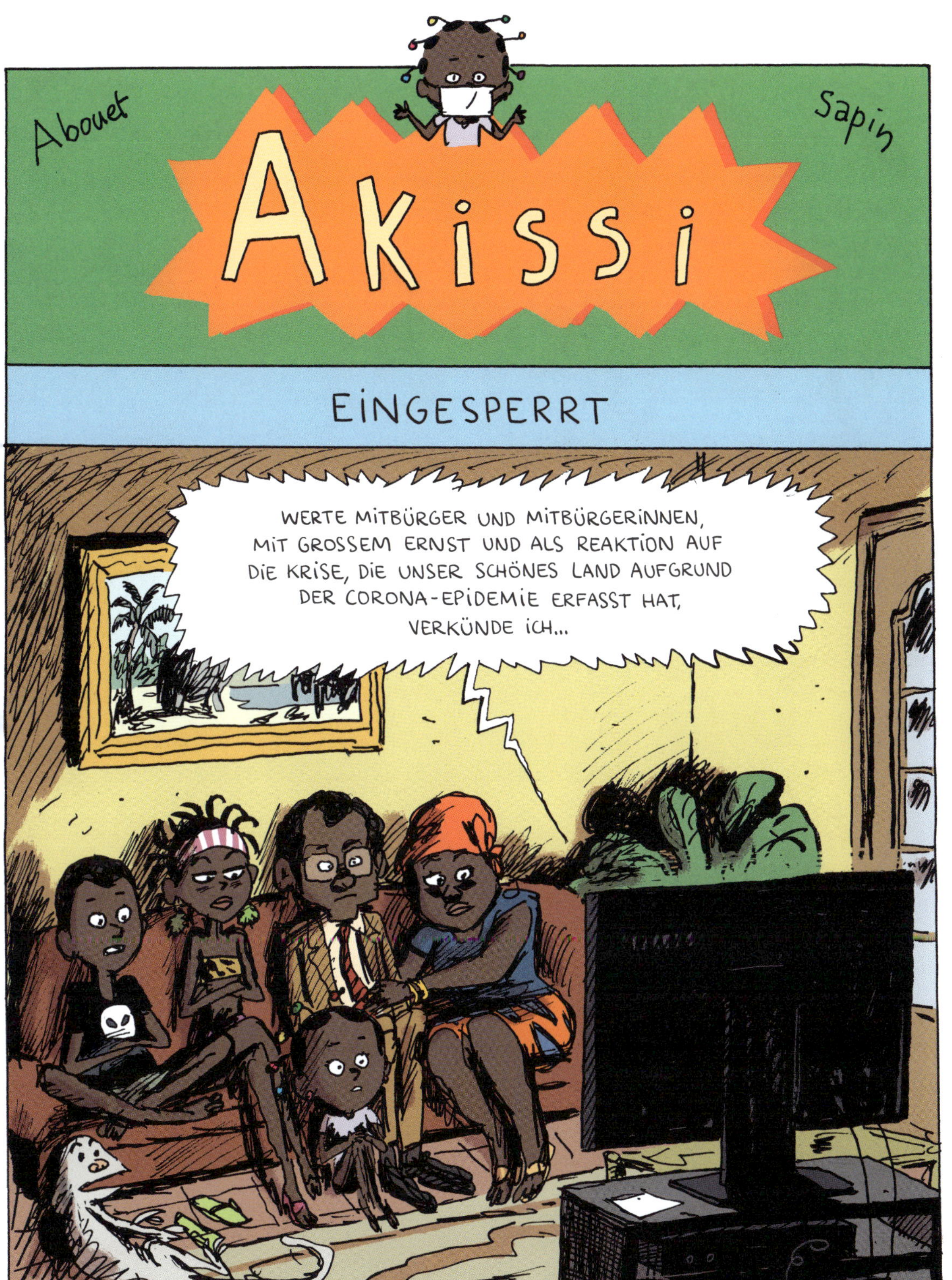
Abouet
Sapin
Akissi
EINGESPERRT
WERTE MITBÜRGER UND MITBÜRGERINNEN, MIT GROSSEM ERNST UND ALS REAKTION AUF DIE KRISE, DIE UNSER SCHÖNES LAND AUFGRUND DER CORONA-EPIDEMIE ERFASST HAT, VERKÜNDE ICH...

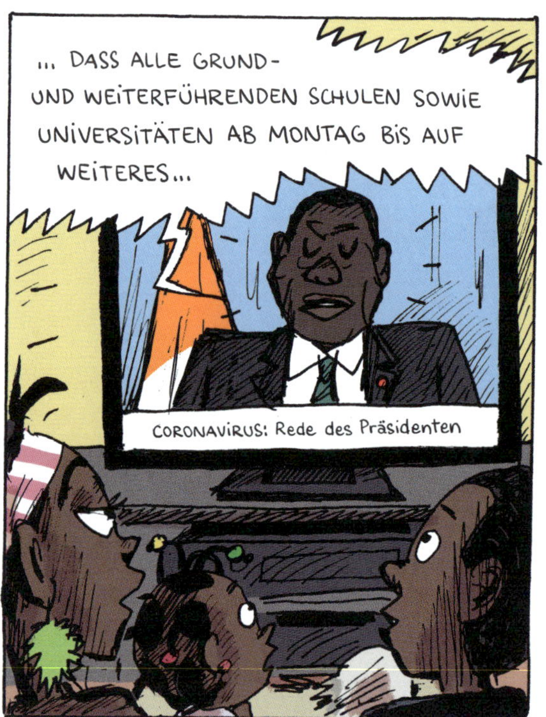
... DASS ALLE GRUND-
UND WEITERFÜHRENDEN SCHULEN SOWIE UNIVERSITÄTEN AB MONTAG BIS AUF WEITERES...
CORONAVIRUS: Rede des Präsidenten

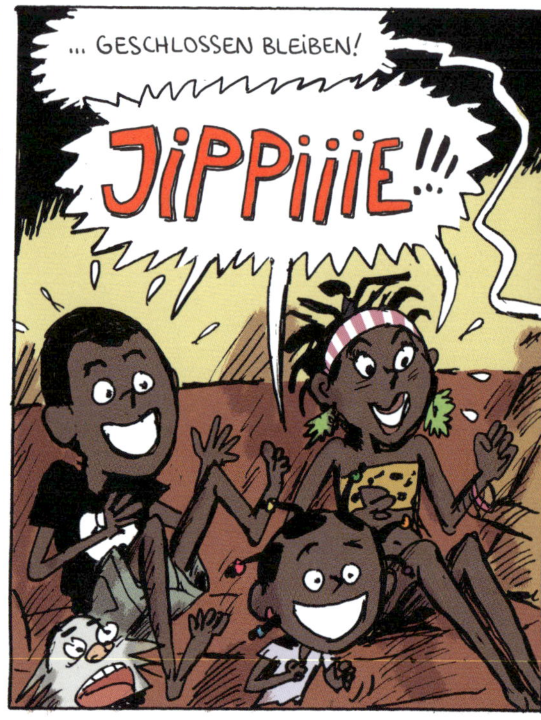
... GESCHLOSSEN BLEIBEN!
JIPPIIIE!!!

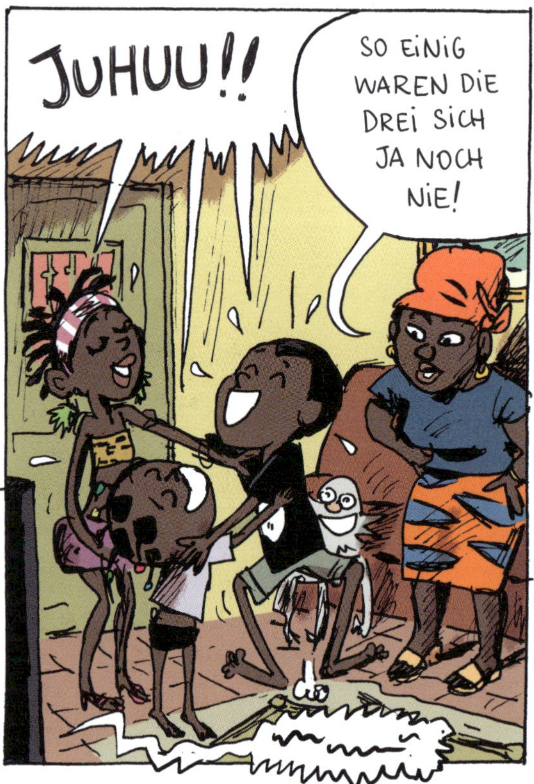
JUHUU!!
SO EINIG WAREN DIE DREI SICH JA NOCH NIE!

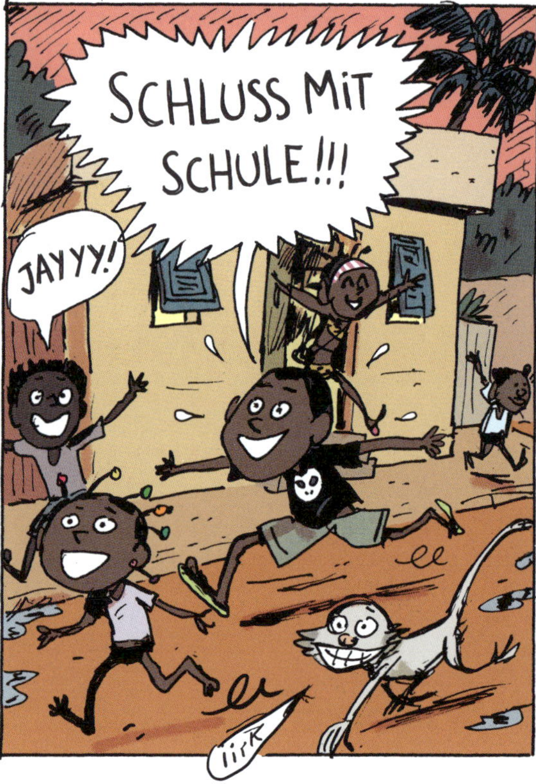
SCHLUSS MIT SCHULE!!!
JAYYY!
IIRK

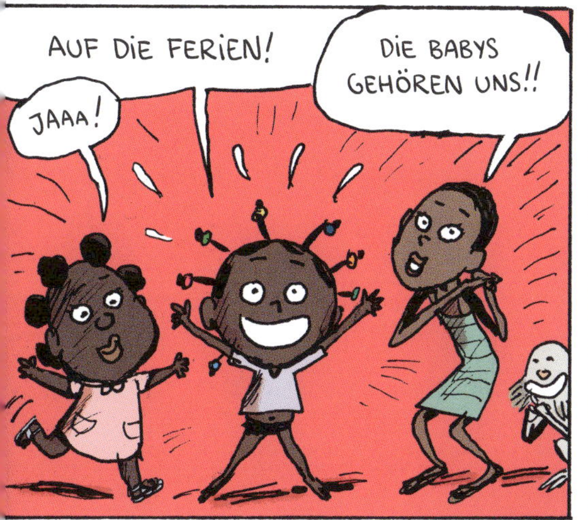
AUF DIE FERIEN!
JAAA!
DIE BABYS GEHÖREN UNS!!

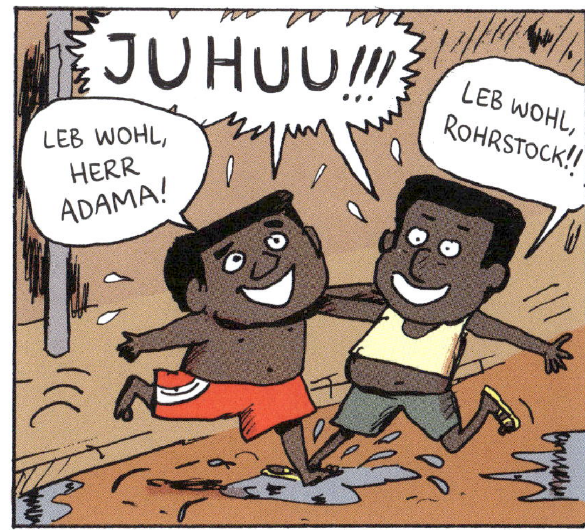
JUHUU!!!
LEB WOHL, HERR ADAMA!
LEB WOHL, ROHRSTOCK!!

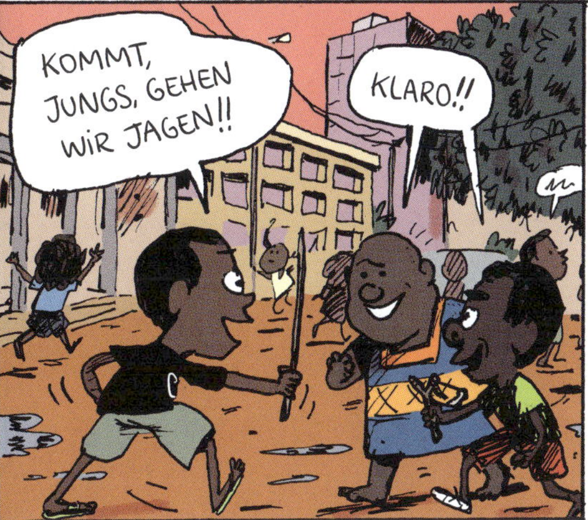
KOMMT, JUNGS, GEHEN WIR JAGEN!!
KLARO!!

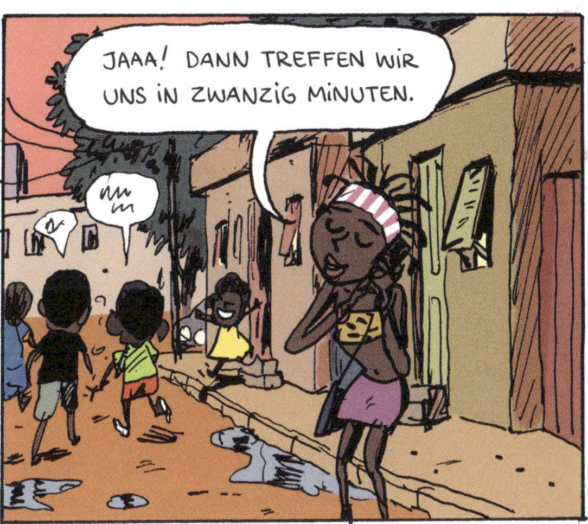
JAAA! DANN TREFFEN WIR UNS IN ZWANZIG MINUTEN.

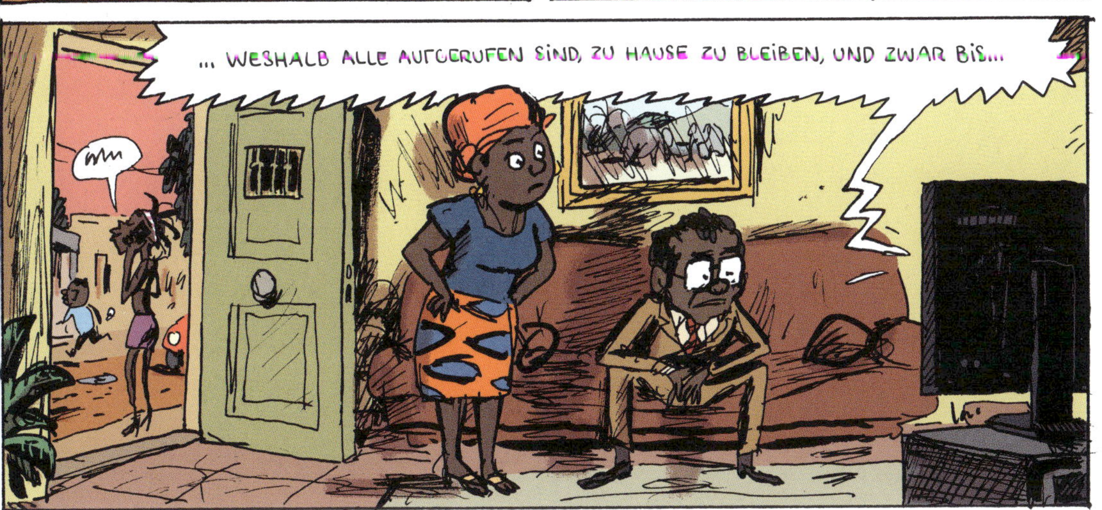
... WESHALB ALLE AUFGERUFEN SIND, ZU HAUSE ZU BLEIBEN, UND ZWAR BIS...

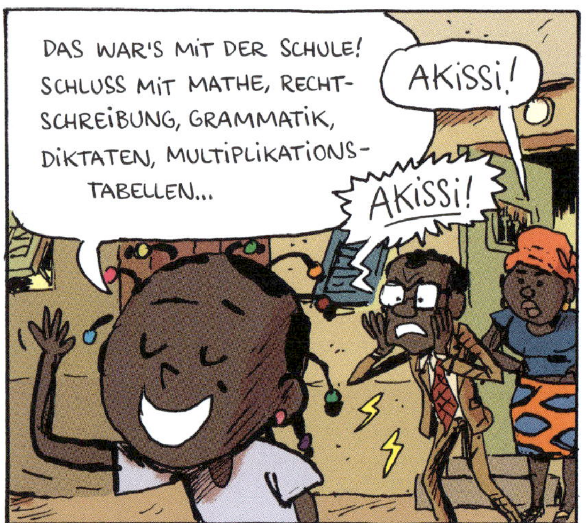

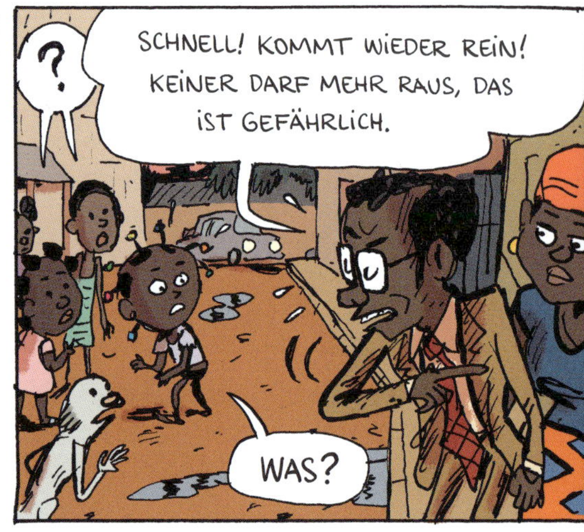

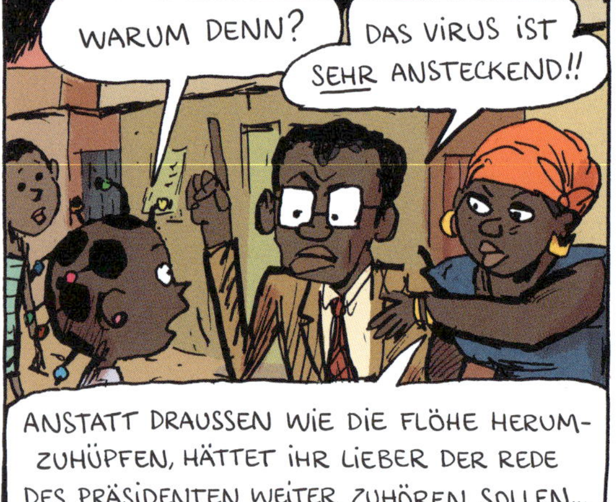

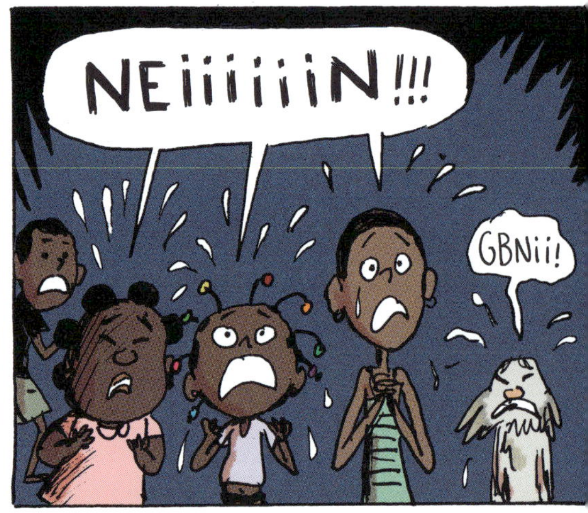

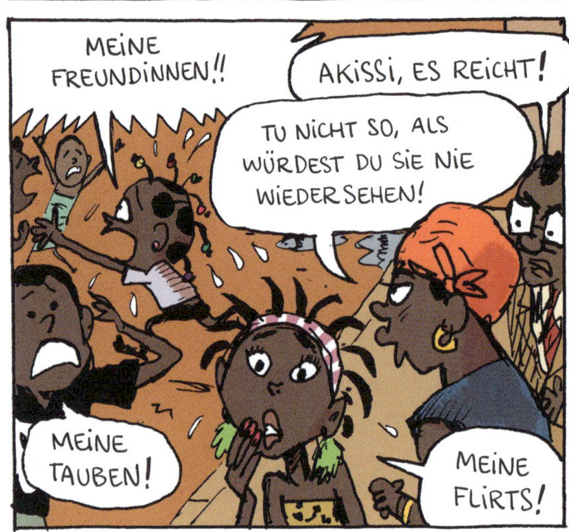

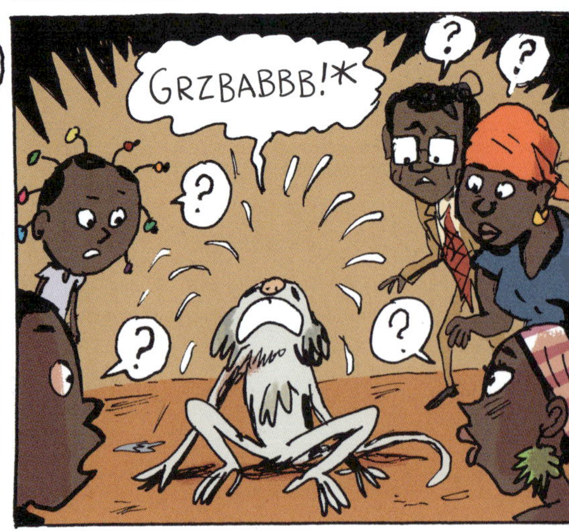

* MEINE BANANEN!

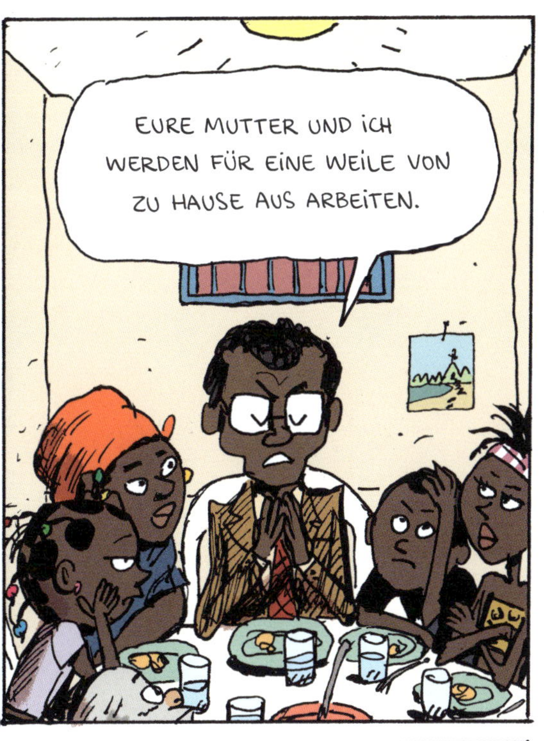

WENN WIR SCHON NICHT RAUSDÜRFEN, WILL ICH LIEBER ZU OMA INS DORF.

SCHATZ, ZU ALTEN UND KRANKEN LEUTEN SOLLEN WIR GRÖSST-MÖGLICHEN ABSTAND HALTEN.

ABER WER IST DENN DIESER VIRUS, DER DEN LEUTEN VERBIETET RAUS-ZUGEHEN UND SICH ZU TREFFEN?

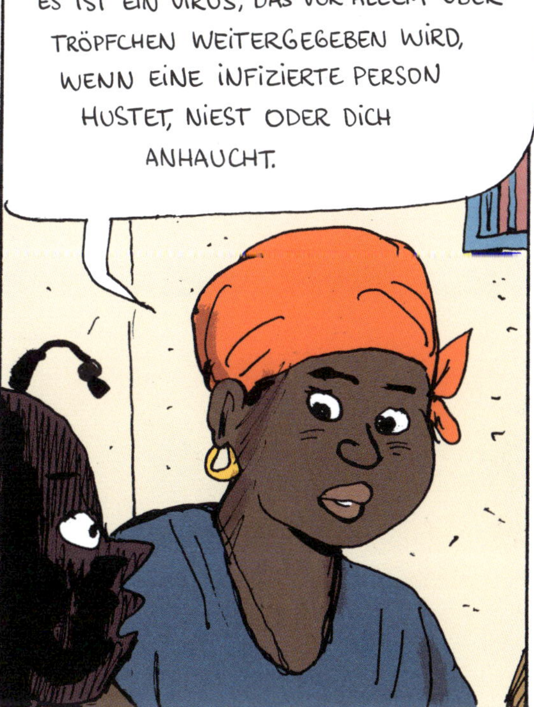

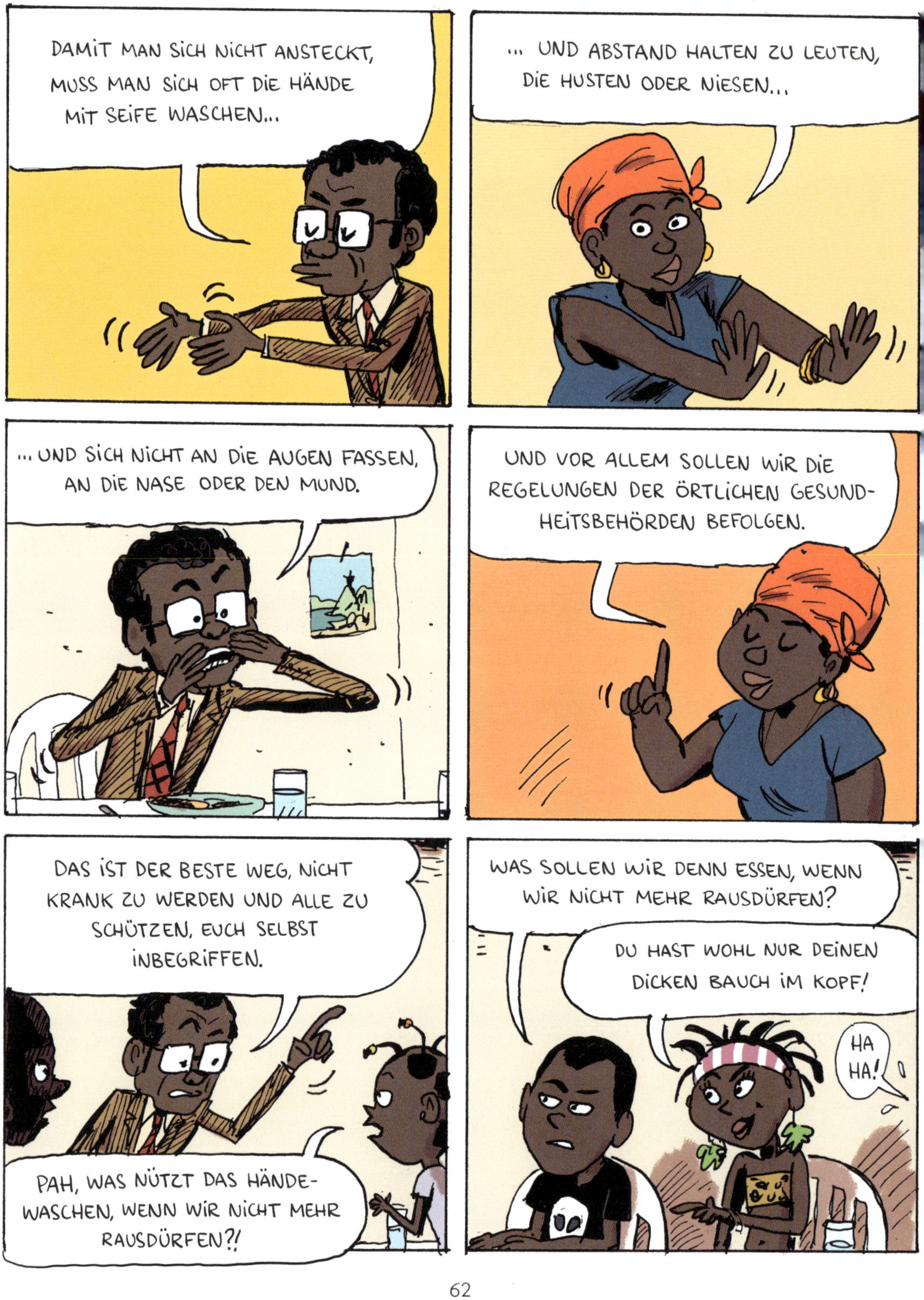

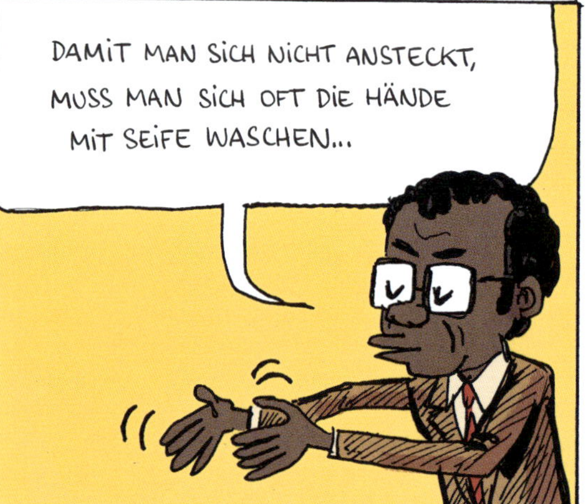

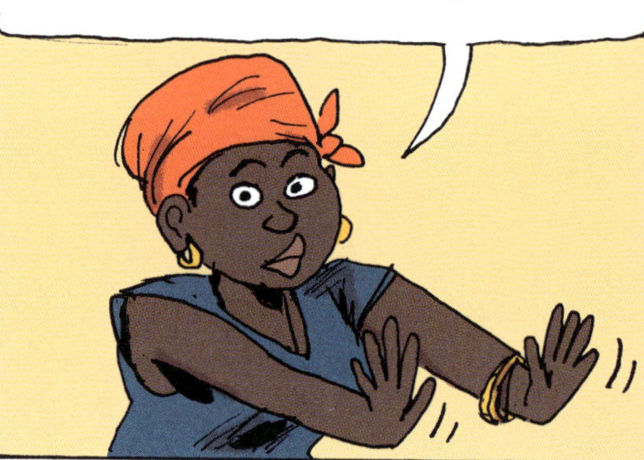

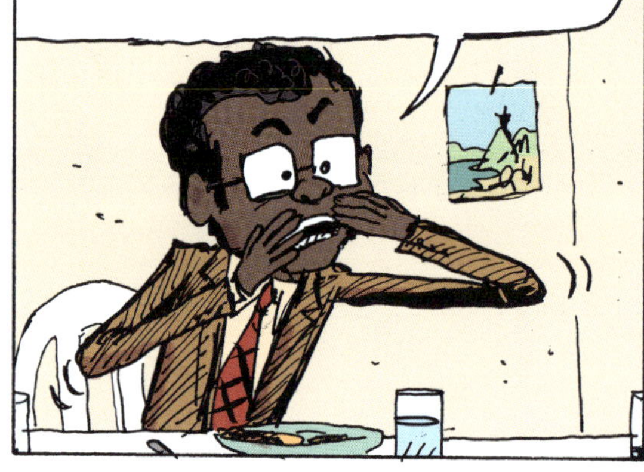

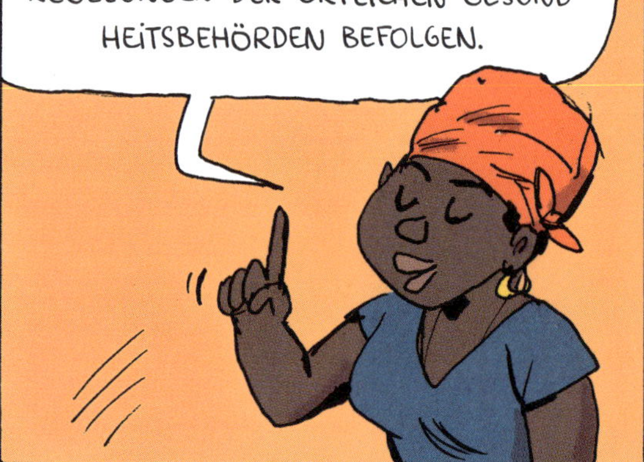

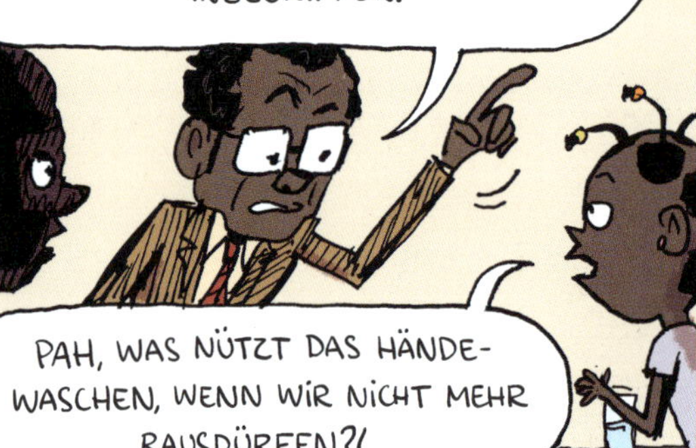

WAS SOLLEN WIR DENN ESSEN, WENN WIR NICHT MEHR RAUSDÜRFEN?

DU HAST WOHL NUR DEINEN DICKEN BAUCH IM KOPF!

HA HA!

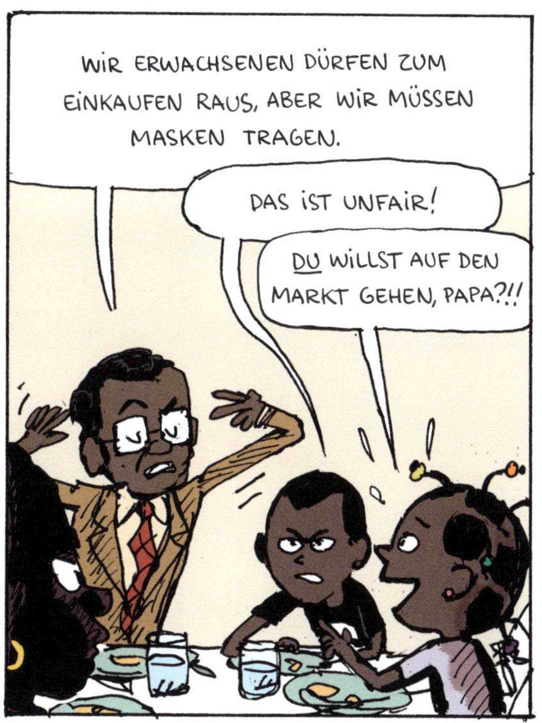
WIR ERWACHSENEN DÜRFEN ZUM EINKAUFEN RAUS, ABER WIR MÜSSEN MASKEN TRAGEN.
DAS IST UNFAIR!
DU WILLST AUF DEN MARKT GEHEN, PAPA?!!

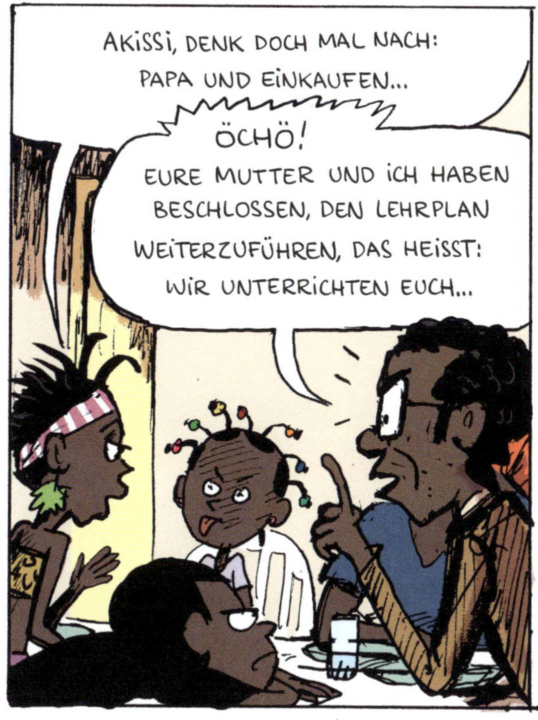
AKISSI, DENK DOCH MAL NACH: PAPA UND EINKAUFEN...
ÖCHÖ!
EURE MUTTER UND ICH HABEN BESCHLOSSEN, DEN LEHRPLAN WEITERZUFÜHREN, DAS HEISST: WIR UNTERRICHTEN EUCH...

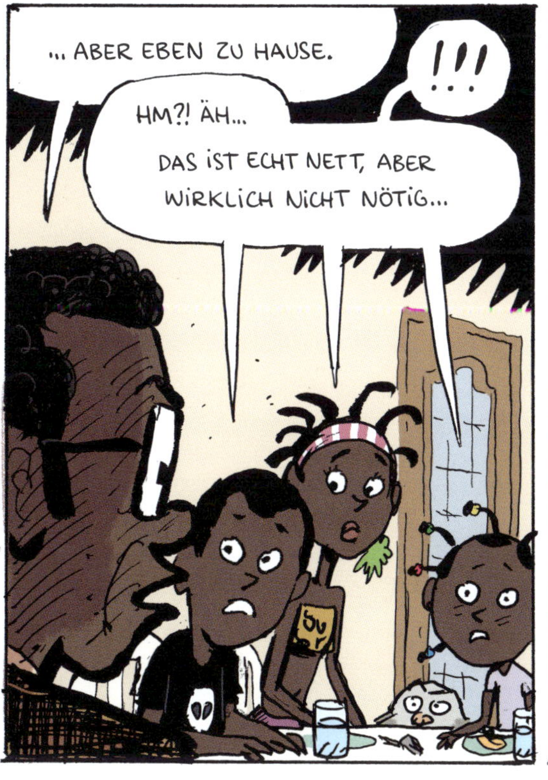
... ABER EBEN ZU HAUSE.
!!!
HM?! ÄH...
DAS IST ECHT NETT, ABER WIRKLICH NICHT NÖTIG...

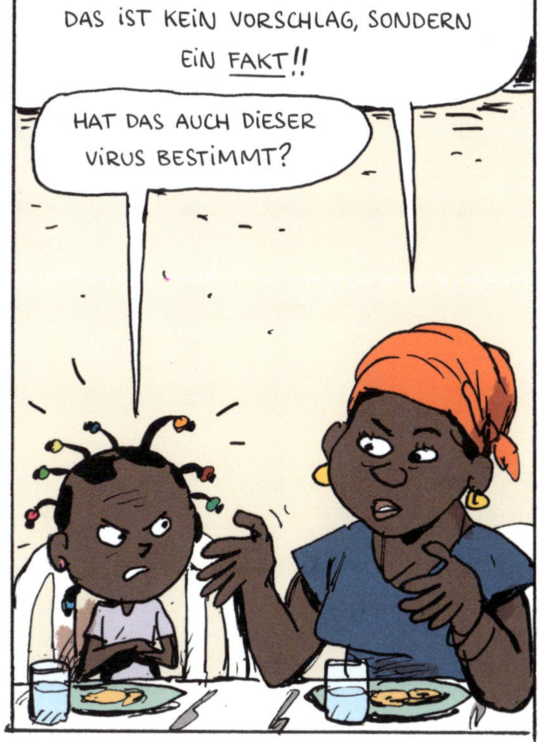
DAS IST KEIN VORSCHLAG, SONDERN EIN FAKT!!
HAT DAS AUCH DIESER VIRUS BESTIMMT?

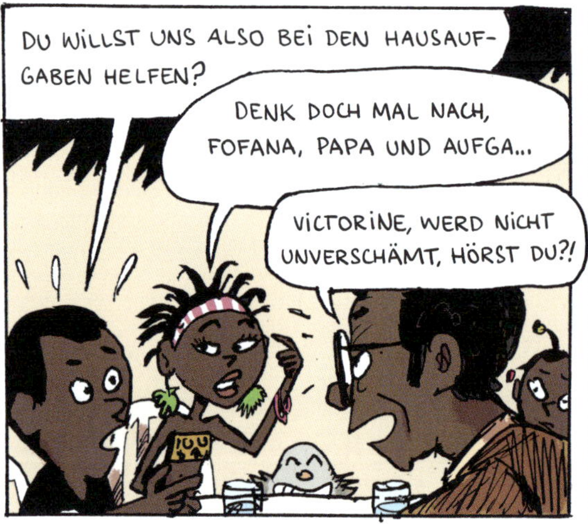
DU WILLST UNS ALSO BEI DEN HAUSAUFGABEN HELFEN?
DENK DOCH MAL NACH, FOFANA, PAPA UND AUFGA...
VICTORINE, WERD NICHT UNVERSCHÄMT, HÖRST DU?!

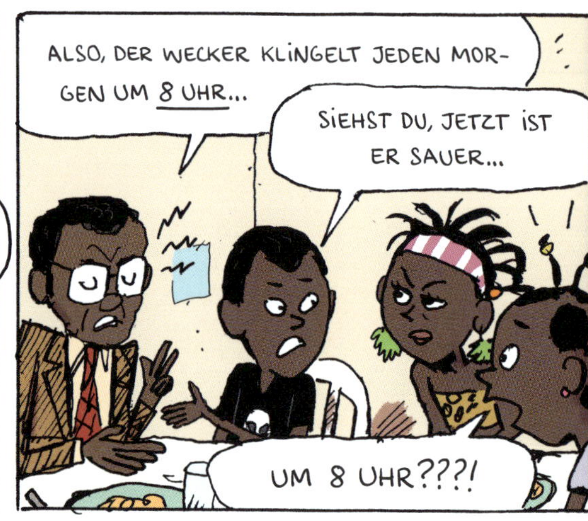
ALSO, DER WECKER KLINGELT JEDEN MORGEN UM 8 UHR...
SIEHST DU, JETZT IST ER SAUER...
UM 8 UHR???!

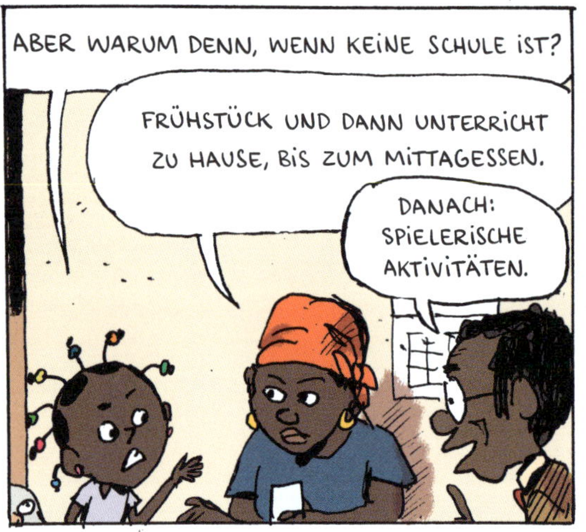
ABER WARUM DENN, WENN KEINE SCHULE IST?
FRÜHSTÜCK UND DANN UNTERRICHT ZU HAUSE, BIS ZUM MITTAGESSEN.
DANACH: SPIELERISCHE AKTIVITÄTEN.

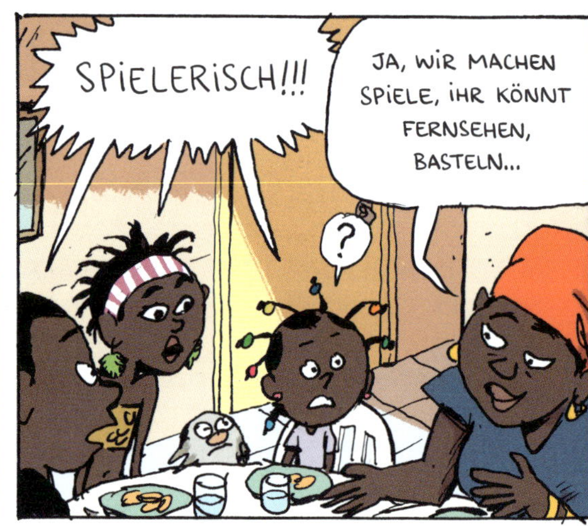
SPIELERISCH!!!
JA, WIR MACHEN SPIELE, IHR KÖNNT FERNSEHEN, BASTELN...
?

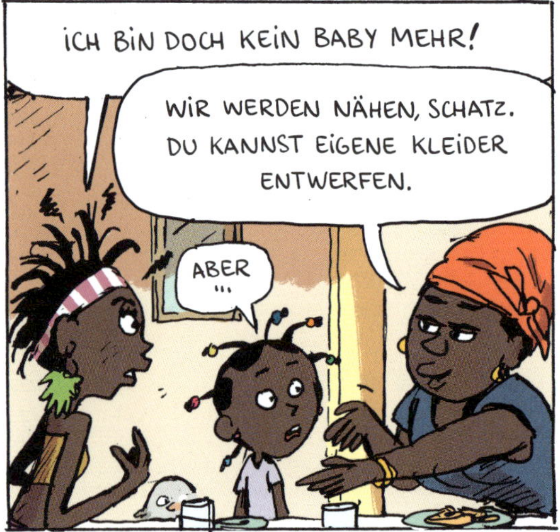
ICH BIN DOCH KEIN BABY MEHR!
WIR WERDEN NÄHEN, SCHATZ. DU KANNST EIGENE KLEIDER ENTWERFEN.
ABER ...

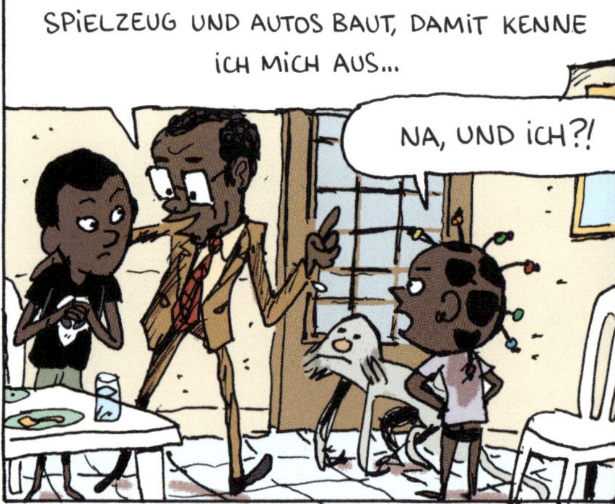
FOFANA, DIR WERD ICH ZEIGEN, WIE MAN SPIELZEUG UND AUTOS BAUT, DAMIT KENNE ICH MICH AUS...
NA, UND ICH?!

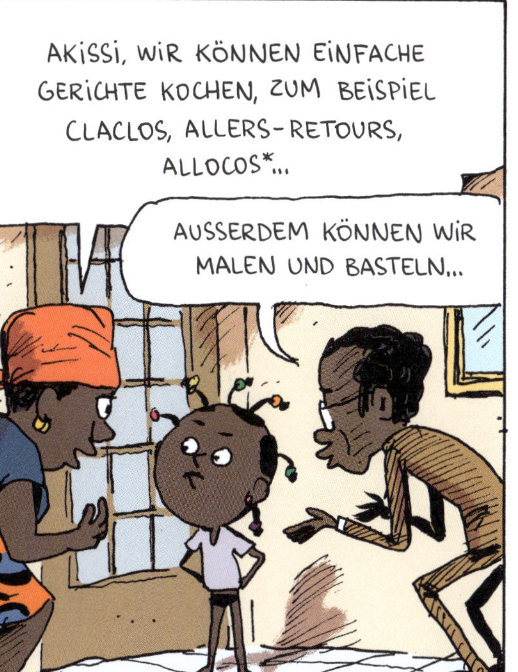

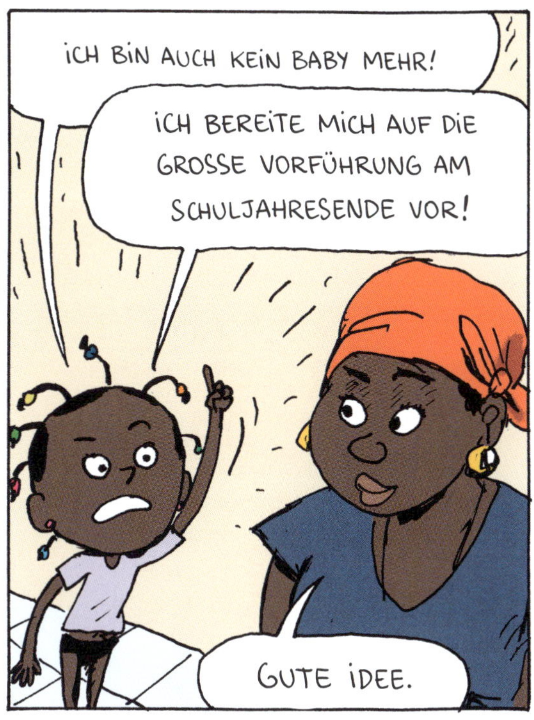

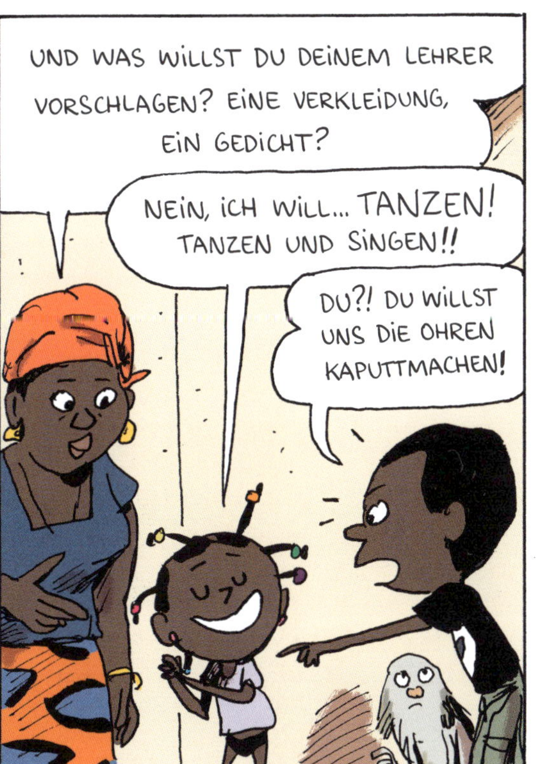

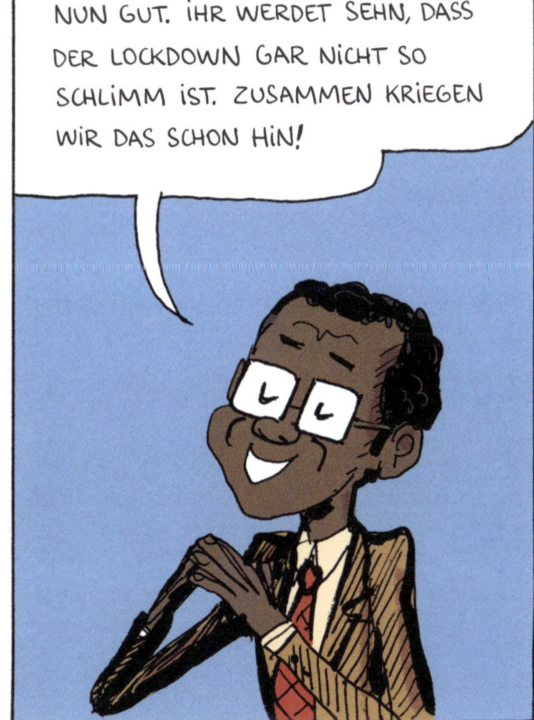

* Das Rezept für CLACLOS gibt's im BONUSTRACK am Ende. Wie ALLER-RETOURS gemacht werden, erfährst du in AKISSI Band 4. ALLOCOS sind frittierte Kochbananen.

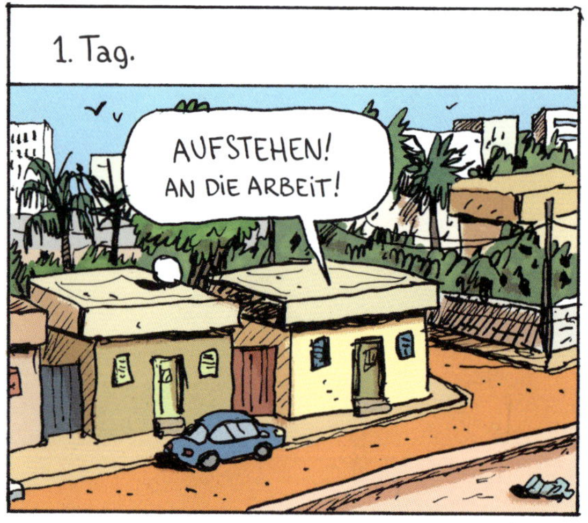
1. Tag.
AUFSTEHEN! AN DIE ARBEIT!

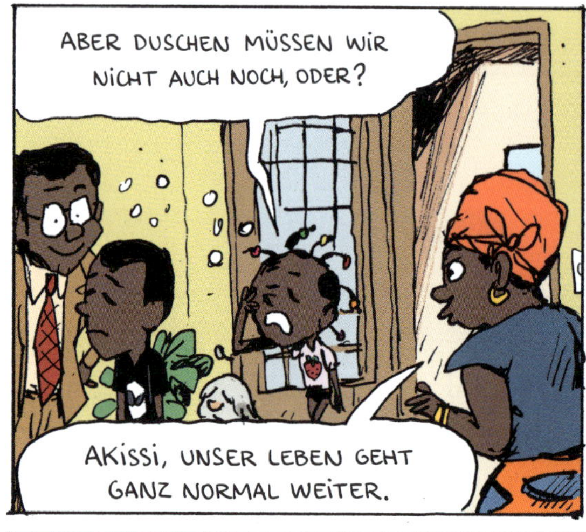
ABER DUSCHEN MÜSSEN WIR NICHT AUCH NOCH, ODER?
AKISSI, UNSER LEBEN GEHT GANZ NORMAL WEITER.

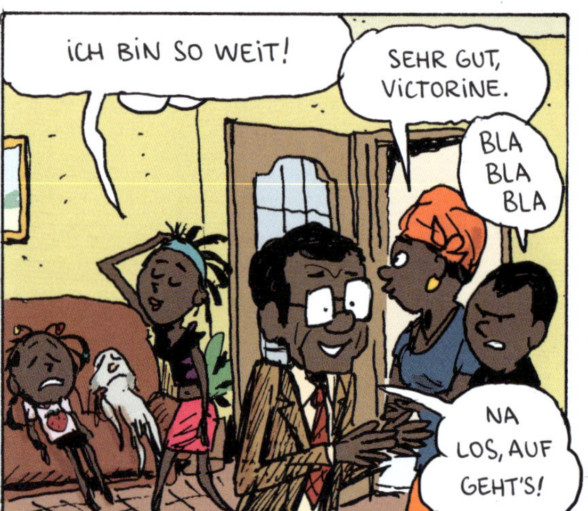
ICH BIN SO WEIT!
SEHR GUT, VICTORINE.
BLA BLA BLA
NA LOS, AUF GEHT'S!

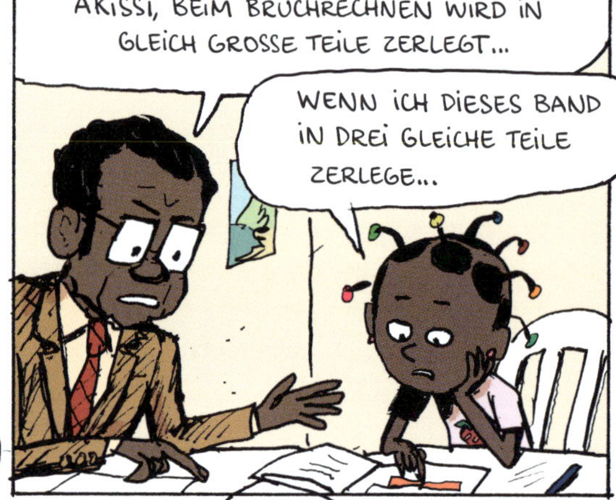
AKISSI, BEIM BRUCHRECHNEN WIRD IN GLEICH GROSSE TEILE ZERLEGT...
WENN ICH DIESES BAND IN DREI GLEICHE TEILE ZERLEGE...

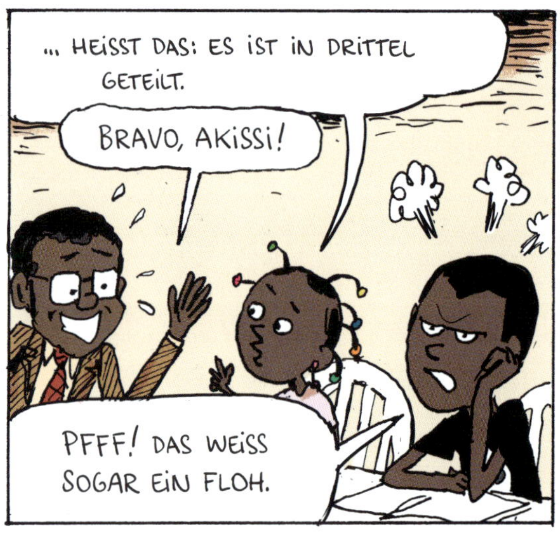
... HEISST DAS: ES IST IN DRITTEL GETEILT.
BRAVO, AKISSI!
PFFF! DAS WEISS SOGAR EIN FLOH.

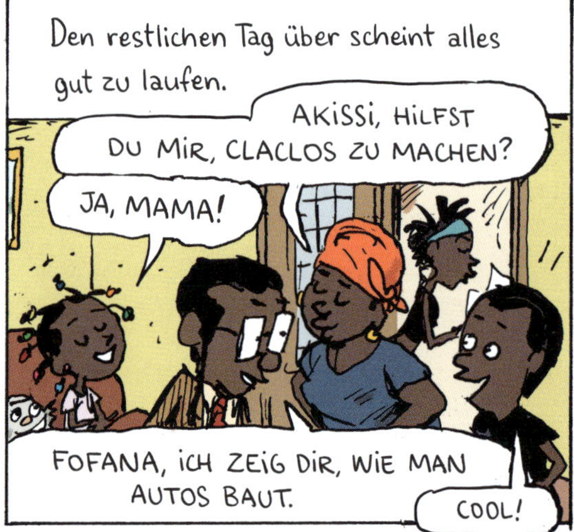
Den restlichen Tag über scheint alles gut zu laufen.
AKISSI, HILFST DU MIR, CLACLOS ZU MACHEN?
JA, MAMA!
FOFANA, ICH ZEIG DIR, WIE MAN AUTOS BAUT.
COOL!

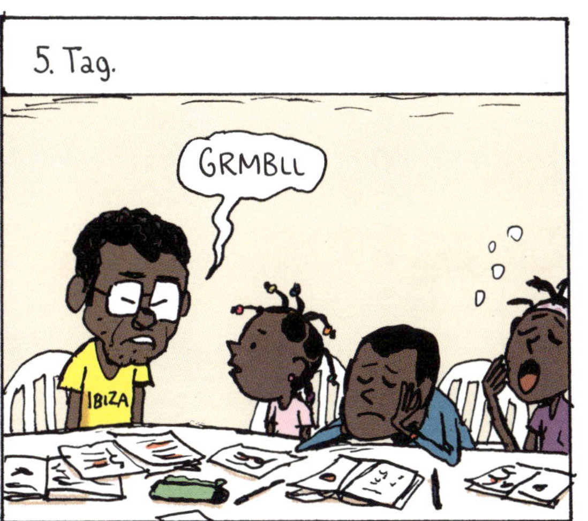
5. Tag.
GRMBLL

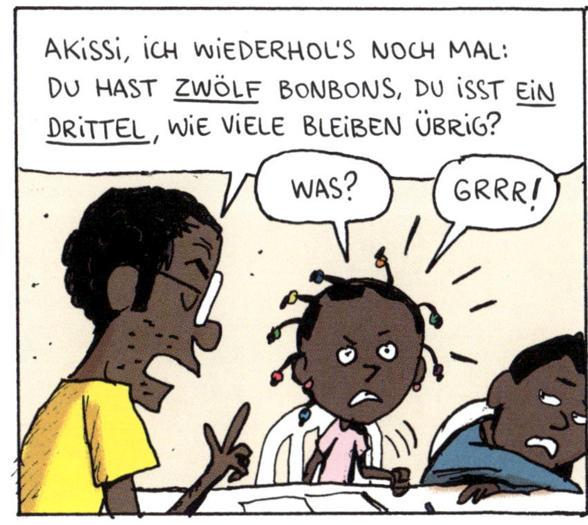
AKISSI, ICH WIEDERHOL'S NOCH MAL: DU HAST ZWÖLF BONBONS, DU ISST EIN DRITTEL, WIE VIELE BLEIBEN ÜBRIG?
WAS?
GRRR!

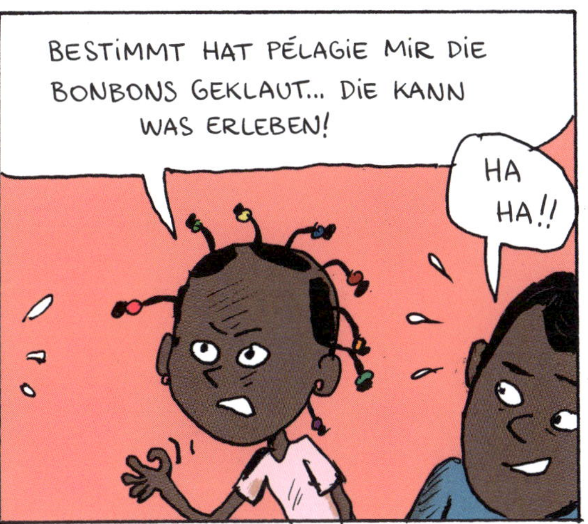
BESTIMMT HAT PÉLAGIE MIR DIE BONBONS GEKLAUT... DIE KANN WAS ERLEBEN!
HA HA!!

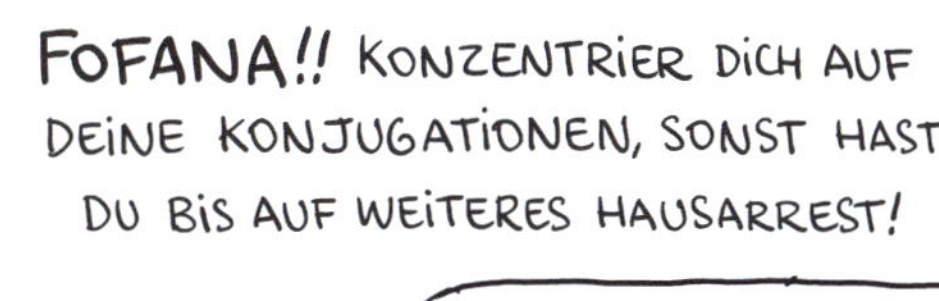
FOFANA!! KONZENTRIER DICH AUF DEINE KONJUGATIONEN, SONST HAST DU BIS AUF WEITERES HAUSARREST!

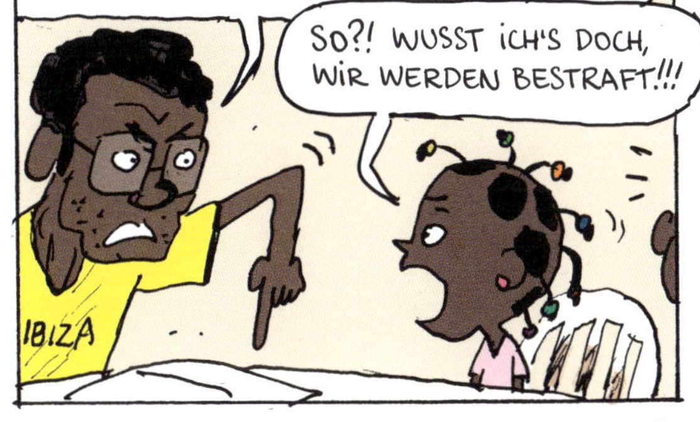
SO?! WUSST ICH'S DOCH, WIR WERDEN BESTRAFT!!!
IBIZA

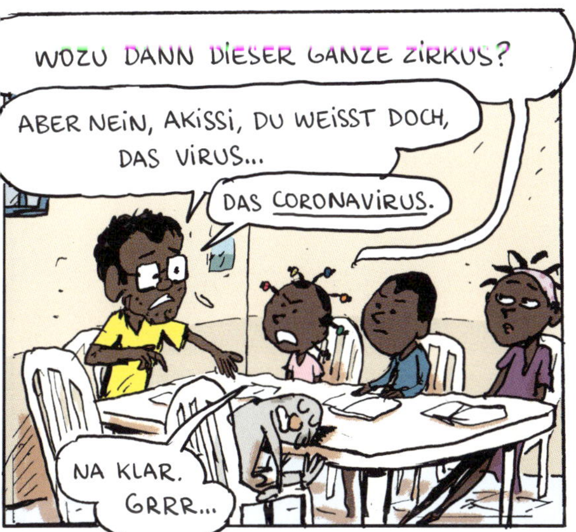
WOZU DANN DIESER GANZE ZIRKUS?
ABER NEIN, AKISSI, DU WEISST DOCH, DAS VIRUS...
DAS CORONAVIRUS.
NA KLAR. GRRR...

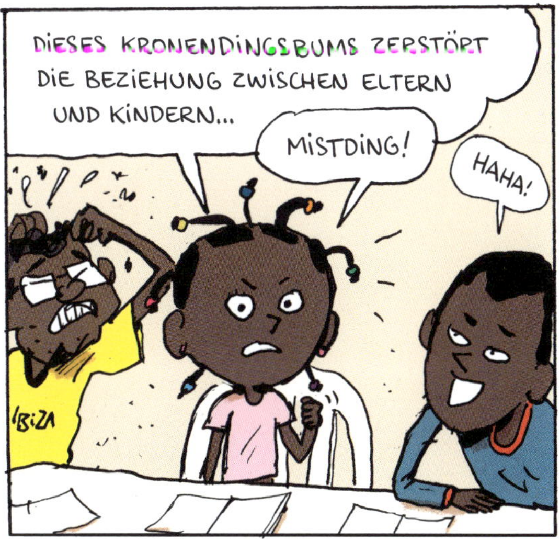
DIESES KRONENDINGSBUMS ZERSTÖRT DIE BEZIEHUNG ZWISCHEN ELTERN UND KINDERN...
MISTDING!
HAHA!

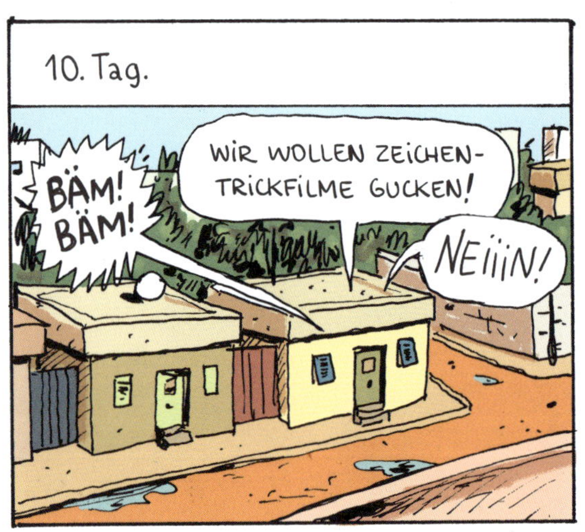
10. Tag.
BÄM! BÄM!
WIR WOLLEN ZEICHEN-TRICKFILME GUCKEN!
NEIiiN!

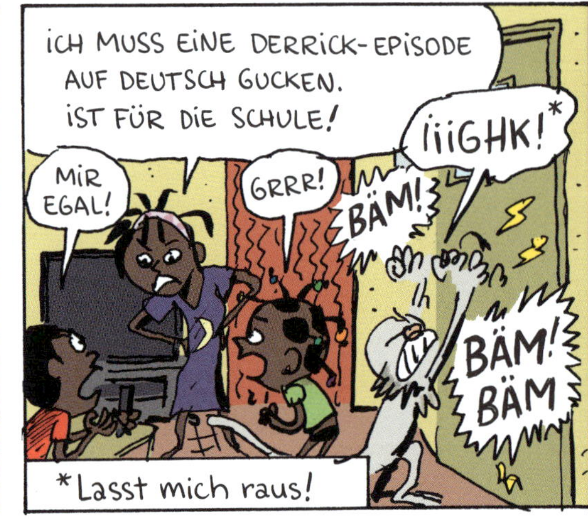
ICH MUSS EINE DERRICK-EPISODE AUF DEUTSCH GUCKEN. IST FÜR DIE SCHULE!
MIR EGAL!
GRRR!
iiiGHK!*
BÄM!
BÄM! BÄM
*Lasst mich raus!

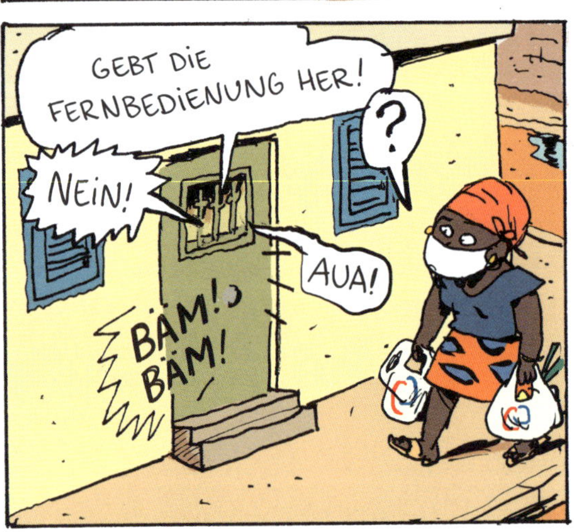
GEBT DIE FERNBEDIENUNG HER!
?
NEIN!
AUA!
BÄM! BÄM!

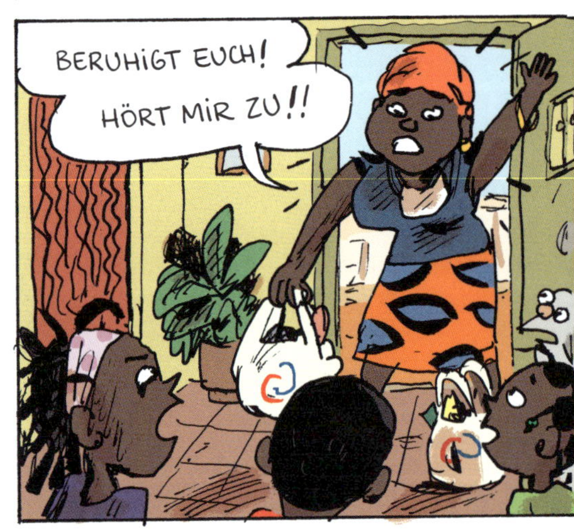
BERUHIGT EUCH!
HÖRT MIR ZU!!

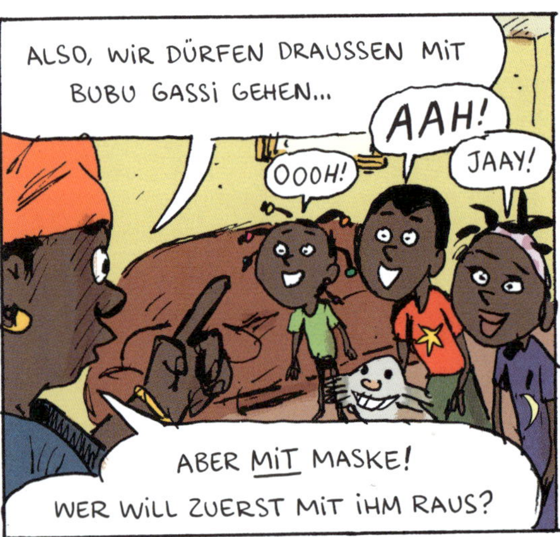
ALSO, WIR DÜRFEN DRAUSSEN MIT BUBU GASSI GEHEN...
AAH!
OOOH!
JAAY!
ABER MIT MASKE!
WER WILL ZUERST MIT IHM RAUS?

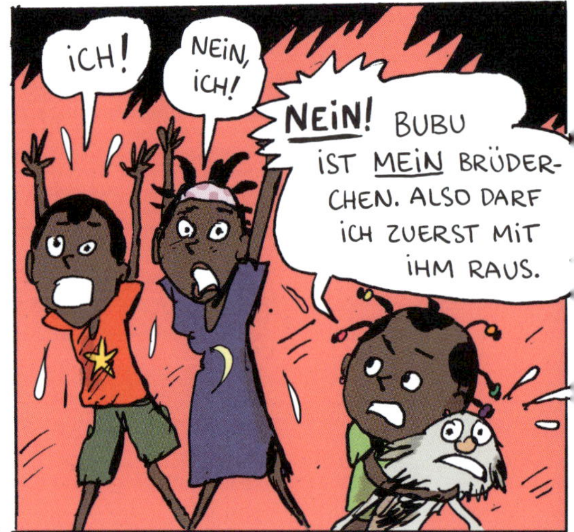
ICH!
NEIN, ICH!
NEIN! BUBU IST MEIN BRÜDERCHEN. ALSO DARF ICH ZUERST MIT IHM RAUS.

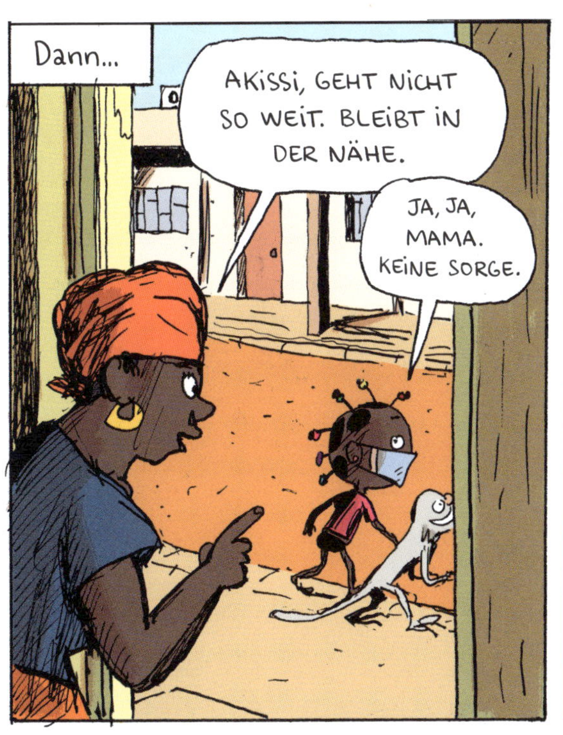
Dann...
AKISSI, GEHT NICHT SO WEIT. BLEIBT IN DER NÄHE.
JA, JA, MAMA. KEINE SORGE.

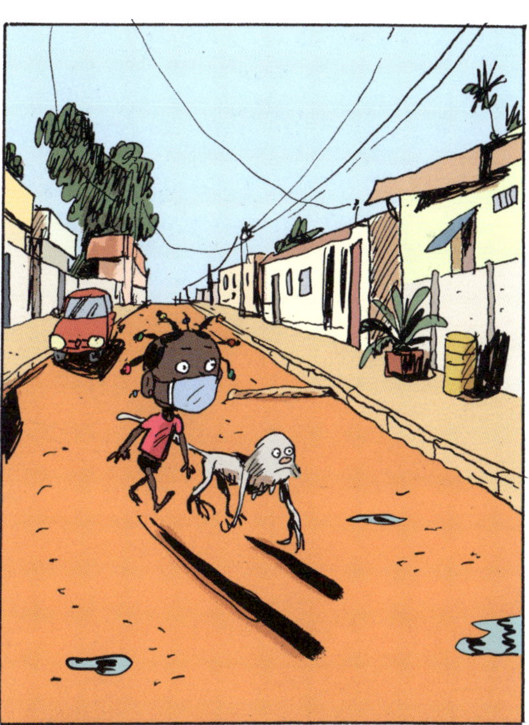

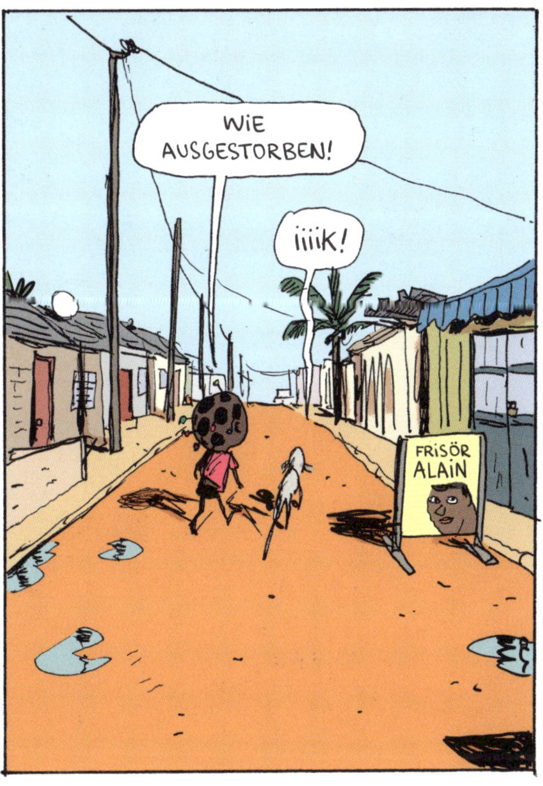
WIE AUSGESTORBEN!
iiiiK!
FRISÖR ALAIN

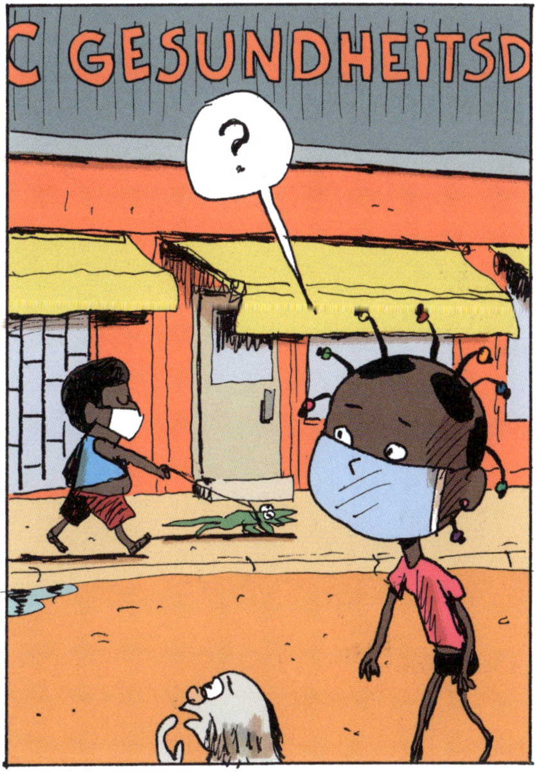
C GESUNDHEITSD
?

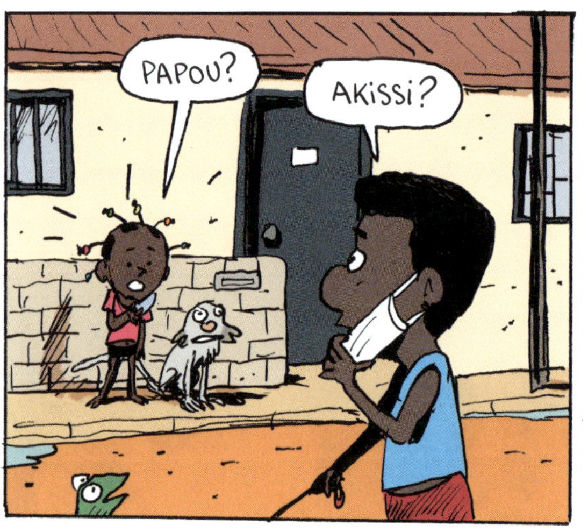
PAPOU?
AKISSI?

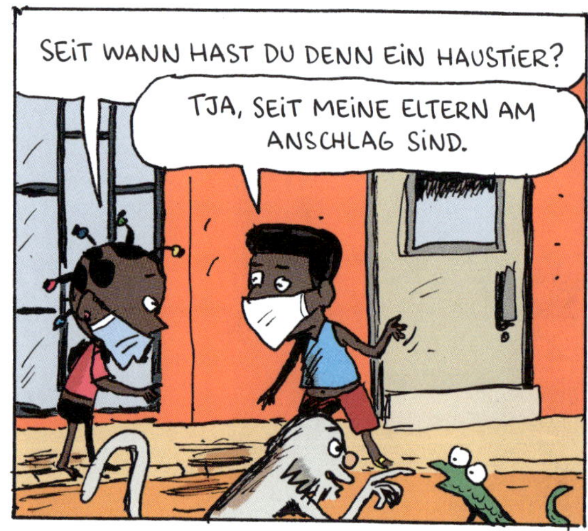
SEIT WANN HAST DU DENN EIN HAUSTIER?
TJA, SEIT MEINE ELTERN AM ANSCHLAG SIND.

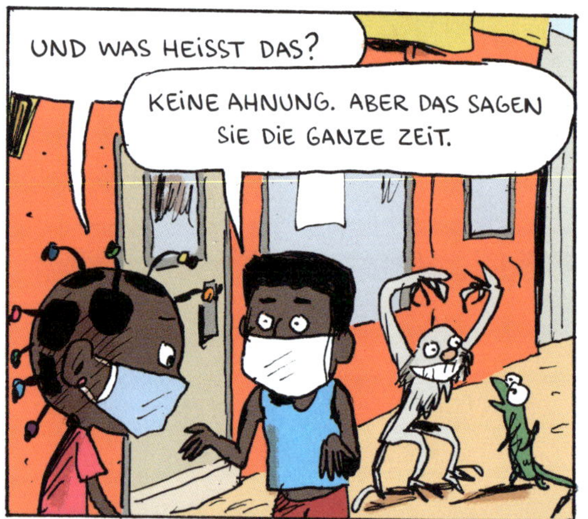
UND WAS HEISST DAS?
KEINE AHNUNG. ABER DAS SAGEN SIE DIE GANZE ZEIT.

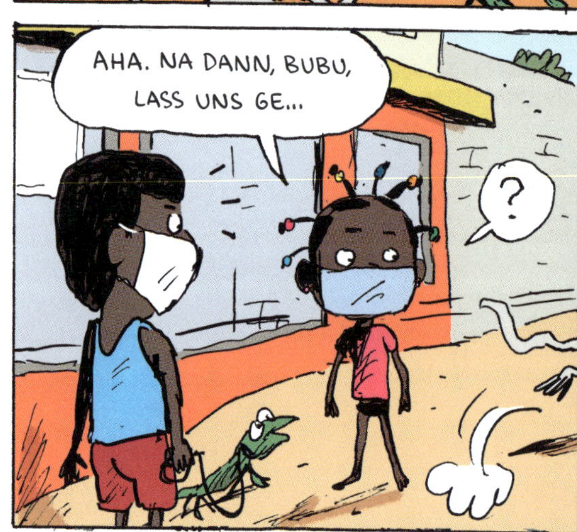
AHA. NA DANN, BUBU, LASS UNS GE...
?

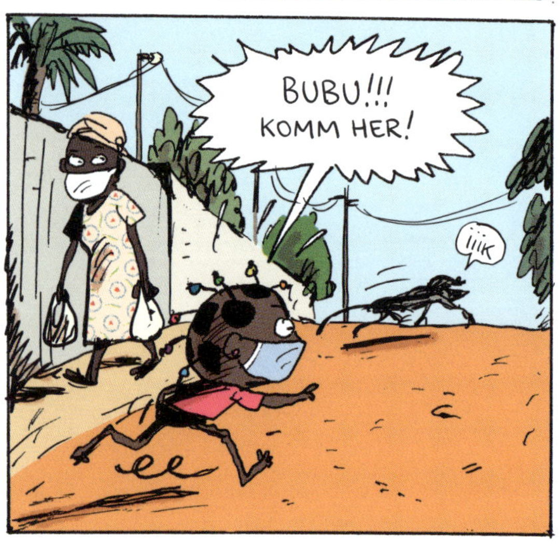
BUBU!!! KOMM HER!
IIIK

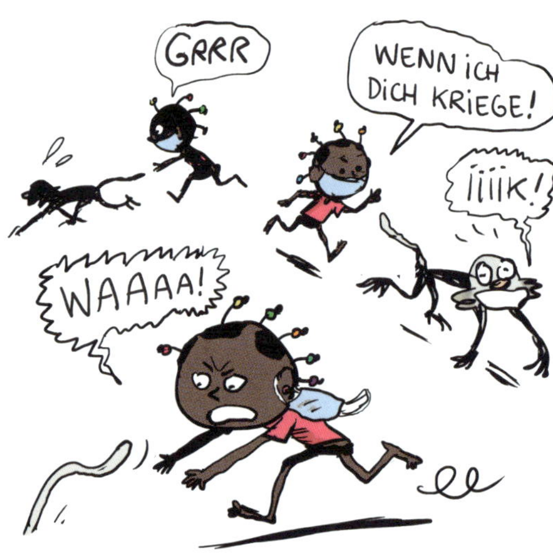
GRRR
WENN ICH DICH KRIEGE!
IIIIK!
WAAAA!

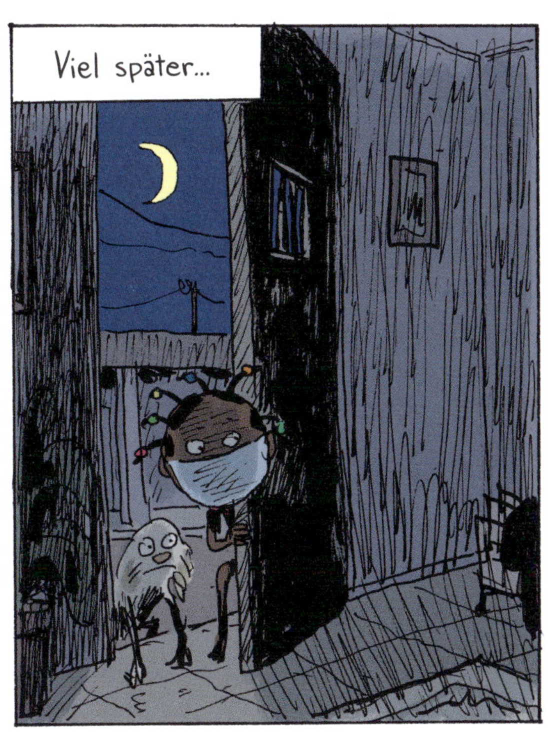
Viel später...

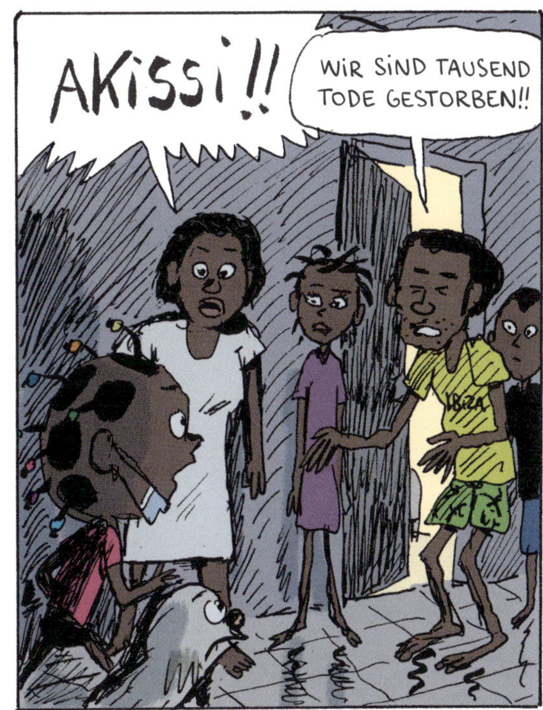
AKiSSi !!
WiR SiND TAUSEND TODE GESTORBEN!!
IBIZA

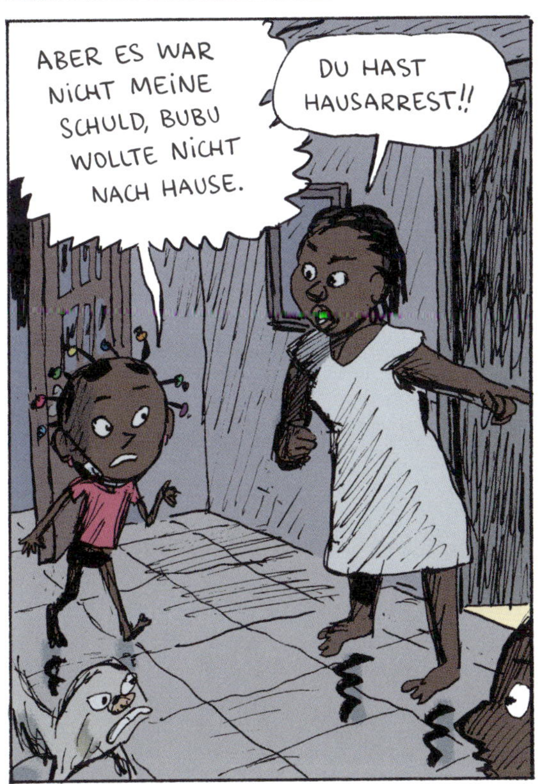
ABER ES WAR NiCHT MEiNE SCHULD, BUBU WOLLTE NiCHT NACH HAUSE.
DU HAST HAUSARREST!!

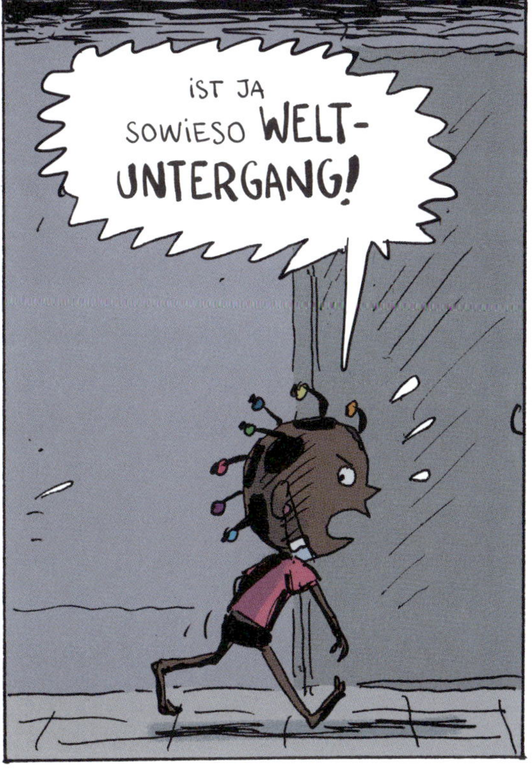
iST JA SOWiESO WELT-UNTERGANG!

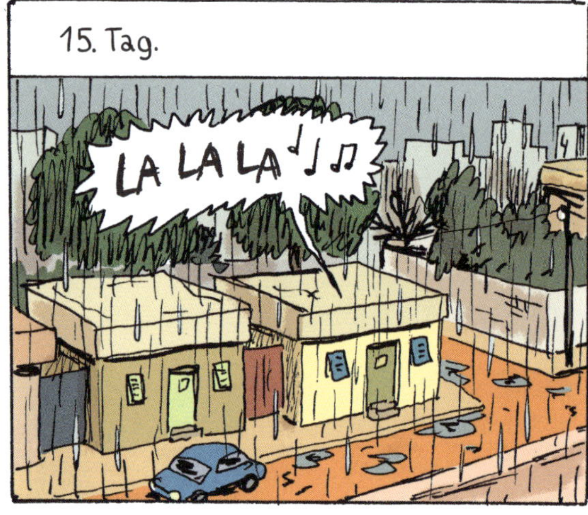
15. Tag.
LA LA LA ♩♩♫

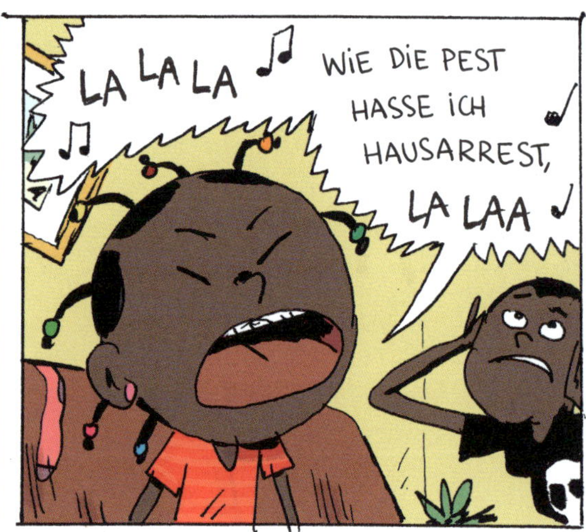
LA LA LA ♫ ♫
WIE DIE PEST HASSE ICH HAUSARREST, LA LAA ♩

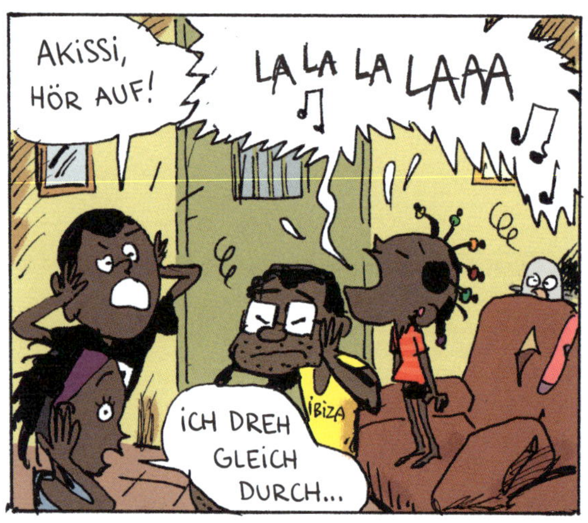
AKISSI, HÖR AUF!
LA LA LA LAAA ♫
ICH DREH GLEICH DURCH...
IBIZA

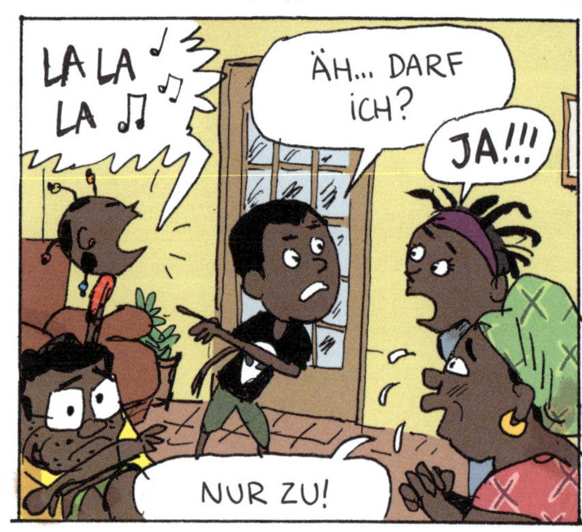
LA LA LA ♫
ÄH... DARF ICH?
JA!!!
NUR ZU!

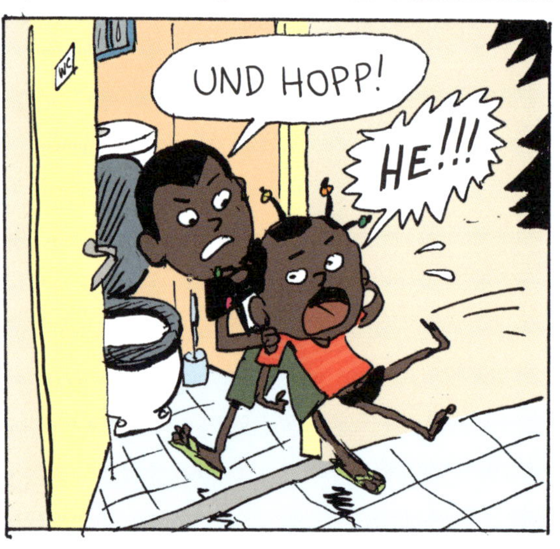
WC
UND HOPP!
HE!!!

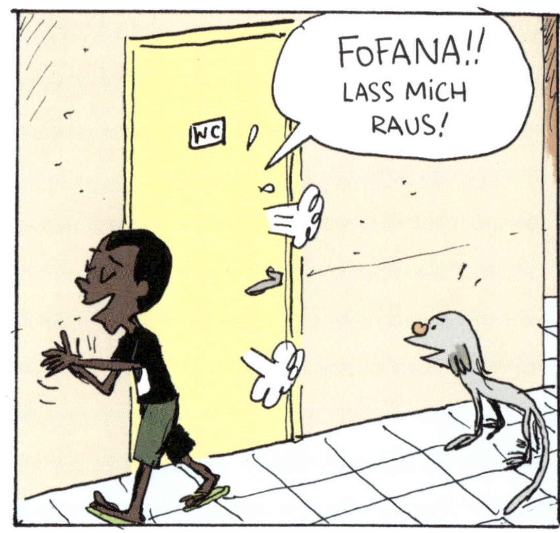
WC
FOFANA!! LASS MICH RAUS!

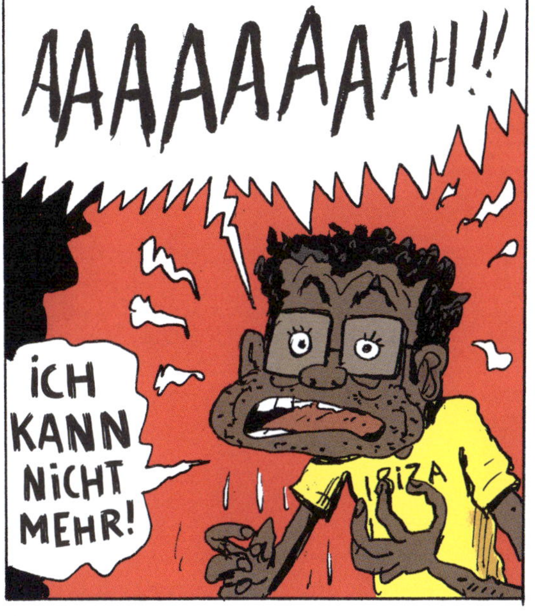
20. Tag.
AAAAAAAAH!!
ICH KANN NICHT MEHR!
IBIZA

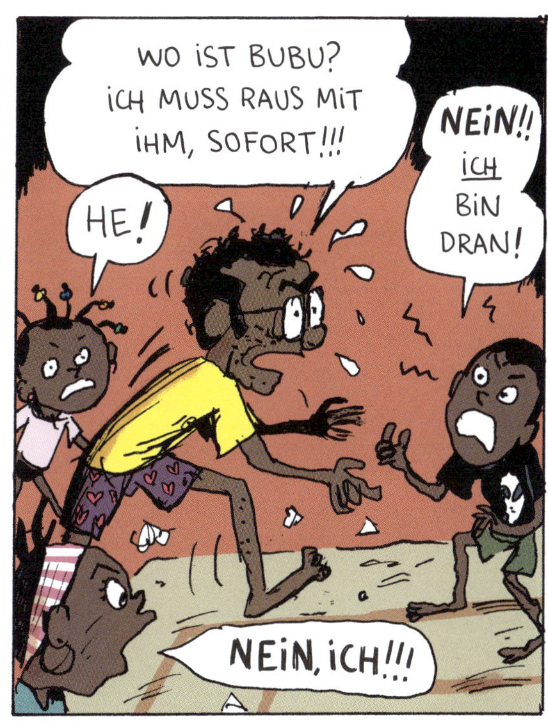
WO IST BUBU? ICH MUSS RAUS MIT IHM, SOFORT!!!
HE!
NEIN!! ICH BIN DRAN!
NEIN, ICH!!!

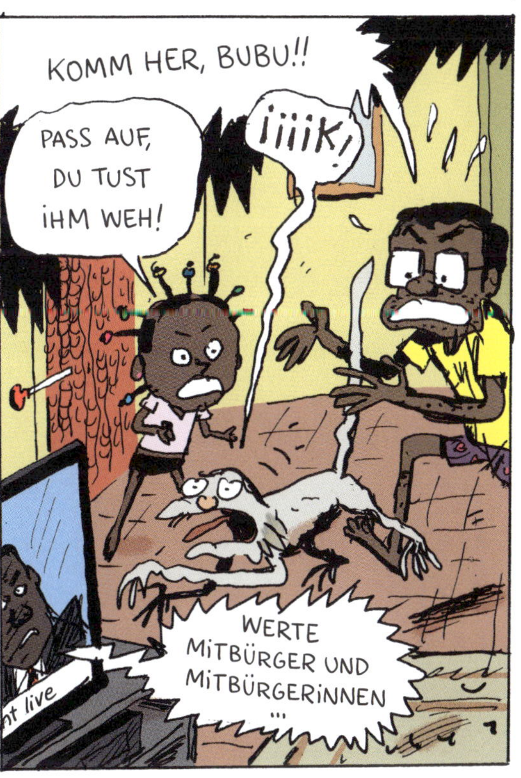
KOMM HER, BUBU!!
PASS AUF, DU TUST IHM WEH!
IIIIK!
WERTE MITBÜRGER UND MITBÜRGERINNEN ...

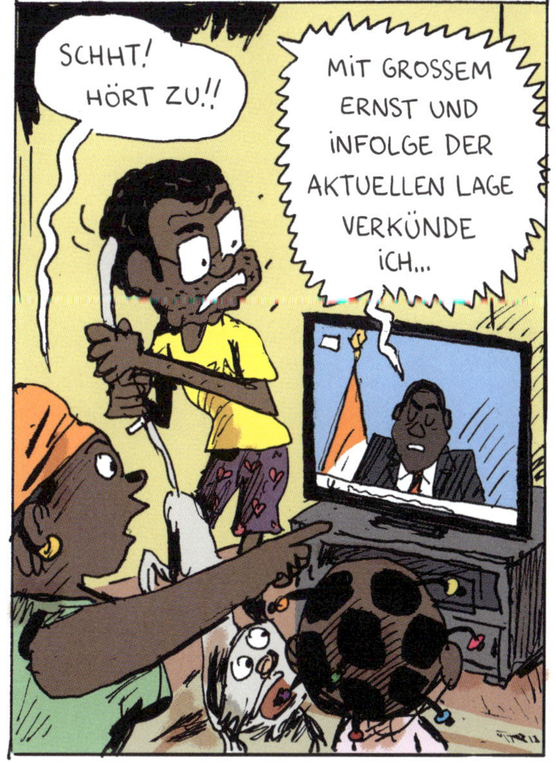
SCHHT! HÖRT ZU!!
MIT GROSSEM ERNST UND INFOLGE DER AKTUELLEN LAGE VERKÜNDE ICH...

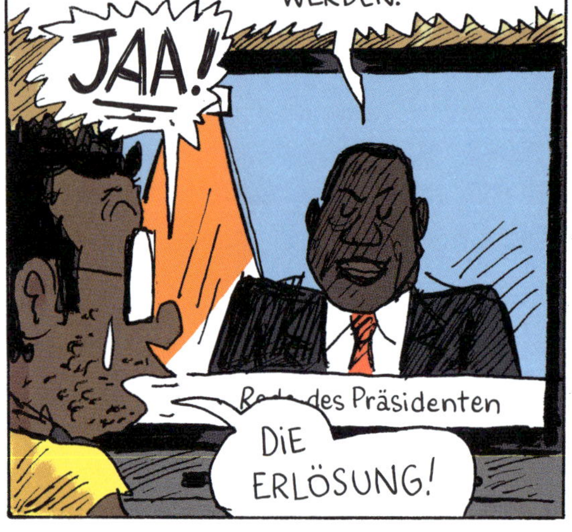
... DASS DIE LOCKDOWN-MASSNAHMEN LANDESWEIT AUFGEHOBEN WERDEN. ALLE AKTIVITÄTEN KÖNNEN, UNTER STRIKTER EINHALTUNG DER HYGIENE-REGELN, WIEDER AUFGENOMMEN WERDEN.
JAA!
des Präsidenten
DIE ERLÖSUNG!

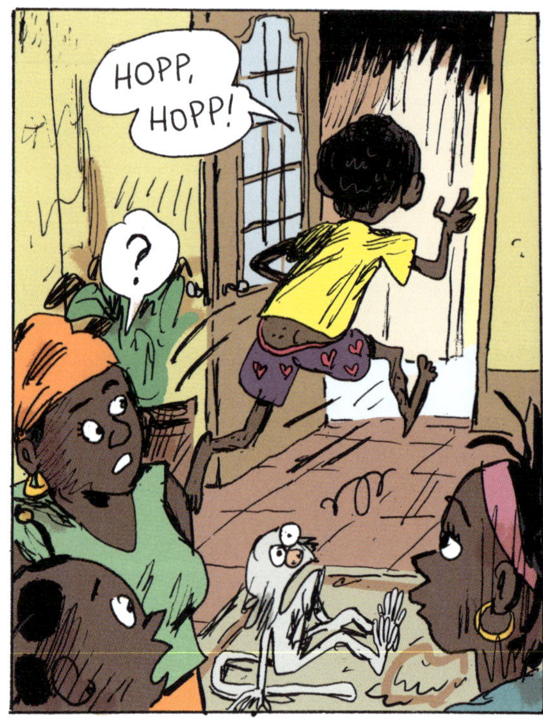
HOPP, HOPP!
?

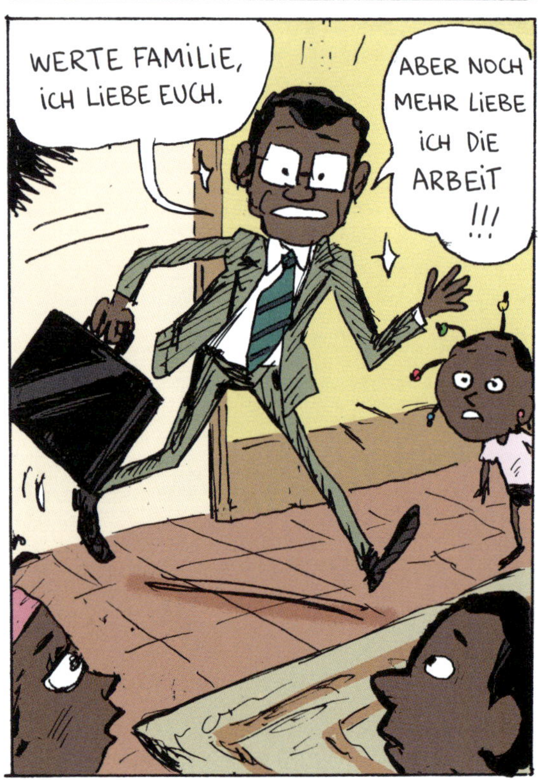
WERTE FAMILIE, ICH LIEBE EUCH.
ABER NOCH MEHR LIEBE ICH DIE ARBEIT !!!

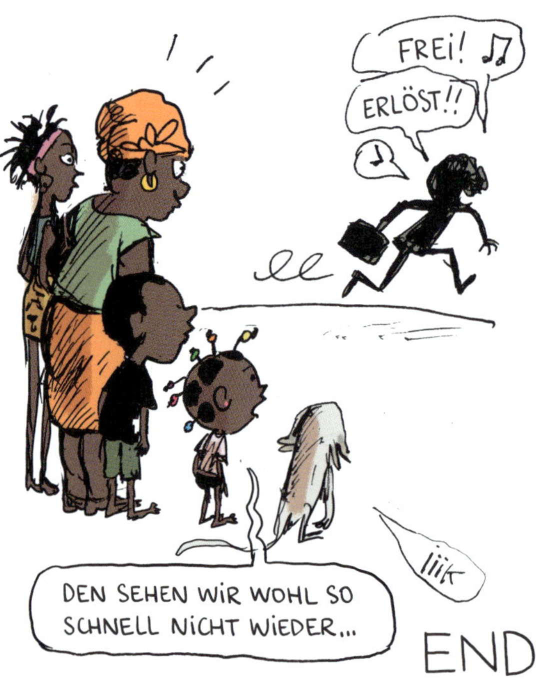
FREI!
ERLÖST!!
DEN SEHEN WIR WOHL SO SCHNELL NICHT WIEDER...
iiik
END

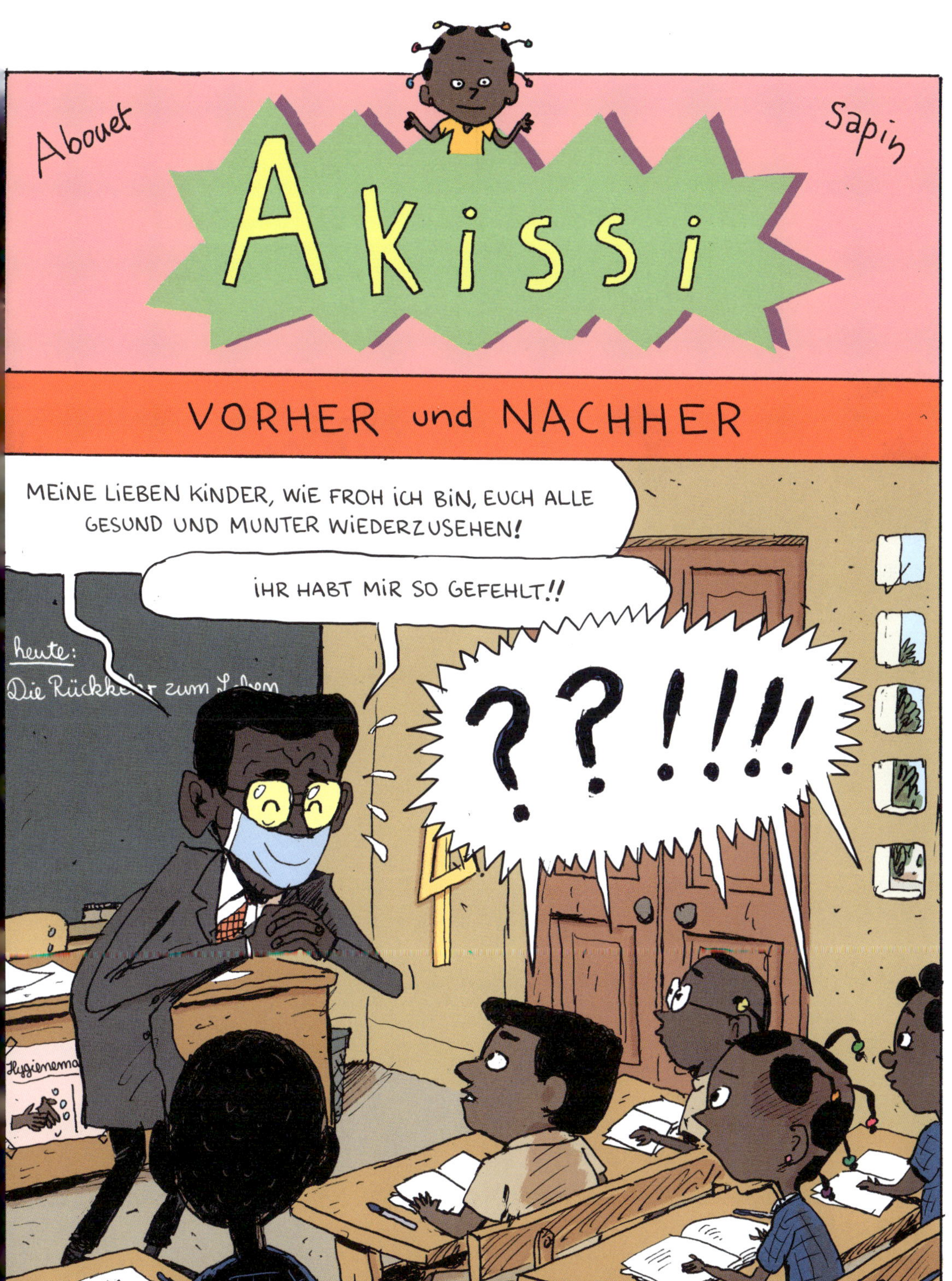
Abouet
Sapin
Akissi
VORHER und NACHHER
MEINE LIEBEN KINDER, WIE FROH ICH BIN, EUCH ALLE GESUND UND MUNTER WIEDERZUSEHEN!
IHR HABT MIR SO GEFEHLT!!
??!!!!
heute:
Montag

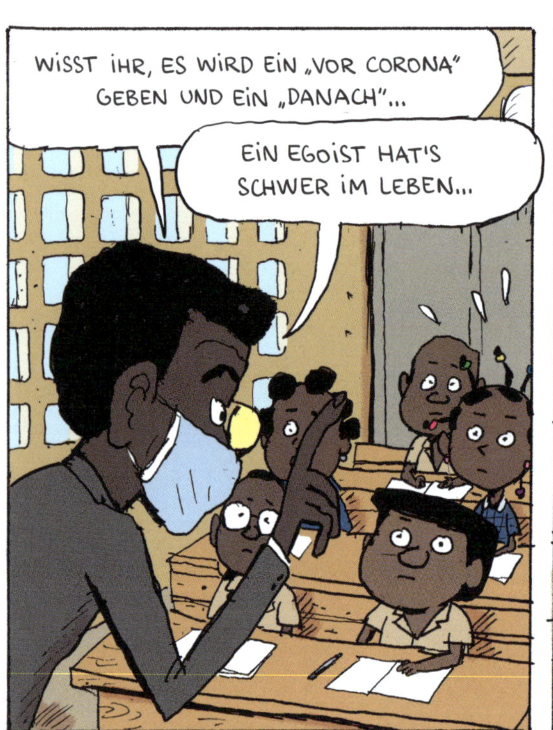
WISST IHR, ES WIRD EIN „VOR CORONA" GEBEN UND EIN „DANACH"...
EIN EGOIST HAT'S SCHWER IM LEBEN...

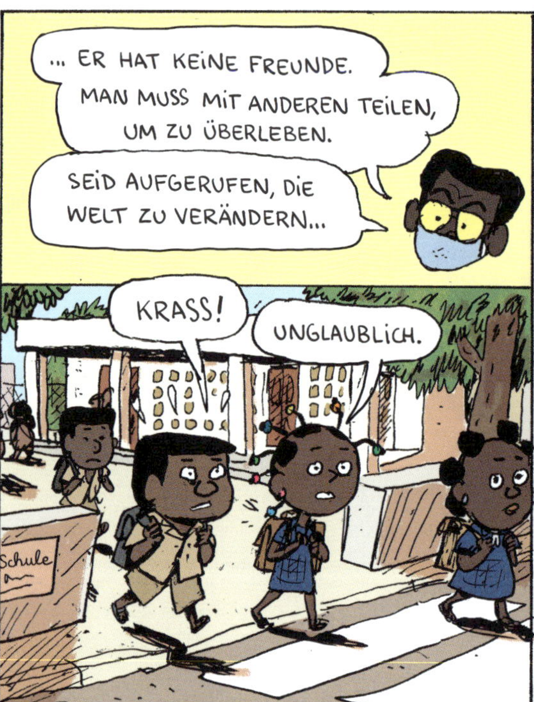
... ER HAT KEINE FREUNDE. MAN MUSS MIT ANDEREN TEILEN, UM ZU ÜBERLEBEN.
SEID AUFGERUFEN, DIE WELT ZU VERÄNDERN...
KRASS!
UNGLAUBLICH.
Schule

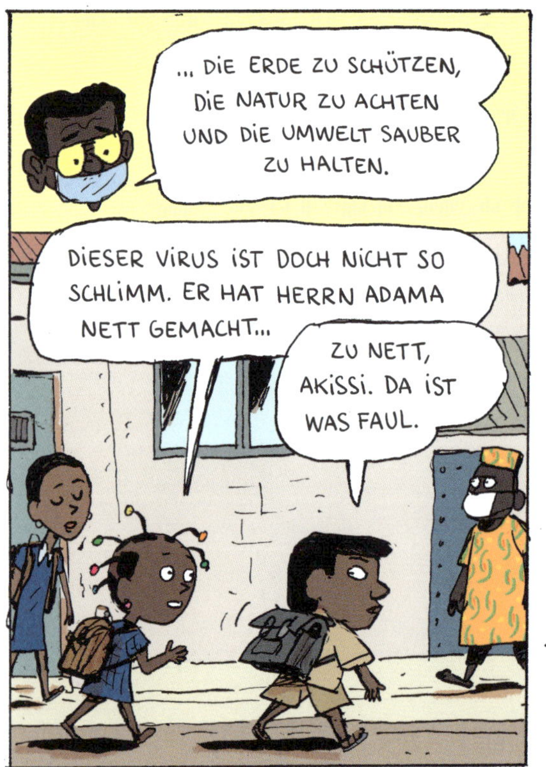
... DIE ERDE ZU SCHÜTZEN, DIE NATUR ZU ACHTEN UND DIE UMWELT SAUBER ZU HALTEN.
DIESER VIRUS IST DOCH NICHT SO SCHLIMM. ER HAT HERRN ADAMA NETT GEMACHT...
ZU NETT, AKISSI. DA IST WAS FAUL.

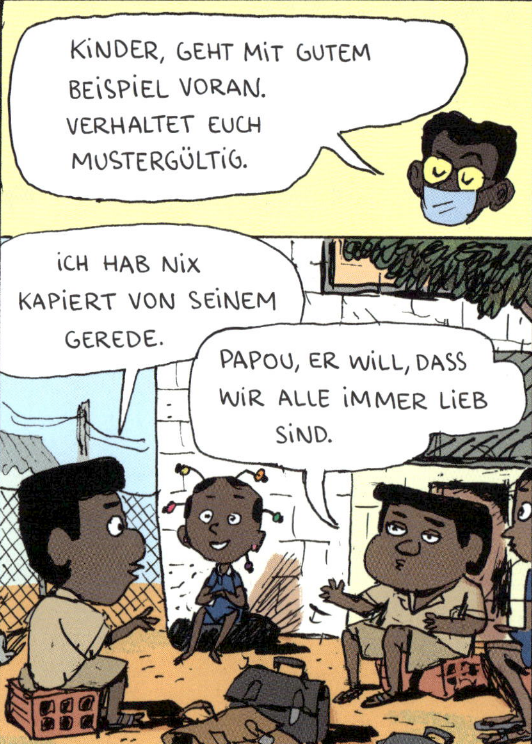
KINDER, GEHT MIT GUTEM BEISPIEL VORAN. VERHALTET EUCH MUSTERGÜLTIG.
ICH HAB NIX KAPIERT VON SEINEM GEREDE.
PAPOU, ER WILL, DASS WIR ALLE IMMER LIEB SIND.

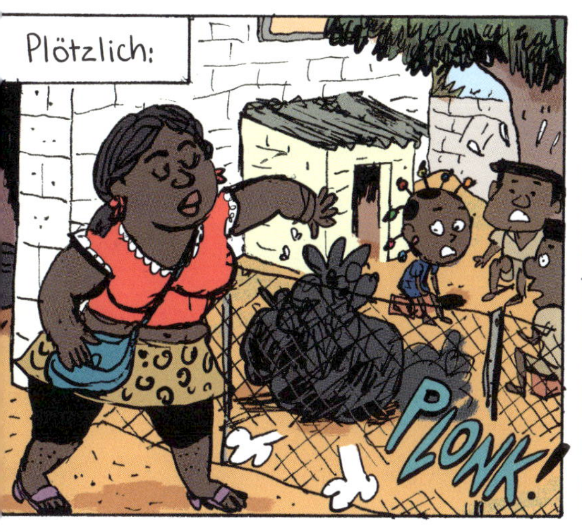
Plötzlich:
PLONK!

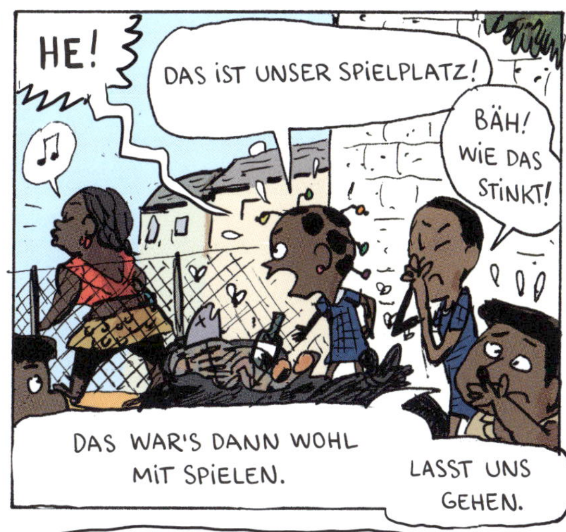
HE!
DAS IST UNSER SPIELPLATZ!
BÄH! WIE DAS STINKT!
DAS WAR'S DANN WOHL MIT SPIELEN.
LASST UNS GEHEN.

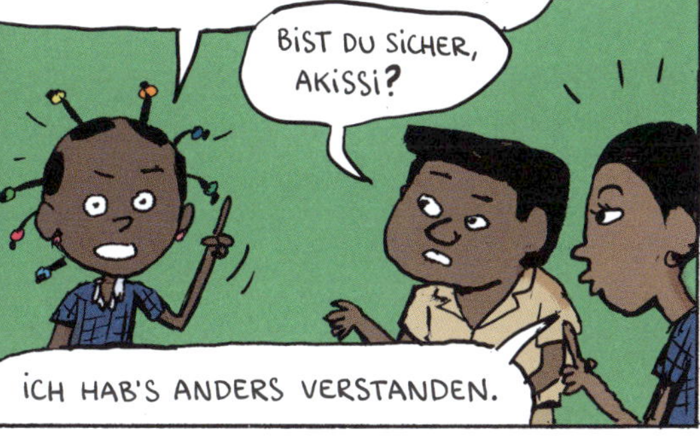
ES WIRD EINFACHER, DIE NATUR ZU SCHÜTZEN, WEIL DER VIRUS ALLE MENSCHEN NETT GEMACHT HAT… DAS HAT DER LEHRER GESAGT.
BIST DU SICHER, AKISSI?
ICH HAB'S ANDERS VERSTANDEN.

GEHEN WIR MIT GUTEM BEISPIEL VORAN UND ZEIGEN DER DAME, WIE SIE SICH VERHALTEN SOLL.
JAAA! BRAVO, AKISSI!
HERR ADAMA WIRD STOLZ SEIN AUF UNS.

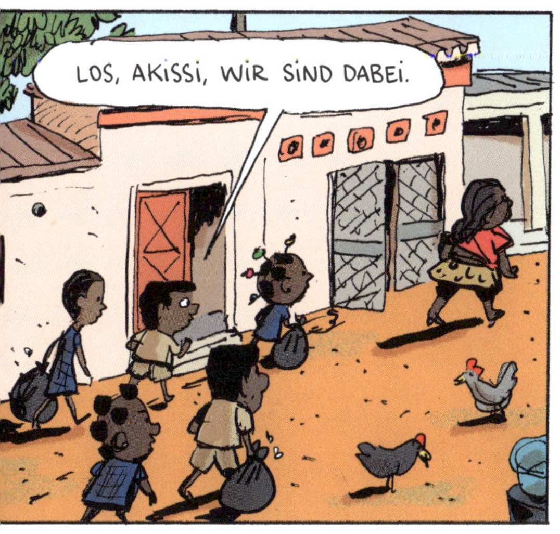
LOS, AKISSI, WIR SIND DABEI.

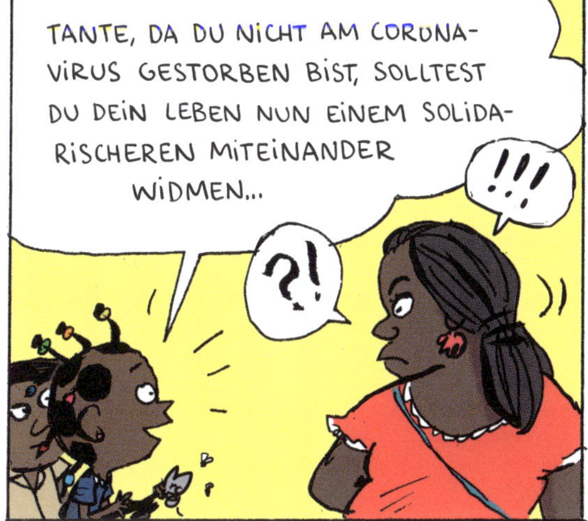
TANTE, DA DU NICHT AM CORONAVIRUS GESTORBEN BIST, SOLLTEST DU DEIN LEBEN NUN EINEM SOLIDARISCHEREN MITEINANDER WIDMEN…
!!!
?!

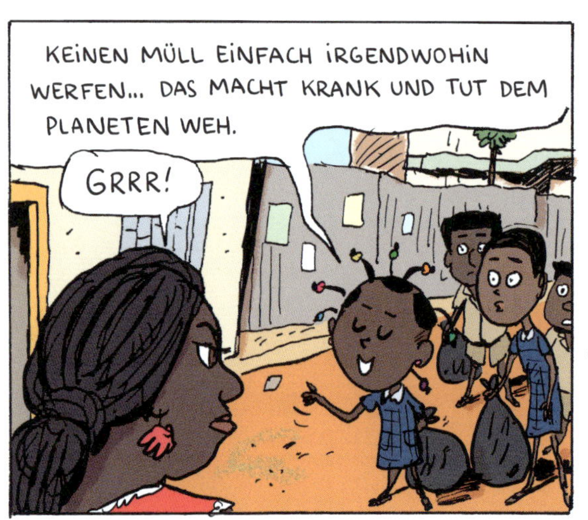
KEINEN MÜLL EINFACH IRGENDWOHIN WERFEN... DAS MACHT KRANK UND TUT DEM PLANETEN WEH.
GRRR!

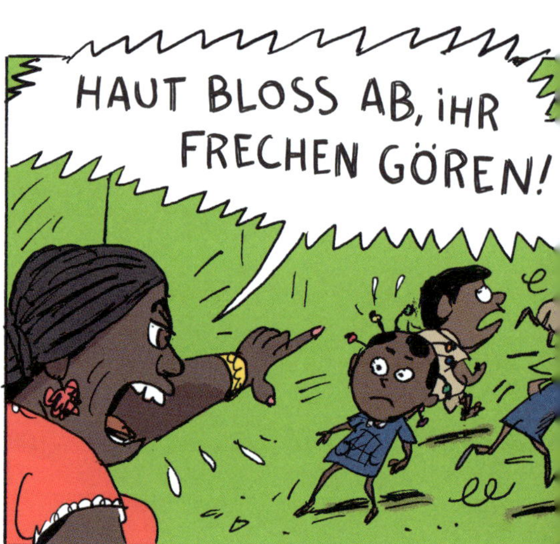
HAUT BLOSS AB, IHR FRECHEN GÖREN!

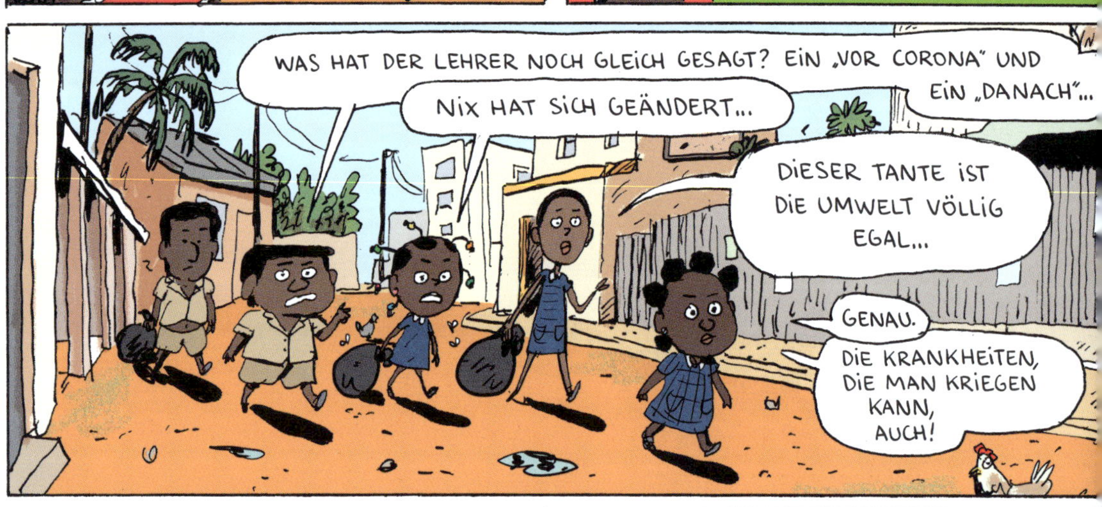
WAS HAT DER LEHRER NOCH GLEICH GESAGT? EIN „VOR CORONA" UND EIN „DANACH"...
NIX HAT SICH GEÄNDERT...
DIESER TANTE IST DIE UMWELT VÖLLIG EGAL...
GENAU.
DIE KRANKHEITEN, DIE MAN KRIEGEN KANN, AUCH!

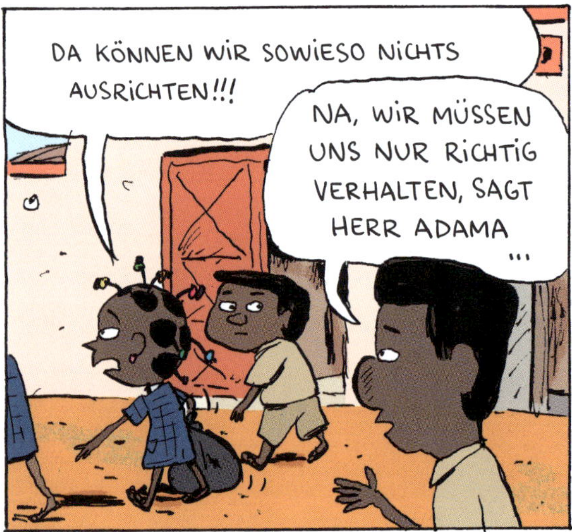
DA KÖNNEN WIR SOWIESO NICHTS AUSRICHTEN!!!
NA, WIR MÜSSEN UNS NUR RICHTIG VERHALTEN, SAGT HERR ADAMA ...

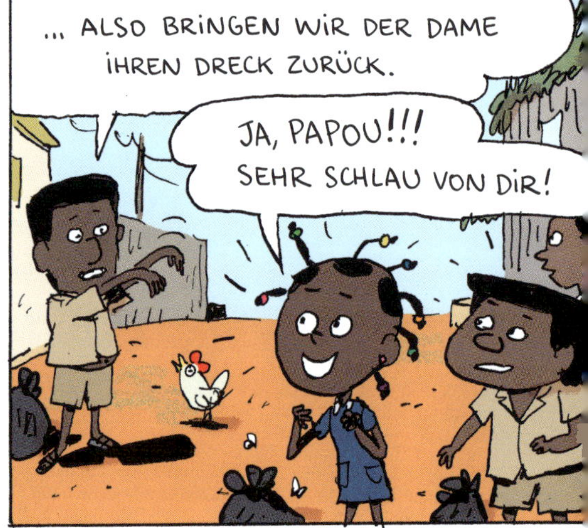
... ALSO BRINGEN WIR DER DAME IHREN DRECK ZURÜCK.
JA, PAPOU!!! SEHR SCHLAU VON DIR!

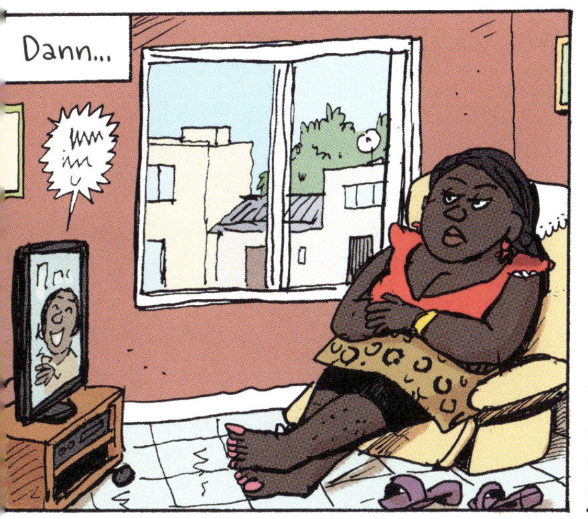
Dann...

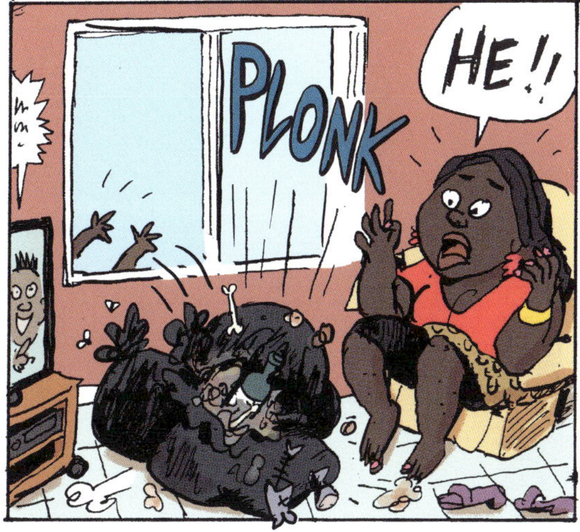
PLONK
HE!!

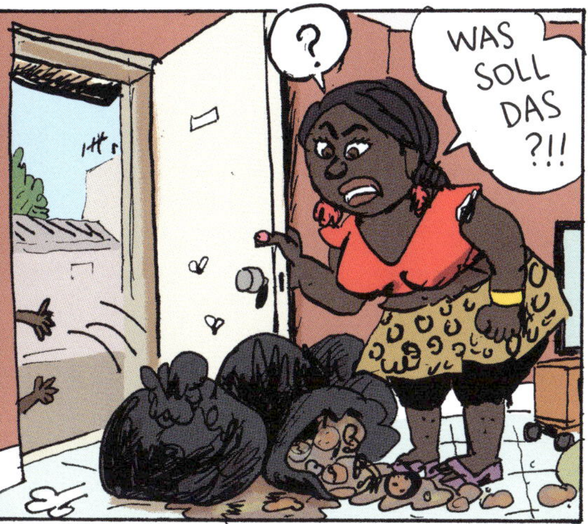
?
WAS SOLL DAS ?!!

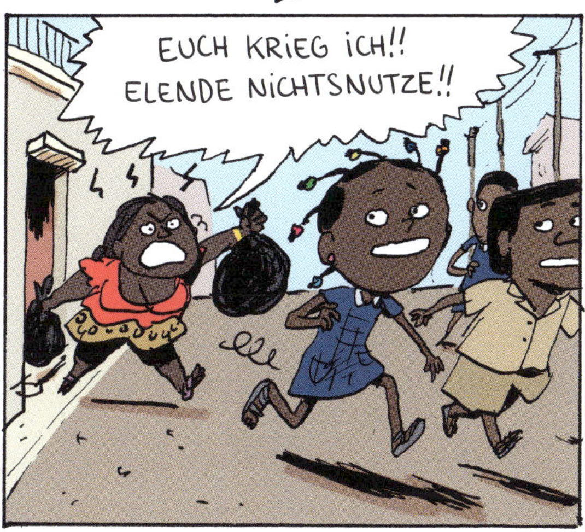
EUCH KRIEG ICH!! ELENDE NICHTSNUTZE!!

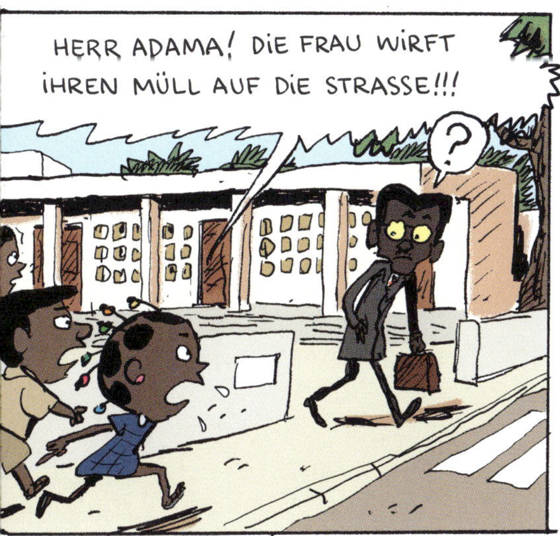
HERR ADAMA! DIE FRAU WIRFT IHREN MÜLL AUF DIE STRASSE!!!
?

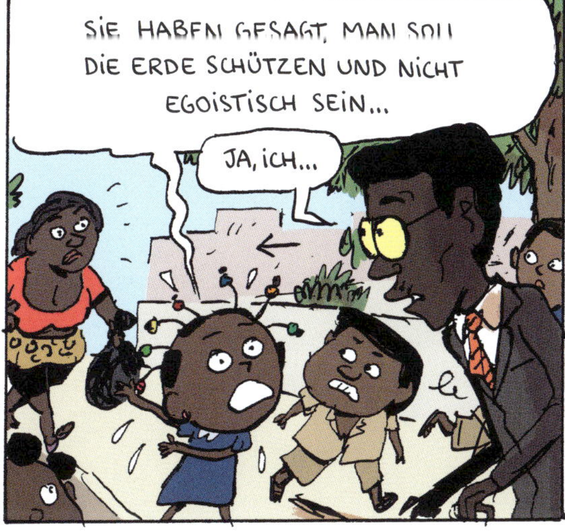
SIE HABEN GESAGT, MAN SOLL DIE ERDE SCHÜTZEN UND NICHT EGOISTISCH SEIN...
JA, ICH...

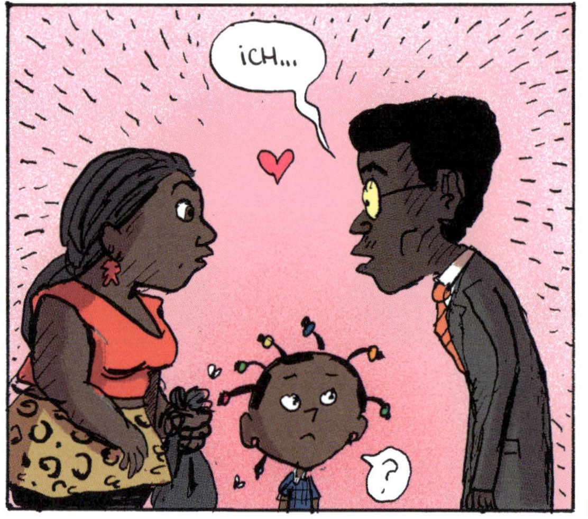
ICH...
?

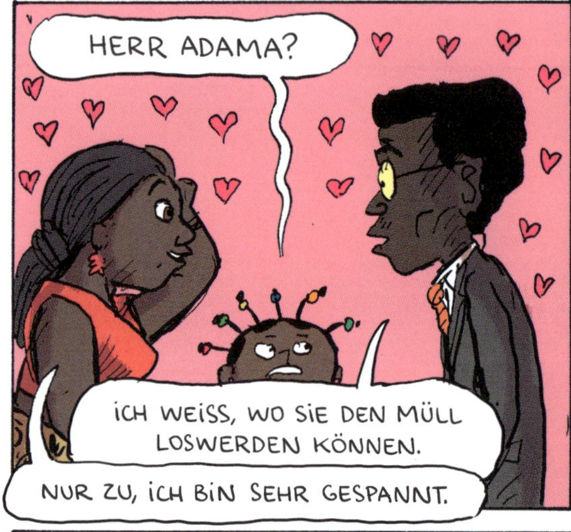
HERR ADAMA?
ICH WEISS, WO SIE DEN MÜLL LOSWERDEN KÖNNEN.
NUR ZU, ICH BIN SEHR GESPANNT.

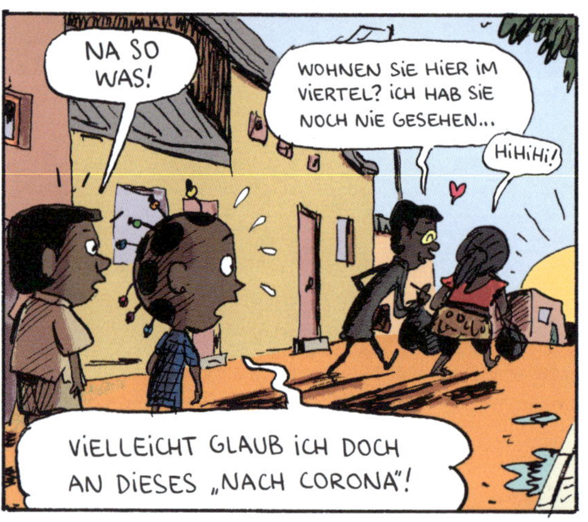
NA SO WAS!
WOHNEN SIE HIER IM VIERTEL? ICH HAB SIE NOCH NIE GESEHEN...
HIHIHI!
VIELLEICHT GLAUB ICH DOCH AN DIESES „NACH CORONA"!

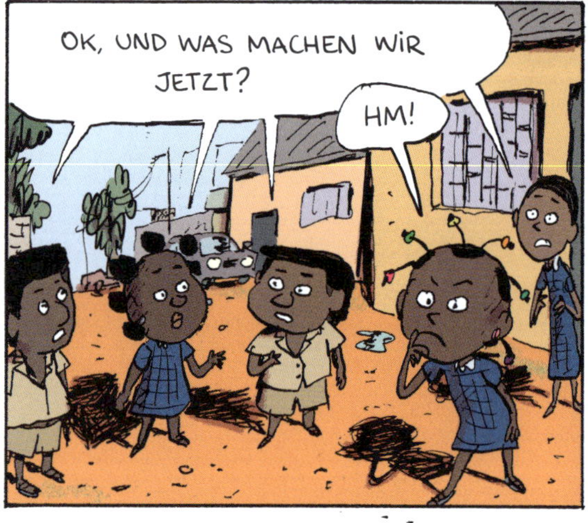
OK, UND WAS MACHEN WIR JETZT?
HM!

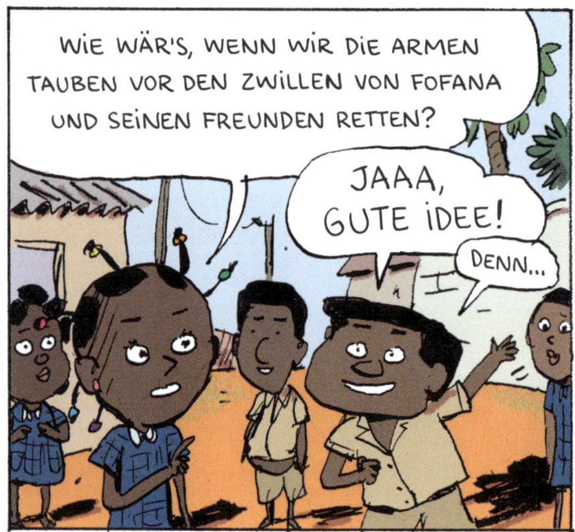
WIE WÄR'S, WENN WIR DIE ARMEN TAUBEN VOR DEN ZWILLEN VON FOFANA UND SEINEN FREUNDEN RETTEN?
JAAA, GUTE IDEE!
DENN...

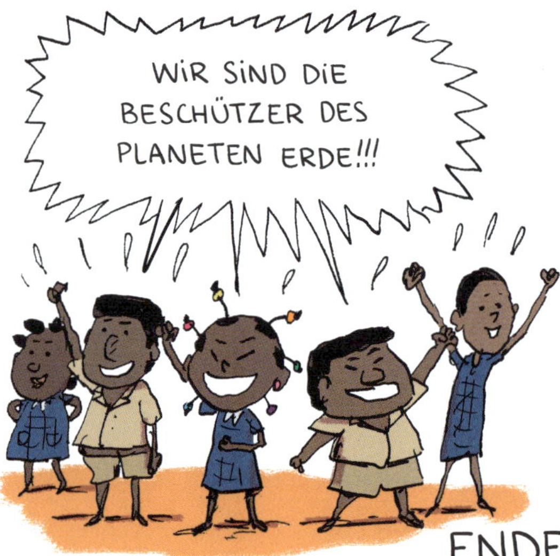
WIR SIND DIE BESCHÜTZER DES PLANETEN ERDE!!!
ENDE

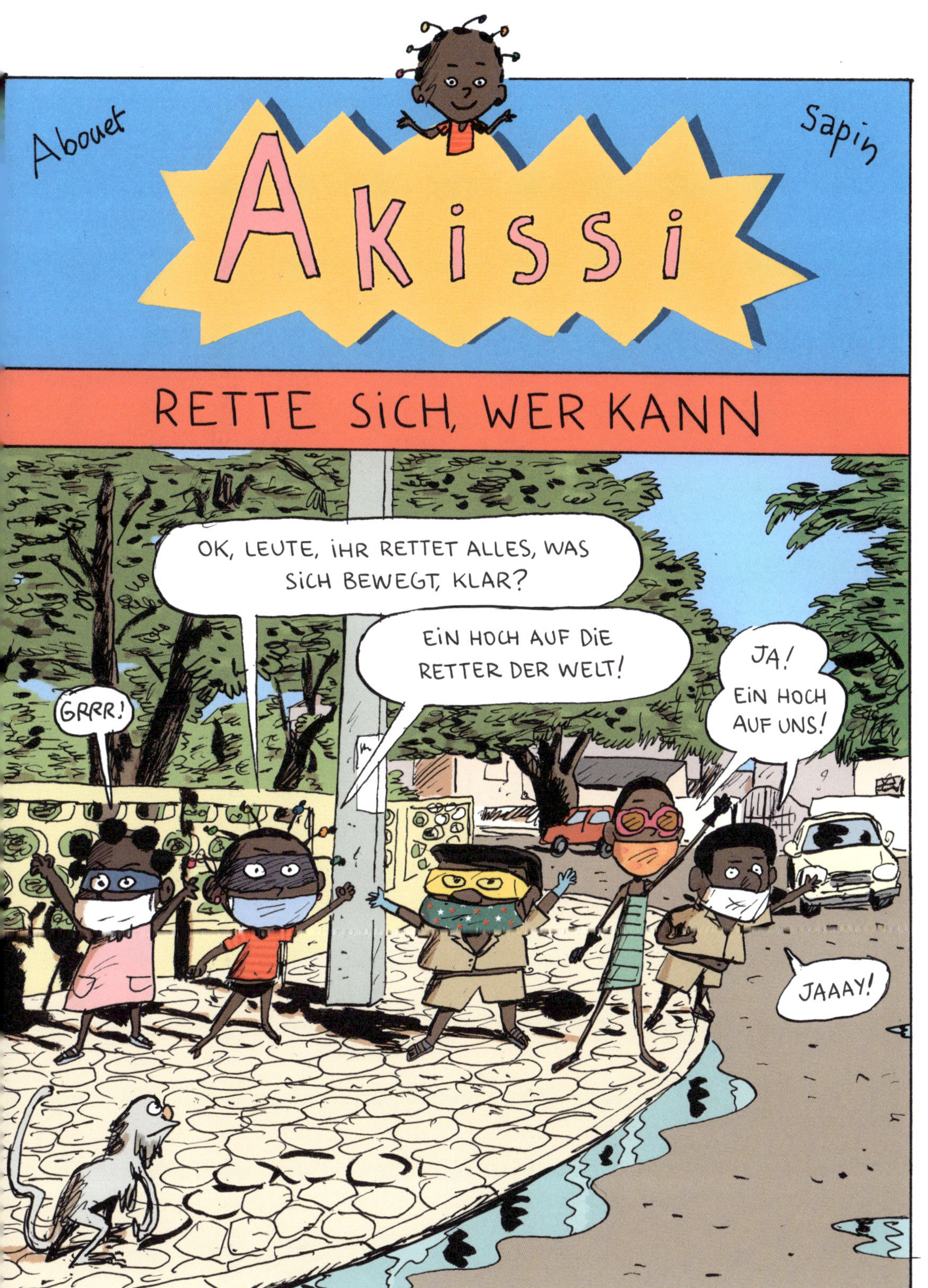
Abouet
Sapin
Akissi
RETTE SICH, WER KANN
OK, LEUTE, IHR RETTET ALLES, WAS SICH BEWEGT, KLAR?
EIN HOCH AUF DIE RETTER DER WELT!
JA! EIN HOCH AUF UNS!
GRRR!
JAAAY!

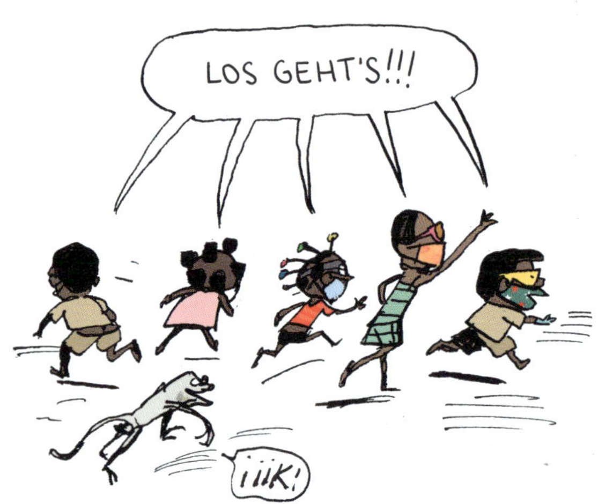
LOS GEHT'S!!!
¡¡¡K!

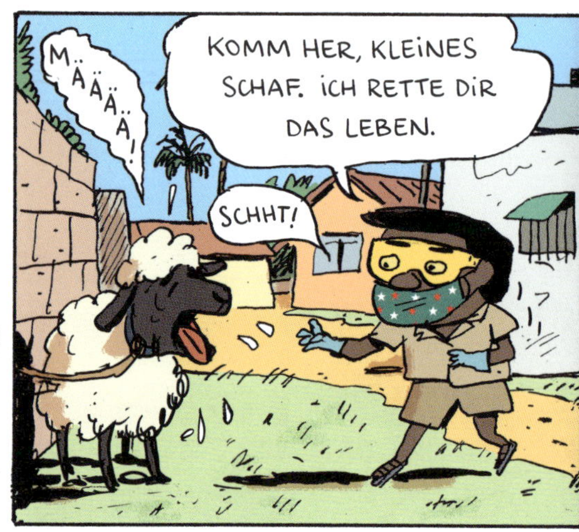
MÄÄÄÄÄ!
KOMM HER, KLEINES SCHAF. ICH RETTE DIR DAS LEBEN.
SCHHT!

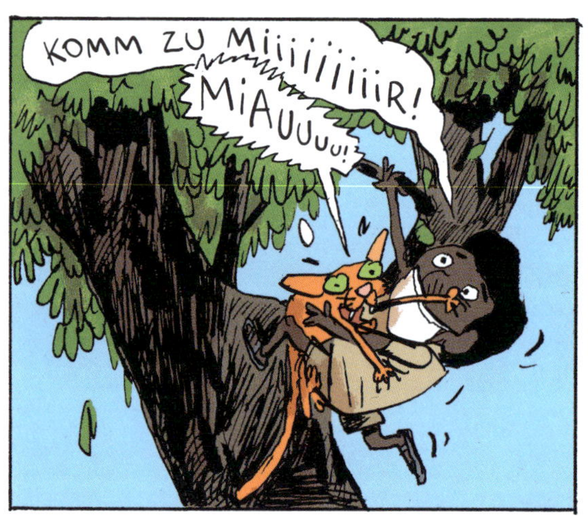
KOMM ZU MIIIIIIIIIIR!
MIAUUUU!

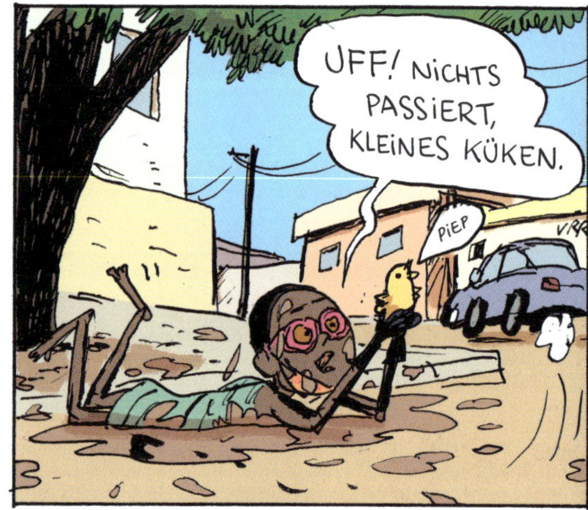
UFF! NICHTS PASSIERT, KLEINES KÜKEN.
PIEP

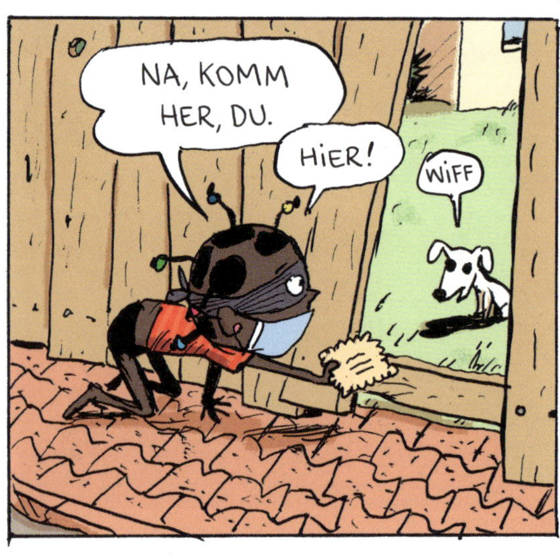
NA, KOMM HER, DU.
HIER!
WIFF

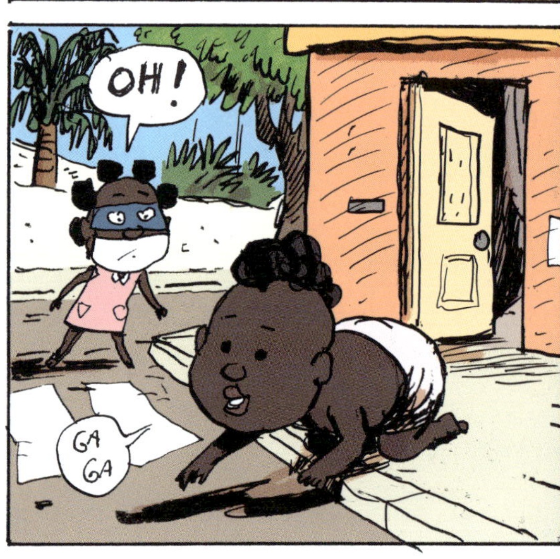
OH!
GA GA

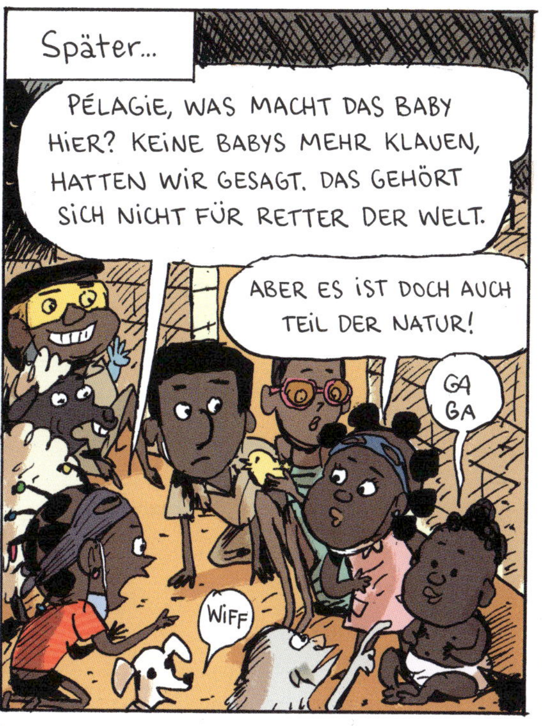
Später...
PÉLAGIE, WAS MACHT DAS BABY HIER? KEINE BABYS MEHR KLAUEN, HATTEN WIR GESAGT. DAS GEHÖRT SICH NICHT FÜR RETTER DER WELT.
ABER ES IST DOCH AUCH TEIL DER NATUR!
GA GA
WIFF

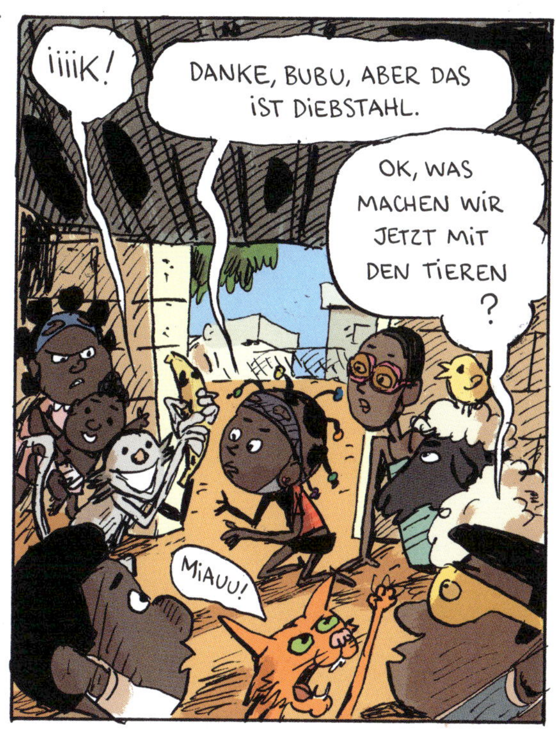
IIIIK!
DANKE, BUBU, ABER DAS IST DIEBSTAHL.
OK, WAS MACHEN WIR JETZT MIT DEN TIEREN?
MIAUU!

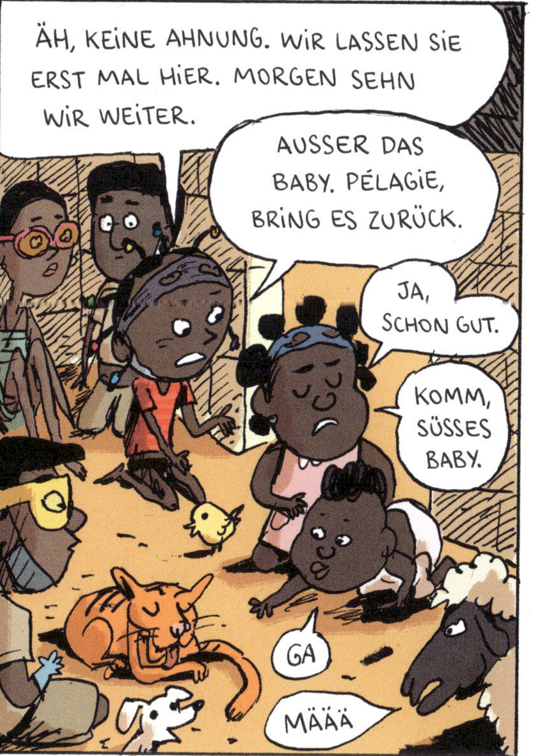
ÄH, KEINE AHNUNG. WIR LASSEN SIE ERST MAL HIER. MORGEN SEHN WIR WEITER.
AUSSER DAS BABY. PÉLAGIE, BRING ES ZURÜCK.
JA, SCHON GUT.
KOMM, SÜSSES BABY.
GA
MÄÄÄ

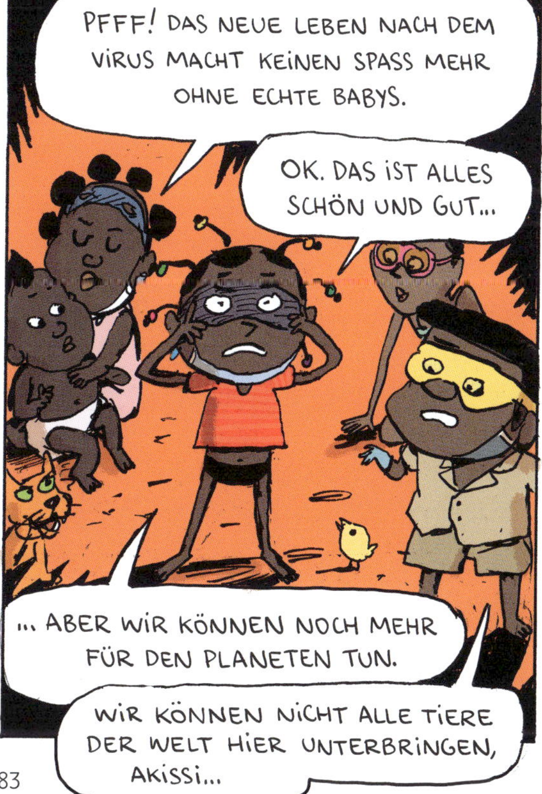
PFFF! DAS NEUE LEBEN NACH DEM VIRUS MACHT KEINEN SPASS MEHR OHNE ECHTE BABYS.
OK. DAS IST ALLES SCHÖN UND GUT...
... ABER WIR KÖNNEN NOCH MEHR FÜR DEN PLANETEN TUN.
WIR KÖNNEN NICHT ALLE TIERE DER WELT HIER UNTERBRINGEN, AKISSI...

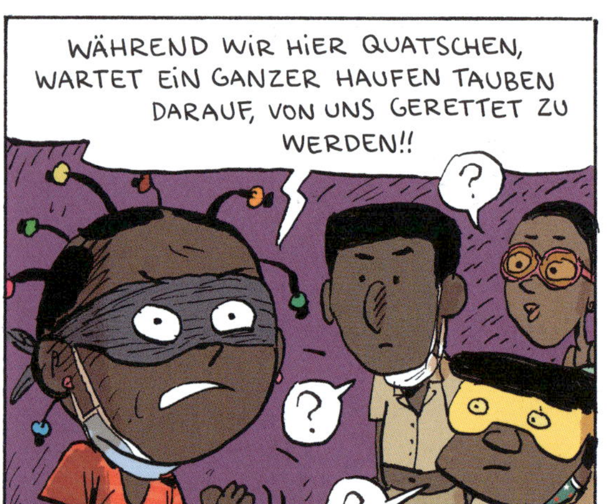
WÄHREND WIR HIER QUATSCHEN, WARTET EIN GANZER HAUFEN TAUBEN DARAUF, VON UNS GERETTET ZU WERDEN!!
?
?
?

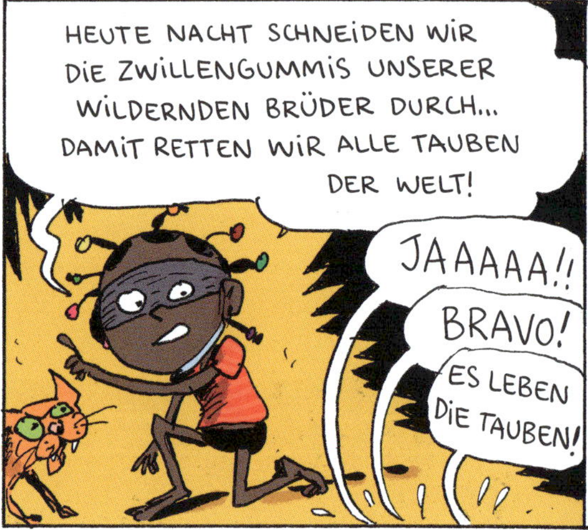
HEUTE NACHT SCHNEIDEN WIR DIE ZWILLENGUMMIS UNSERER WILDERNDEN BRÜDER DURCH... DAMIT RETTEN WIR ALLE TAUBEN DER WELT!
JAAAAA!!
BRAVO!
ES LEBEN DIE TAUBEN!

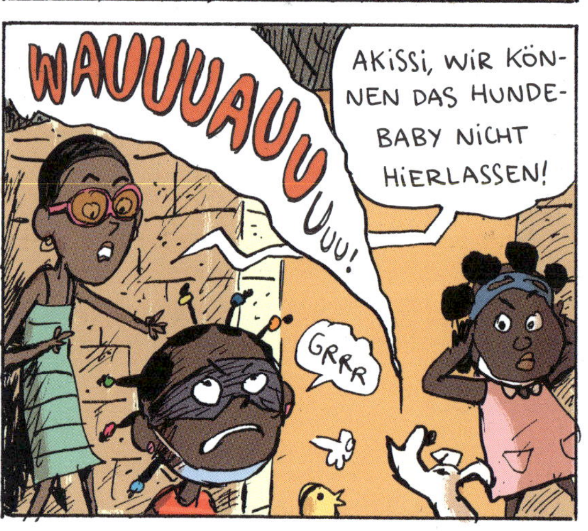
WAUUUAUUUUU!
AKISSI, WIR KÖNNEN DAS HUNDEBABY NICHT HIERLASSEN!
GRRR

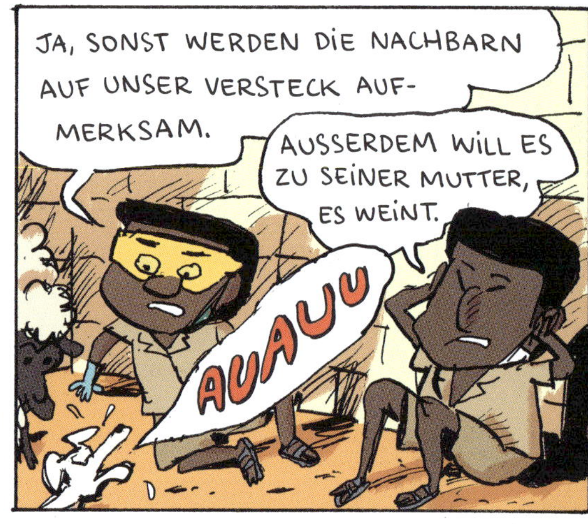
JA, SONST WERDEN DIE NACHBARN AUF UNSER VERSTECK AUFMERKSAM.
AUSSERDEM WILL ES ZU SEINER MUTTER, ES WEINT.
AUAUU

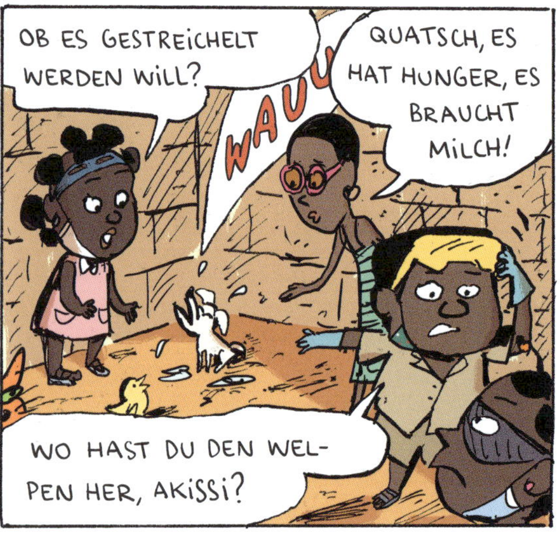
OB ES GESTREICHELT WERDEN WILL?
WAUU
QUATSCH, ES HAT HUNGER, ES BRAUCHT MILCH!
WO HAST DU DEN WELPEN HER, AKISSI?

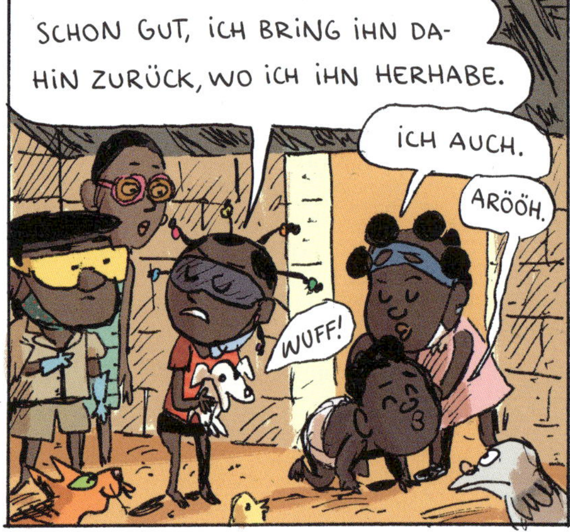
SCHON GUT, ICH BRING IHN DAHIN ZURÜCK, WO ICH IHN HERHABE.
ICH AUCH.
ARÖÖH.
WUFF!

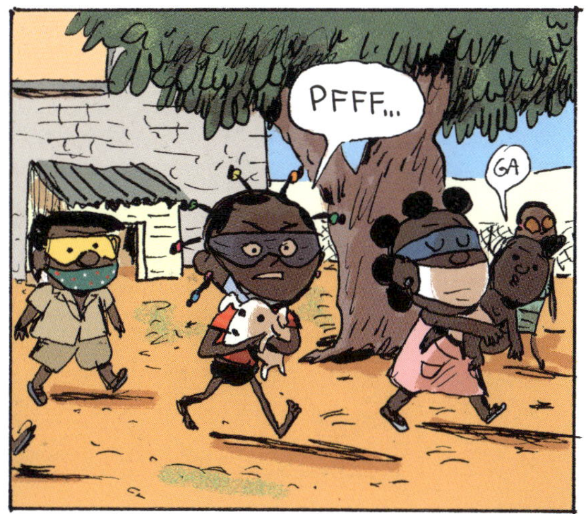
PFFF...
GA

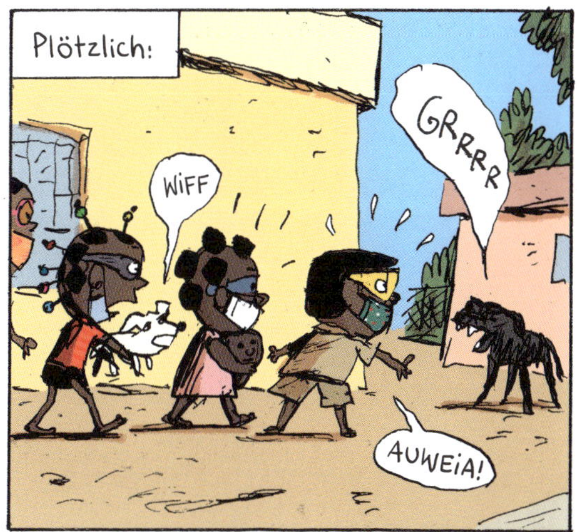
Plötzlich:
WiFF
GRRRR
AUWEiA!

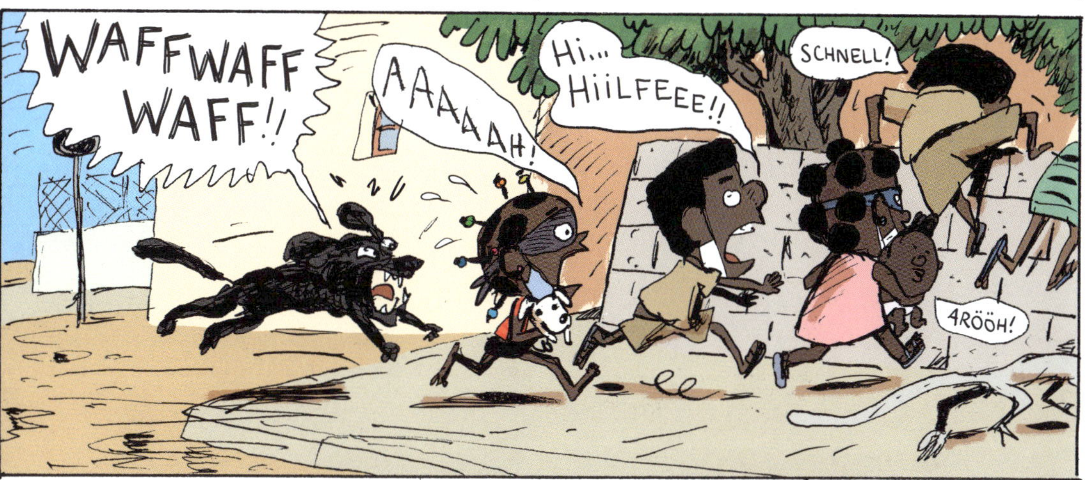
WAFFWAFF WAFF!!
AAAAAAH!
Hi... HiiLFEEE!!
SCHNELL!
ARÖÖH!

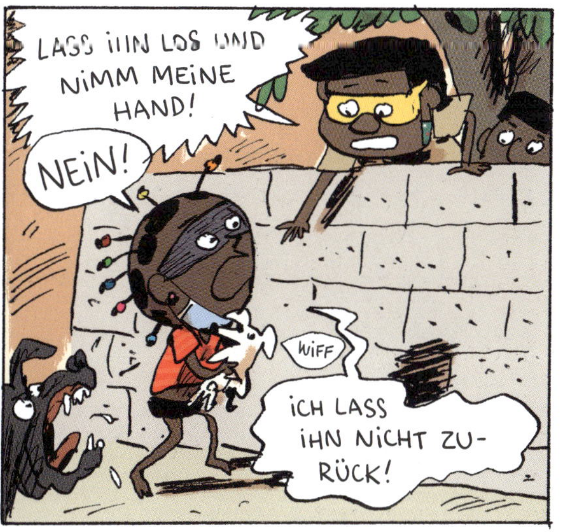
LASS iHN LOS UND NIMM MEINE HAND!
NEIN!
WiFF
iCH LASS iHN NiCHT ZURÜCK!

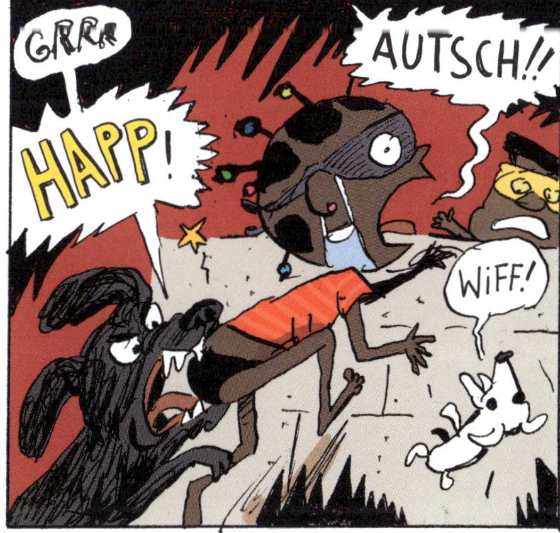
GRRR
AUTSCH!!
HAPP!
WiFF!

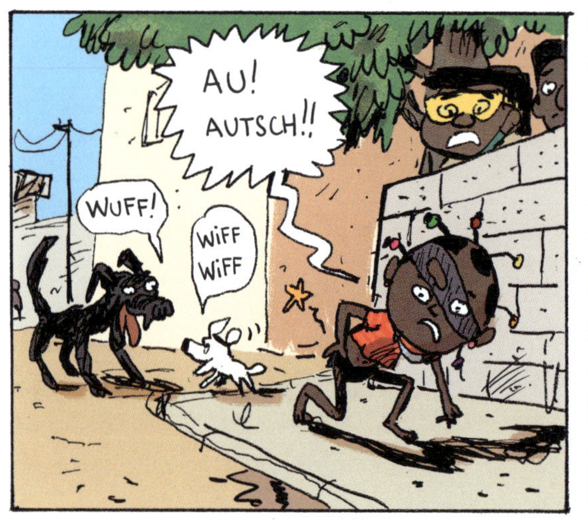

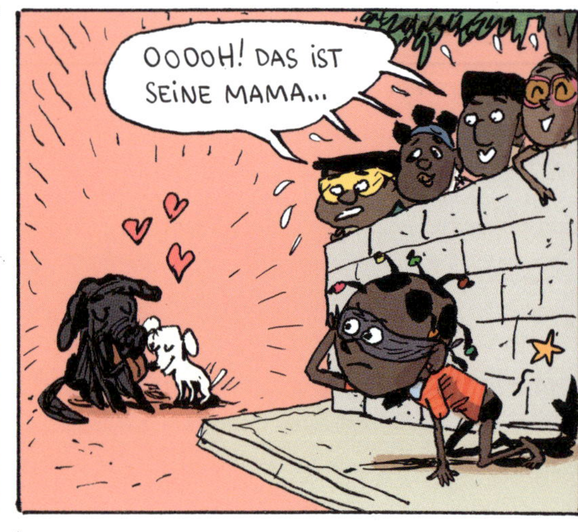

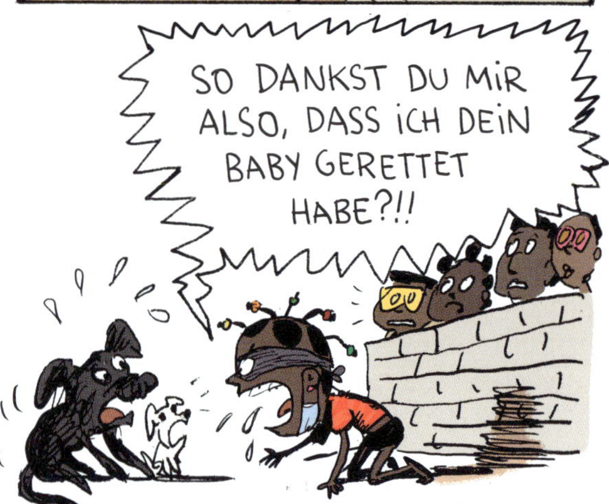

Später...

PUH, iST NUR EiN KRATZER!! TROTZ DER MOMENTANEN LAGE SCHAFFST DU ES ALSO, NUR AN DiCH ZU DENKEN UND DEN SCHLiMMSTEN BLÖDSiNN ANZUSTELLEN!!

AUA! MEiN POPO!

ZUM GLÜCK FLiEGST DU BALD NACH FRANKREiCH. DANN KANN iCH ENDLiCH MAL DURCHATMEN.

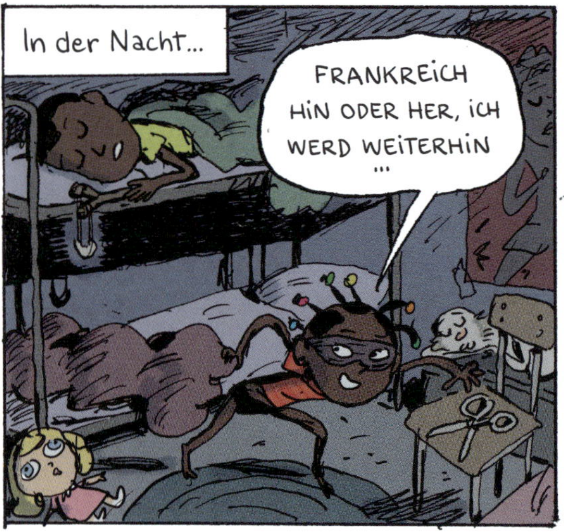

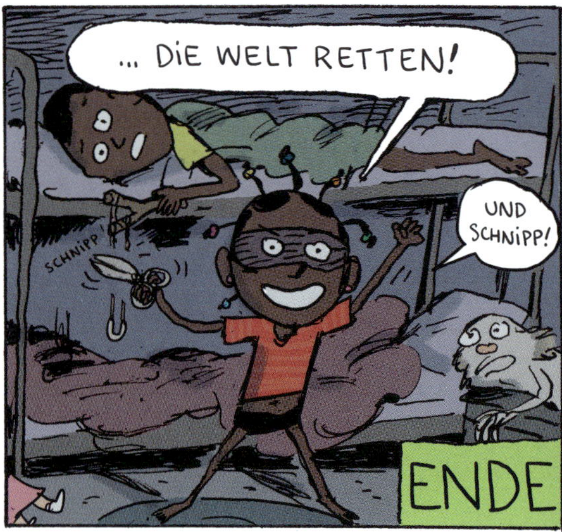

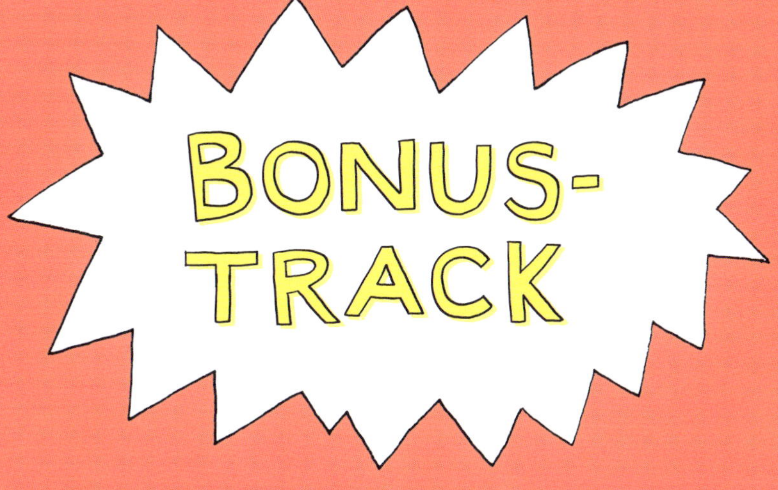
BONUS-
TRACK

HALLO FREUNDINNEN UND FREUNDE! SOLL ICH EUCH ZEIGEN, WIE MAN EIN SUPERKOSTÜM FÜR EINE

HÄSSLICHE PRINZESSIN BASTELT?

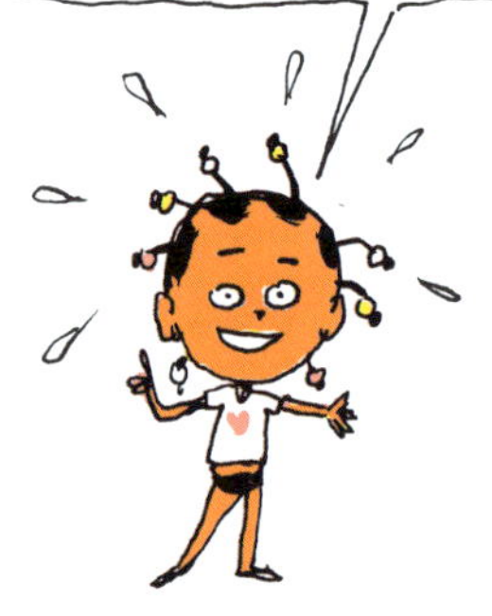

Dazu brauchst du:

* alte Spülhandschuhe aus Gummi
* einen großen schwarzen (oder grünen) Müllsack
* einen großen blauen (oder schwarzen) Müllsack
* eine alte Strumpfhose von deiner Mama
* eine Schere

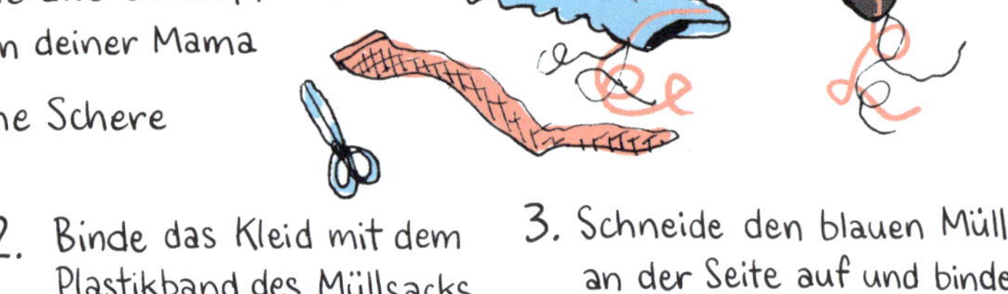

1. Schneide den Boden des schwarzen Müllsacks ab und mach daraus dein Kleid.

(Du kannst Fransen schneiden, wenn du willst.)

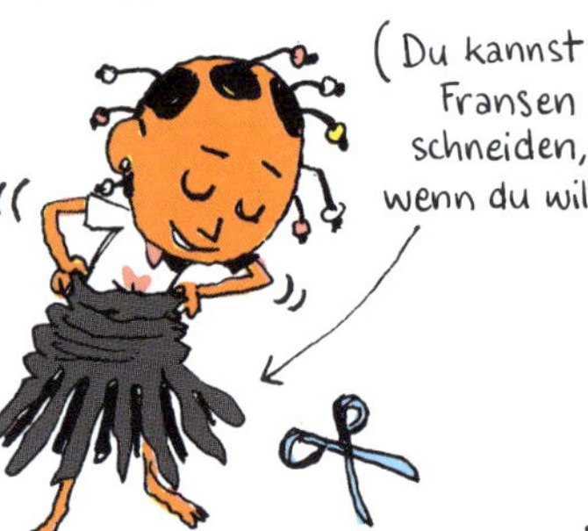

2. Binde das Kleid mit dem Plastikband des Müllsacks auf Brusthöhe fest.

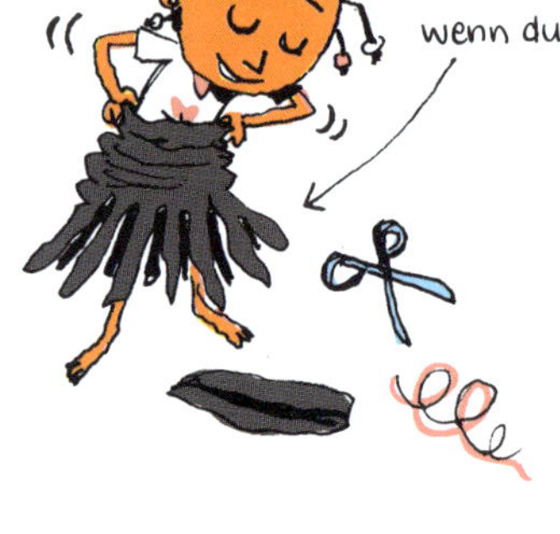

3. Schneide den blauen Mülls an der Seite auf und binde dir als Umhang um den Hals (nicht zu fest).

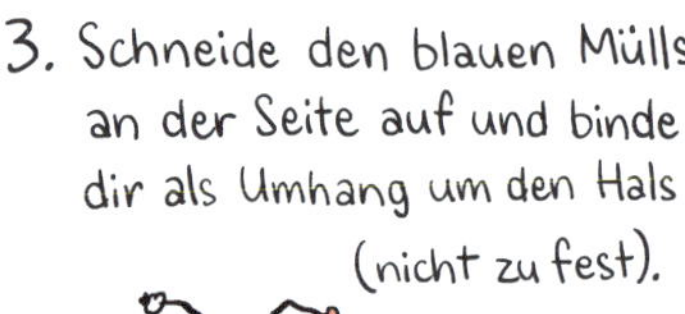

4. Setz die alte Strumpfhose auf deinen Kopf...

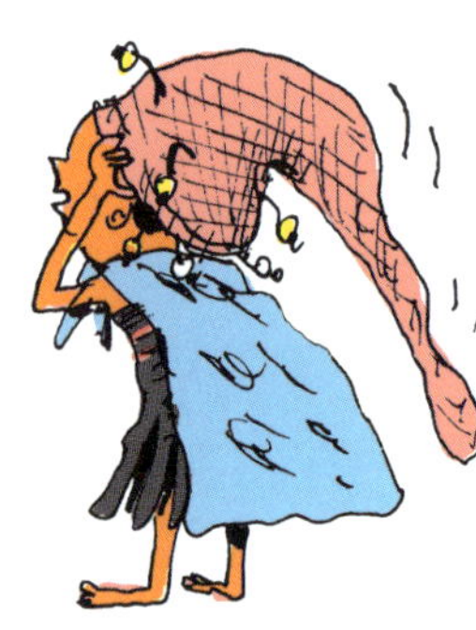

5. Zieh die Handschuhe an...

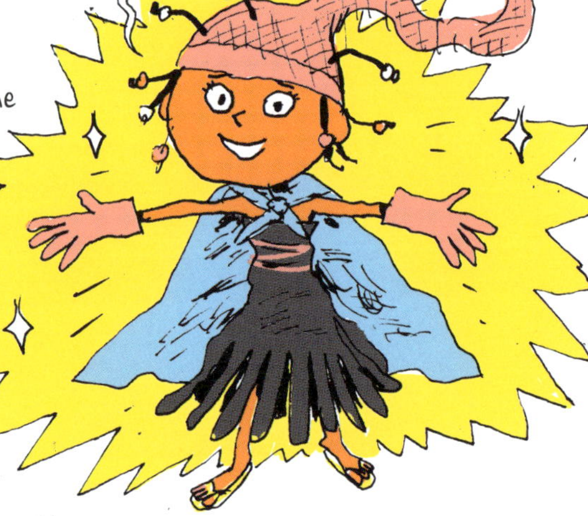

TIPP:
Eine Plastiktüte ist eine echt hässliche Handtasche.

ABYRINTH

f AKISSI, BUBU zu befreien, ohne in die schlimmsten Fallen zu tappen.

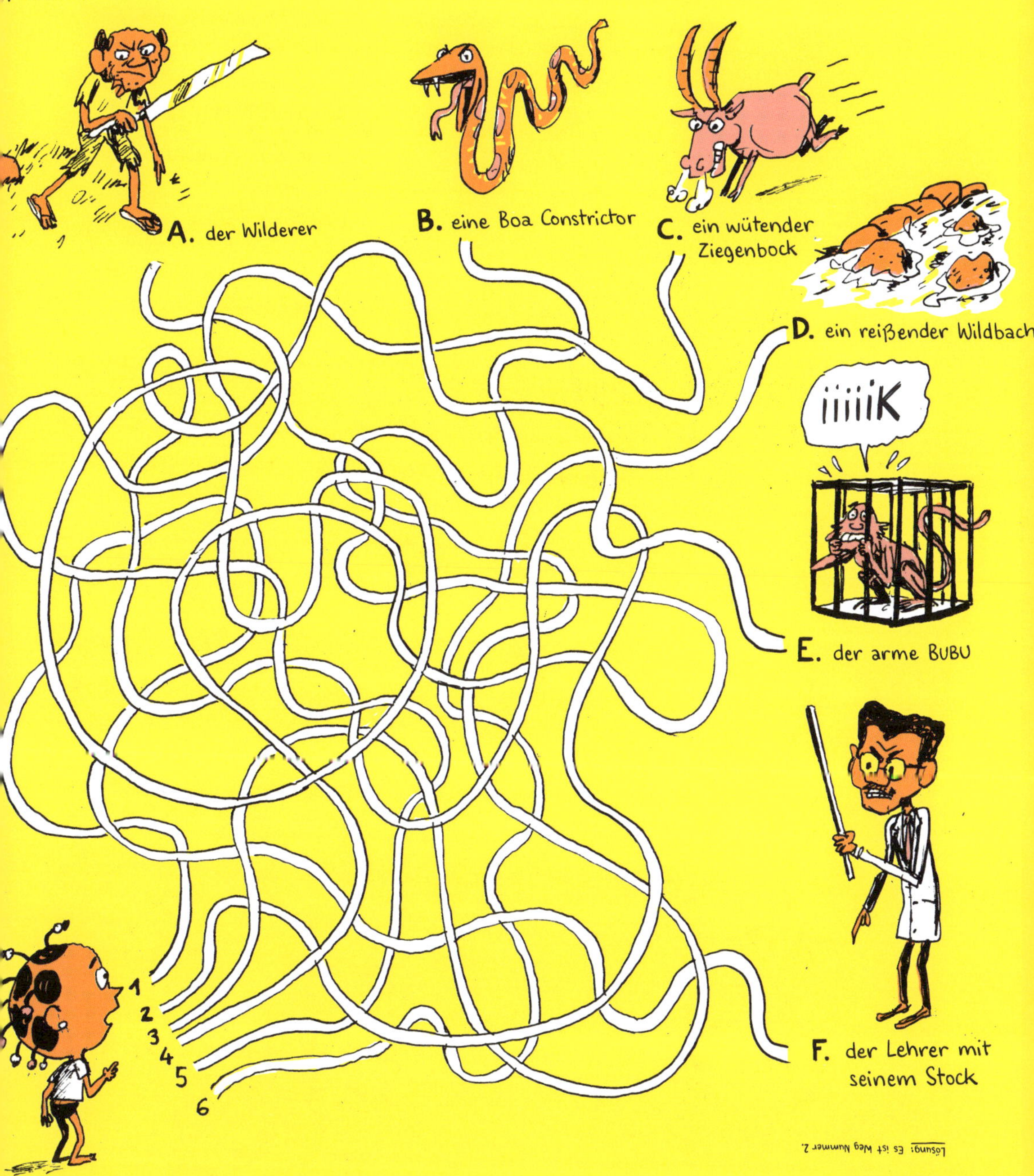

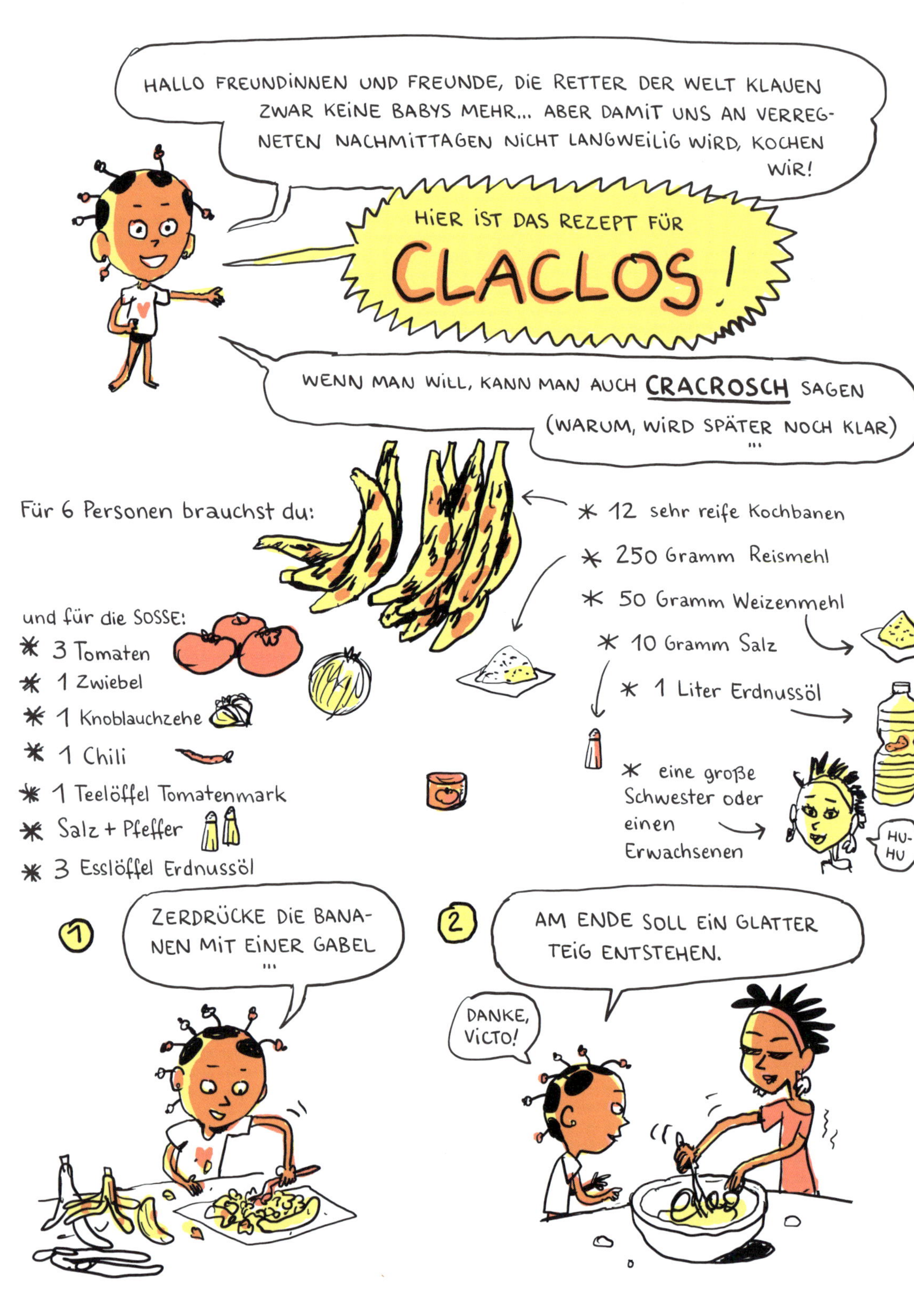
HALLO FREUNDINNEN UND FREUNDE, DIE RETTER DER WELT KLAUEN ZWAR KEINE BABYS MEHR... ABER DAMIT UNS AN VERREGNETEN NACHMITTAGEN NICHT LANGWEILIG WIRD, KOCHEN WIR!
HIER IST DAS REZEPT FÜR CLACLOS!
WENN MAN WILL, KANN MAN AUCH CRACROSCH SAGEN (WARUM, WIRD SPÄTER NOCH KLAR) ...
Für 6 Personen brauchst du:
* 12 sehr reife Kochbanen
* 250 Gramm Reismehl
* 50 Gramm Weizenmehl
* 10 Gramm Salz
* 1 Liter Erdnussöl
* eine große Schwester oder einen Erwachsenen
HU-HU
und für die SOSSE:
* 3 Tomaten
* 1 Zwiebel
* 1 Knoblauchzehe
* 1 Chili
* 1 Teelöffel Tomatenmark
* Salz + Pfeffer
* 3 Esslöffel Erdnussöl
1
ZERDRÜCKE DIE BANANEN MIT EINER GABEL ...
2
AM ENDE SOLL EIN GLATTER TEIG ENTSTEHEN.
DANKE, VICTO!

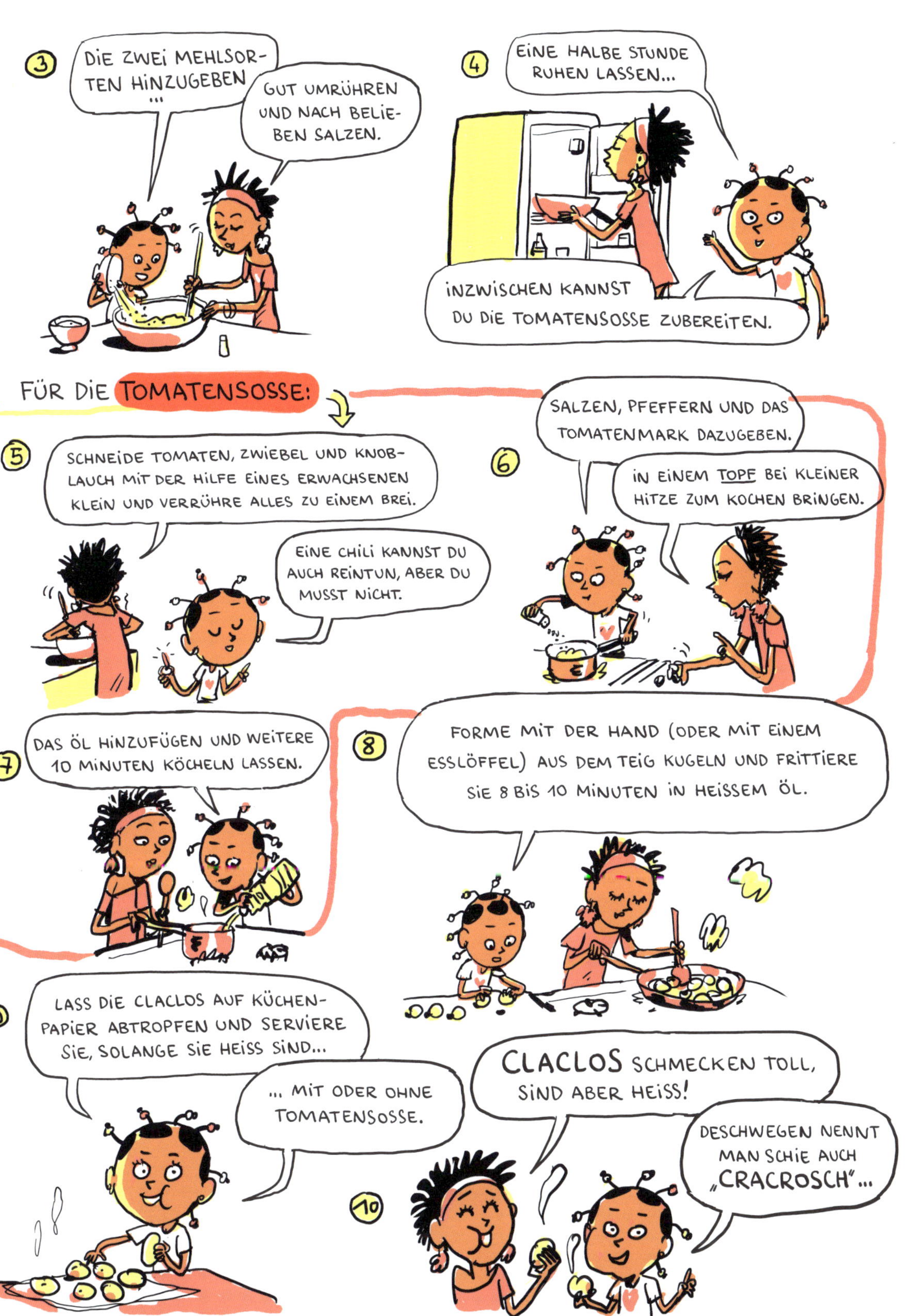
3
DIE ZWEI MEHLSORTEN HINZUGEBEN ...
GUT UMRÜHREN UND NACH BELIEBEN SALZEN.
4
EINE HALBE STUNDE RUHEN LASSEN...
INZWISCHEN KANNST DU DIE TOMATENSOSSE ZUBEREITEN.
FÜR DIE TOMATENSOSSE:
5
SCHNEIDE TOMATEN, ZWIEBEL UND KNOBLAUCH MIT DER HILFE EINES ERWACHSENEN KLEIN UND VERRÜHRE ALLES ZU EINEM BREI.
EINE CHILI KANNST DU AUCH REINTUN, ABER DU MUSST NICHT.
6
SALZEN, PFEFFERN UND DAS TOMATENMARK DAZUGEBEN.
IN EINEM TOPF BEI KLEINER HITZE ZUM KOCHEN BRINGEN.
7
DAS ÖL HINZUFÜGEN UND WEITERE 10 MINUTEN KÖCHELN LASSEN.
8
FORME MIT DER HAND (ODER MIT EINEM ESSLÖFFEL) AUS DEM TEIG KUGELN UND FRITTIERE SIE 8 BIS 10 MINUTEN IN HEISSEM ÖL.
9
LASS DIE CLACLOS AUF KÜCHENPAPIER ABTROPFEN UND SERVIERE SIE, SOLANGE SIE HEISS SIND...
... MIT ODER OHNE TOMATENSOSSE.
10
CLACLOS SCHMECKEN TOLL, SIND ABER HEISS!
DESCHWEGEN NENNT MAN SCHIE AUCH „CRACROSCH"...

INHALT

MARGUERITE ABOUET ist die Autorin von *Akissi*. Sie wurde 1971 in Abidjan, der größten Stadt der Elfenbeinküste, geboren. Als sie zwölf Jahre alt war, schickten ihre Eltern sie und ihren älteren Bruder zu einem Großonkel nach Paris, damit die beiden eine gute Schule besuchen konnten. Marguerite machte eine Ausbildung zur Rechtsanwaltsgehilfin, bevor sie sich dazu entschloss, Szenaristin und Drehbuchautorin zu werden. Sie hat außerdem eine Organisation zur Förderung von Bibliotheken in Afrika gegründet. Mit ihrem Sohn lebt Marguerite in der Nähe von Paris.

MARGUERITE ABOUET & CLÉMENT OUBRERIE BEI REPRODUKT

Aya aus Youpougon 1

Aya aus Youpougon 2

Aya aus Youpougon 7

MARGUERITE ABOUET & MATHIEU SAPIN BEI REPRODUKT

Akissi – Auf die Katzen, fertig, los!

Akissi – Vorsicht, fliegende Schafe!

Akissi – Magische Mixtur

Akissi – Die Königin der Nervensägen

Akissi – Rette sich, wer kann!

MATHIEU SAPIN hat *Akissi* gezeichnet. Er kam 1974 in der französischen Stadt Dijon zur Welt, aus der auch der weltberühmte Senf kommt. In Straßburg hat er Illustration studiert und danach einige Comics über bekannte Männer gezeichnet, zum Beispiel über den ehemaligen französischen Präsidenten François Hollande oder über den bekannten Schauspieler Gérard Depardieu. Mathieu Sapin lebt mit seiner Familie in Paris.

MATHIEU SAPIN BEI REPRODUKT

Gérard – Fünf Jahre am Rockzipfel von Depardieu

Comédie française

Aus dem Französischen von Silv Bannenberg
Redaktion: Heike Drescher
Lettering: Olav Korth
Bildbearbeitung und Herstellung:
Minou Zaribaf

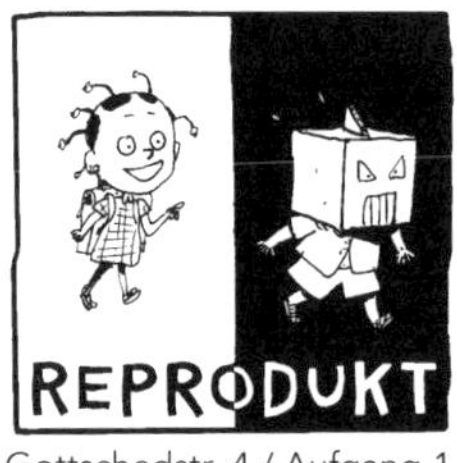

Gottschedstr. 4 / Aufgang 1
13357 Berlin

Copyright © 2024 Reprodukt für die deutsche Ausgabe.
AKISSI, Volumes 9-10
Copyright © Gallimard Jeunesse, 2019-2020
All rights reserved.
Originally published in France by Gallimard Jeunesse,
5 rue Gaston Gallimard, 75007 Paris, France
Published by arrangement with Sylvain Coissard Agency,
111 Route de Genas, 69100 Villeurbanne, France
Herausgeber: Dirk Rehm
ISBN 978-3-95640-393-4
Druck: BALTO Print, Vilnius, Litauen
Alle deutschen Rechte vorbehalten.
Erste Auflage: Mai 2024

www.reprodukt.com

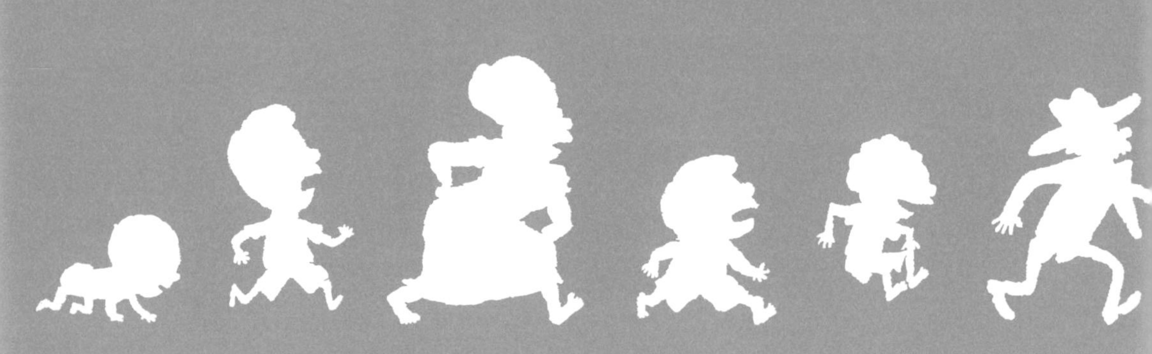